Kilian Thiel

Knotenähnlichkeiten aus Aktivierungsausbreitungen

Kilian Thiel

Knotenähnlichkeiten aus Aktivierungsausbreitungen

Grundlagen, Analysen und Anwendungen

Südwestdeutscher Verlag für Hochschulschriften

Impressum / Imprint
Bibliografische Information der Deutschen Nationalbibliothek: Die Deutsche Nationalbibliothek verzeichnet diese Publikation in der Deutschen Nationalbibliografie; detaillierte bibliografische Daten sind im Internet über http://dnb.d-nb.de abrufbar.
Alle in diesem Buch genannten Marken und Produktnamen unterliegen warenzeichen-, marken- oder patentrechtlichem Schutz bzw. sind Warenzeichen oder eingetragene Warenzeichen der jeweiligen Inhaber. Die Wiedergabe von Marken, Produktnamen, Gebrauchsnamen, Handelsnamen, Warenbezeichnungen u.s.w. in diesem Werk berechtigt auch ohne besondere Kennzeichnung nicht zu der Annahme, dass solche Namen im Sinne der Warenzeichen- und Markenschutzgesetzgebung als frei zu betrachten wären und daher von jedermann benutzt werden dürften.

Bibliographic information published by the Deutsche Nationalbibliothek: The Deutsche Nationalbibliothek lists this publication in the Deutsche Nationalbibliografie; detailed bibliographic data are available in the Internet at http://dnb.d-nb.de.
Any brand names and product names mentioned in this book are subject to trademark, brand or patent protection and are trademarks or registered trademarks of their respective holders. The use of brand names, product names, common names, trade names, product descriptions etc. even without a particular marking in this works is in no way to be construed to mean that such names may be regarded as unrestricted in respect of trademark and brand protection legislation and could thus be used by anyone.

Coverbild / Cover image: www.ingimage.com

Verlag / Publisher:
Südwestdeutscher Verlag für Hochschulschriften
ist ein Imprint der / is a trademark of
AV Akademikerverlag GmbH & Co. KG
Heinrich-Böcking-Str. 6-8, 66121 Saarbrücken, Deutschland / Germany
Email: info@svh-verlag.de

Herstellung: siehe letzte Seite /
Printed at: see last page
ISBN: 978-3-8381-3378-2

Zugl. / Approved by: Konstanz, Universität Konstanz, Dissertation, 2012

Copyright © 2012 AV Akademikerverlag GmbH & Co. KG
Alle Rechte vorbehalten. / All rights reserved. Saarbrücken 2012

Inhaltsverzeichnis

1	**Einleitung**	**7**
	1.1 Beitrag	9
	1.2 Struktur der Arbeit	10
2	**Modell**	**13**
	2.1 Einführung	13
	2.2 Parallele verteilte Verarbeitung	14
	2.3 Graphen	17
	2.4 Aktivierungsausbreitung	19
	2.4.1 Beschränkungen	22
	2.5 Zusammenfassung	23
3	**Bekannte Verfahren**	**25**
	3.1 Semantische Verarbeitung	25
	3.2 Kognitive Verarbeitung	28
	3.2.1 Semantisches Priming	30
	3.3 Information Retrieval	31
	3.3.1 GRANT	32
	3.3.2 AIR	34
	3.3.3 Normalisierte Systeme	35
	3.3.4 Weitere Systeme	37
	3.4 Hopfield-Netze	40
	3.5 Netzwerkanalyse	42
	3.6 Zusammenfassung	45

INHALTSVERZEICHNIS

4 Analyse — **47**

4.1 Lineare unbeschränkte Aktivierungsausbreitung — 47

4.2 Konvergenz und Anfrageunabhängigkeit — 50

    4.2.1 Konvergenzrate — 51

    4.2.2 Normierung — 52

4.3 Vermeidung von Anfrageunabhängigkeit — 54

    4.3.1 Akkumulation — 55

    4.3.2 Aktivierungserneuerung — 60

    4.3.3 Trägheit — 61

4.4 Irrfahrten auf Graphen — 62

    4.4.1 Irrfahrten als Aktivierungsausbreitung — 63

    4.4.2 Stationäre Verteilung — 65

4.5 Konvergenz auf Basis nicht-linearer Aktivierungsfunktionen — 66

4.6 Zusammenfassung — 69

5 Knotenähnlichkeiten — **71**

5.1 Knotenäquivalenzen — 72

    5.1.1 Verband von Äquivalenzrelationen — 73

    5.1.2 Strukturelle Äquivalenz — 74

    5.1.3 Reguläre Äquivalenz — 76

    5.1.4 Automorphe und Orbit-Äquivalenz — 79

    5.1.5 Nachteile von Knotenäquivalenzen — 82

5.2 Aktivierungsähnlichkeit — 83

    5.2.1 Eigenschaften — 87

    5.2.2 Iterationen — 90

    5.2.3 Aufwand — 91

    5.2.4 Verwandte Ähnlichkeiten — 92

5.3 Signaturähnlichkeit — 96

    5.3.1 Eigenschaften — 103

    5.3.2 Iterationen — 107

    5.3.3 Aufwand — 109

	5.3.4	Verwandte Ähnlichkeiten	110
5.4	Zusammenfassung		112

6 Experimente — 115

6.1	Empirische Evaluation		116
	6.1.1	Aktivierungsähnlichkeit	116
	6.1.2	Signaturähnlichkeit	120
6.2	Schools-Wikipedia		128
	6.2.1	Verfahrensweise	130
	6.2.2	Personen	131
	6.2.3	Biologie	144
6.3	DrugBank		146
	6.3.1	Verfahrensweise	149
	6.3.2	Vitamine	149
	6.3.3	Dopamine	153
6.4	Zusammenfassung		155

7 Fazit und Ausblick — 159

Literaturverzeichnis — 163

INHALTSVERZEICHNIS

Zusammenfassung

Diese Arbeit befasst sich mit der Durchsuchung von Netzwerken mittels Aktivierungsausbreitungsverfahren. Netzwerke, formell oft als Graphen dargestellt, sind Datensätze bestehend aus Datenobjekten (Knoten) und Beziehungen zwischen diesen (Kanten). In vielen Bereichen, wie z.B. Information Retrieval, werden Netzwerke bezüglich bestimmter Anfragen nach in Beziehung stehenden, relevanten oder interessanten Datenobjekten durchsucht. Unter anderem werden dazu Aktivierungsausbreitungsverfahren eingesetzt. In diesen Verfahren werden die Knoten, welche die Datenobjekte der Anfrage repräsentieren, initial aktiviert. Die Aktivierung jedes Knotens breitet sich iterativ über verbundene Kanten zu benachbarten Knoten aus, wobei diese ebenfalls zu einem bestimmten Grad aktiviert werden. Das finale Aktivierungsniveau nach einer bestimmten Anzahl an Iterationen wird als heuristisches Maß für Relevanz, Interessantheit oder Wichtigkeit etc. interpretiert. Als Ergebnis auf eine Anfrage werden die Datenobjekte nach ihrem Aktivierungsniveau sortiert aufgelistet.

Unbeschränkte Aktivierungsausbreitungsverfahren haben jedoch verschiedene Nachteile, weshalb bisher meist heuristische Beschränkungen zum Einsatz gekommen sind, um diese zu vermeiden. In dieser Arbeit wird ein weiterer Nachteil, die Konvergenz zu einem anfrageunabhängigen Fixpunkt, gezeigt sowie Verfahren zur Vermeidung dieses Nachteils beschrieben, die ohne den Einsatz von Beschränkungen auskommen.

Des Weiteren wird gezeigt, wie auf Basis der Konvergenz zwei Arten von Ähnlichkeiten zwischen Knoten in Graphen aus Aktivierungsausbreitungsprozessen bestimmt werden können. Durch die Sortierung der Knoten bezüglich beider Ähnlichkeiten zu Anfrageknoten ergeben sich, zusätzlich zur Sortierung aufgrund ihres Aktivierungsniveaus, weitere Möglichkeiten Netzwerke zu durchsuchen.

Die *Aktivierungsähnlichkeit* basiert auf der Überlappung der direkten und indirekten Nachbarschaft zweier Knoten und ist eine Relaxierung der maximalen strukturellen Äquivalenz. Je stärker die Überlappung, desto höher ist der Grad der Ähnlichkeit zweier Knoten. Zwei Knoten, die einen hohen Grad an Ähnlichkeit aufweisen, müssen demnach im Graphen eine geringe Distanz haben, was eine Einschränkung der Möglichkeiten zur Durchsuchung anhand der Aktivierungsähnlichkeit bedeutet. Diese Ähnlichkeit ist geeignet um dichte umgebende Teilgraphen oder Knotengemeinschaften, um Anfrageknoten zu extrahieren.

Die *Signaturähnlichkeit* basiert auf dem Vergleich der Struktur der direkten und indirekten Nachbarschaft zweier Knoten, nicht auf der Überlappung dieser. Es wird gezeigt, dass Knoten, die strukturell nicht unterschieden werden können, also automorphe Abbilder voneinander

ZUSAMMENFASSUNG

sind, stets maximal ähnlich sind. Die Signaturähnlichkeit ist eine Relaxierung der maximalen Orbit-Äquivalenz und ein heuristisches Maß für die strukturelle Ähnlichkeit der Nachbarschaft von Knoten. Zwei Knoten, die einen hohen Grad an Ähnlichkeit aufweisen, müssen im Graphen nicht notwendigerweise eine geringe Distanz haben, sondern können sich weit entfernt voneinander befinden. Dies ist bei der Aktivierungsähnlichkeit bzw. beim Aktivierungsniveau nicht der Fall und eröffnet neue Möglichkeiten beim Durchsuchen von Netzwerken mittels Aktivierungsausbreitung.

Anhand von künstlichen Daten werden bestimmte Eigenschaften beider Ähnlichkeiten empirisch überprüft. Des Weiteren werden zwei Netzwerke mit unterschiedlicher Struktur, bestehend aus realen Daten, anhand beider Ähnlichkeiten durchsucht. Dabei werden beispielhaft die Nachbarschaften und Knotengemeinschaften von Knoten mit hoher Signaturähnlichkeit mit geeigneten Layoutverfahren visualisiert, um strukturelle Kohärenzen zu zeigen.

Kapitel 1

Einleitung

Viele Datensätze bestehen sowohl aus Datenobjekten als auch aus Beziehungen zwischen diesen. Diese Datensätze können als *Netzwerke* bzw. *Graphen* dargestellt werden, wobei die Datenobjekte durch *Knoten* und deren Beziehungen als *Kanten* repräsentiert werden, welche Knoten verbinden. Solche Datensätze sind z.b. Netzwerke bestehend aus Webseiten und Hyperlinks, durch welche Webseiten verbunden sind, Gen und Protein Interaktionsnetzwerke, in welchen bestimmte biologische (oder statistische) Zusammenhänge zwischen Genen und Proteinen durch Kanten ausgedrückt werden, soziale Netzwerke, in denen Personen aufgrund von z.b. geschäftlichen oder sozialen Beziehungen verbunden sind, Term-Dokument Netzwerke, in welchen eine Kante das Auftreten eines Terms in einem Dokument beschreibt oder Zitationsnetzwerke bestehend aus Dokumenten, die aufgrund von Verweisen untereinander verbunden sind.

Viele dieser Datensätze bestehen aus mehreren Tausend oder sogar Millionen Knoten und weitaus mehr Kanten, was eine manuelle Suche nach bestimmten Knoten oder Mustern zeitaufwendig bzw. unmöglich macht. Um beispielsweise in einer Sammlung von Publikationen nach Dokumenten zu suchen, in welchen bestimmte Dokumente zitiert werden oder welche ein artverwandtes Thema behandeln, können unmöglich zehn- oder hunderttausende Artikel manuell durchsucht werden. Es bedarf bestimmter Suchmaschinen und Explorationssysteme, welche bezüglich einer Anfrage eine Teilmenge an Artikeln, sortiert z.B. nach deren Ähnlichkeit zur Anfrage ausliefern, um so möglichst relevante, artverwandte oder interessante Dokumente an den Anfang der Ergebnisliste einzuordnen. Ein weiteres Beispiel sind große Koautor- oder soziale Netzwerke, in welchen die Status, Funktionalitäten, Rollen oder Wichtigkeit von Personen bzw. Knoten aufgrund der Vernetzungsstruktur bestimmt und verglichen werden können. Die Bestimmung der Wichtigkeit oder Rolle eines Knotens und das Auffinden von Knoten mit ähnlicher Wichtigkeit oder Rolle ist manuell schon für kleinere Netzwerke mit weniger als Hundert

KAPITEL 1. EINLEITUNG

Knoten nur schwer praktikabel.

Automatische Verfahren zur Durchsuchung, Analyse und Exploration von Netzwerken sind hier unumgänglich. In Bereichen wie z.b. *Information Retrieval* werden zur Suche in Netzwerken unter anderem *Aktivierungsausbreitungsverfahren* eingesetzt (siehe z.B. [27]). Dabei werden initial Knoten, welche die Datenobjekte der Anfrage, wie z.B. Suchterme oder Dokumente repräsentieren, mit einem bestimmten Grad an Aktivierung versehen. Diese breitet sich iterativ über verbundene Kanten zu benachbarten Knoten aus, worauf diese ebenfalls zu einem bestimmten Grad aktiviert werden. Das finale Aktivierungsniveau nach einer bestimmten Anzahl an Iterationen wird als heuristisches Maß für Relevanz, Wichtigkeit oder Interessantheit etc. interpretiert. Als Ergebnis einer Anfrage werden die Datenobjekte der aktivierten Knoten nach ihrem Aktivierungsniveau sortiert.

Ein Nachteil unbeschränkter Aktivierungsausbreitungsverfahren ist die Konvergenz zu einem anfrageunabhängigen Fixpunkt. Dies hat zur Folge, dass die Ergebnisse aller Anfragen identisch sind, unabhängig von der initialen Aktivierung. Dieses Verhalten ist für eine anfragebasierte Suche in Netzwerken offensichtlich unerwünscht. Die Anfrageunabhängigkeit kann durch bestimmte Verfahren, die in dieser Arbeit vorgestellt werden und ohne den Einsatz von Beschränkungen auskommen, vermieden werden. Ein weiterer Nachteil dieser und vieler anderer Aktivierungsausbreitungsverfahren ist, dass die Knoten mit dem höchsten Grad an Aktivierung oft die Knoten sind, welche mit den Anfrageknoten am stärksten direkt und indirekt verbunden sind und daher eine geringe Distanz im Graphen zueinander haben. Knoten, die weit entfernt von den Anfrageknoten liegen, werden in der Regel weniger stark aktiviert und werden in der Ergebnisliste dementsprechend weiter hinten platziert. Die Verfahren sind daher eher zur lokalen Durchsuchung und Exploration des konzeptuellen Umfeldes von Knoten geeignet.

Knoten, die aufgrund der Struktur einen ähnlichen Status, Rolle oder Stellung im Netzwerk haben, sich jedoch weiter entfernt voneinander befinden, können über diese Aktivierungsausbreitungsverfahren nicht systematisch gefunden werden.

Zur Veranschaulichung dienen z.b. ähnlich einflussreiche Autoren in Zitationsnetzwerken, die in völlig anderen Gebieten mit unterschiedlichen Koautoren publizieren. In Netzwerken sind solche Rollen allerdings häufig nicht klar ersichtlich, da selbst in sozialen Netzwerken den Knoten oft keine institutionalisierten Rollen zugewiesen sind. Bekannte Methoden aus dem Bereich der Netzwerkanalyse zur Bestimmung von Status- und Wichtigkeitswerten sind Zentralitätsindizes wie z.B. *Eigenvektorzentralität* [13], *PageRank* [22] oder *Hubs & Authorities* [51]. Zur Bestimmung von Rollen oder strukturellen Positionen von Knoten in Netzwerken können diese anhand von Knotenähnlichkeiten (oder Äquivalenzrelationen), basierend auf bestimmten strukturellen Eigenschaften, verglichen werden (siehe z.B. [16, 57]). Dabei werden gleiche bzw. ähnliche Knoten derselben Rolle zugeordnet. Die Distanz der Knoten im Netzwerk spielt dabei keine Rolle.

Neben der Zuordnung von Rollen können strukturelle Knotenähnlichkeiten auch dazu verwendet werden, zu bestimmten Anfrageknoten andere Knoten zu finden, welche aufgrund bestimmter struktureller Eigenschaften ähnlich zu diesen sind, jedoch eine große Distanz zu diesen haben. Dies eröffnet zusätzliche Möglichkeiten zur Durchsuchung und Exploration in Netzwerken (siehe z.B. [54, 32]).

Durch Aktivierungsausbreitungsprozesse kann eine bestimmte Art von Knotenähnlichkeit (*Signaturähnlichkeit*) abgeleitet werden, mittels welcher bestimmte strukturelle Eigenschaften heuristisch verglichen werden. Knoten, die durch einen *Automorphismus* aufeinander abbildbar sind, sind durch die Struktur des Netzwerkes nicht unterscheidbar. Diese Knoten haben aufgrund der Signaturähnlichkeit stets einen maximalen Ähnlichkeitswert.

Durch diese Ähnlichkeit wird die Limitierung herkömmlicher Aktivierungsausbreitungsverfahren auf die Durchsuchung und Exploration des lokalen Umfeldes eines Knotens, beschränkt zu sein, überwunden. Des Weiteren ermöglicht diese das Finden von automorphen Knoten.

1.1 Beitrag

In dieser Arbeit wird ein Überblick an bestehenden Aktivierungsausbreitungsverfahren und deren Einsatzgebiete gegeben. Die verschiedenen Verfahren werden dabei systematisch in ein Modell eingegliedert und anhand diesem beschrieben. Es werden Einschränkungen und Probleme bestimmter Aktivierungsausbreitungsverfahren aufgezeigt und Möglichkeiten diese zu vermeiden. Weiter wird gezeigt, wie zwei Arten von Ähnlichkeiten zwischen Knoten in Netzwerken auf Basis der Netzwerkstruktur aus Aktivierungsausbreitungsprozessen bestimmt werden können. Bezüglich der *Aktivierungsähnlichkeit* sind sich zwei Knoten ähnlich, wenn deren direkte und indirekte Nachbarschaft stark überlappt, diese sich folglich im Netzwerk nah zusammen befinden. Diese Ähnlichkeit ist eine Relaxierung der *maximalen strukturellen Äquivalenz*. Die *Signaturähnlichkeit* ist eine Relaxierung der *maximalen Orbit-Äquivalenz*. Durch diese Ähnlichkeit ist es möglich, Knoten mit ähnlichen Status, Rollen oder Funktionen zu finden, auch wenn sich diese weit entfernt vom Anfrageknoten befinden.

Wesentliche Ergebnisse dieser Arbeit wurden in folgenden Tagungsbänden und Büchern publiziert:

- Kilian Thiel und Fabian Dill und Tobias Kötter und Michael R. Berthold: *Towards Visual*

Exploration of Topic Shifts. In: *Proceedings of the IEEE International Conference on Systems, Man and Cybernetics*, S. 522–527, IEEE, 2007.

- Michael R. Berthold und Ulrik Brandes und Tobias Kötter und Martin Mader und Uwe Nagel und Kilian Thiel: *Pure Spreading Activation is Pointless.* In: *Proceedings of the CIKM the 18th Conference on Information and Knowledge Management*, S. 1915–1919, ACM, 2009.
Entstanden in Zusammenarbeit mit der BISON Gruppe der Universität Konstanz.

- Kilian Thiel und Michael R. Berthold: *Node Similarities from Spreading Activation.* In: *Proceedings of the IEEE International Conference on Data Mining*, S. 1085–1090, IEEE, 2010.

- Uwe Nagel und Kilian Thiel und Tobias Kötter und Dawid Piatek und Michael R. Berthold: *Bisociative Discovery of Interesting relations Between Domains* In: *Proceedings of the IDA the 10th Conference in Intelligent Data Analysis*, S. 306–317, IEEE, 2011
Entstanden in Zusammenarbeit mit der BISON Gruppe der Universität Konstanz.

- Uwe Nagel und Kilian Thiel und Tobias Kötter und Dawid Piatek und Michael R. Berthold: *Bisociative Knowledge Discovery*, Kap. *Towards Discovery of Subgraph Bisociations.*, S. 263–284, Springer Verlag, 2012
Entstanden in Zusammenarbeit mit der BISON Gruppe der Universität Konstanz.

- Kilian Thiel und Michael R. Berthold: *Bisociative Knowledge Discovery*, Kap. *Node Similarities from Spreading Activation.*, S. 246–262, Springer Verlag, 2012

1.2 Struktur der Arbeit

Diese Arbeit ist wie folgt aufgebaut. In Kapitel 2 wird das Verfahren der Aktivierungsausbreitung in Netzwerken erläutert sowie das zugrunde liegende Modell definiert. Kapitel 3 behandelt den Stand der Technik, die Ursprünge und die wichtigsten Bereiche in welchen Aktivierungsausbreitungsverfahren zum Einsatz gekommen sind. In Kapitel 4 wird die lineare unbeschränkte Aktivierungsausbreitung analysiert, deren Konvergenz, unter bestimmten Bedingungen, zu einem anfrageunabhängigen Fixpunkt bewiesen und Möglichkeiten zur Vermeidung der Anfrageunabhängigkeit aufgezeigt. Kapitel 5 beschreibt zum einen Knotenäquivalenzen und zum anderen, wie aus Aktivierungsausbreitungsprozessen Knotenähnlichkeiten abgeleitet werden können. Weiter werden die Knotenähnlichkeiten als Relaxierung von bestimmten Knotenäquivalenzen in einen Verband von Äquivalenzrelationen eingeordnet und ihre wichtigsten Eigenschaften erläutert. Experimente zur Suche in Netzwerken anhand der Knotenähnlichkeiten werden in Kapitel 6 beschrieben. Dabei werden bestimmte Eigenschaften der Ähnlichkeiten mithilfe von künstlichen Daten empirisch überprüft und Netzwerke bestehend aus realen Daten anhand der zwei Knotenähnlichkeiten durchsucht. Dazu werden mittels der Signaturähnlichkeit strukturell ähnliche Konten zu bestimmten Anfrageknoten gesucht und beispielhaft deren Nachbarschaften bzw. Knotengemeinschaften mit geeigneten Layoutverfahren visualisiert, um strukturelle Ähnlichkeiten sichtbar zu machen. Kapitel 7 schließt die Arbeit ab.

Kapitel 2

Modell

In diesem Kapitel wird eine Einführung in die Methode der Aktivierungsausbreitung gegeben sowie ein zugrunde liegendes Modell definiert. Zuerst wird die grundlegende Idee der Aktivierungsausbreitung beschrieben. Da die Funktionalität der Aktivierungsausbreitung der der parallelen verteilten Verarbeitung (parallel distributed processing, kurz PDP) in einigen Punkten ähnlich ist, wird danach das Modell der parallelen verteilten Verarbeitung in Kürze erläutert. Darauf folgt die Standardnotation aus der Graphentheorie zur Formalisierung der Netzwerke. Auf dieser Basis wird das Modell in Abschnitt 2.4 definiert, anhand dessen die Aktivierungsausbreitung formell betrachtet wird und später unterschiedliche Verfahren verglichen werden.

2.1 Einführung

Die elementare Idee der Aktivierungsausbreitung ist es, Anfragen an eine als Netzwerk organisierte Datenbasis zu verarbeiten und Ergebnisse, die direkt oder indirekt mit der Anfrage zusammenhängen, zurück zu liefern. Es wird dabei angenommen, dass relevante Informationen abgerufen werden können, indem Beziehungen zu Informationen, die als relevant bekannt sind oder vom Benutzer spezifiziert wurden, berücksichtigt werden. Die Datenobjekte, Entitäten oder Informationseinheiten der Datenbasis werden dabei als Knoten in einem Netzwerk repräsentiert und deren Beziehungen untereinander als Kanten zwischen den Knoten.

Eine Anfrage besteht ebenfalls aus Informationseinheiten aus der gegebenen Datenbasis, für welche die nähere Nachbarschaft an Knoten im unterliegenden Netzwerk geordnet zurückgeliefert werden soll. Dabei werden die entsprechenden Knoten, aus welchen die Anfrage besteht, initial mit einem bestimmten Grad an Aktivierung versehen. Diese Aktivierung breitet sich iterativ über ausgehende Kanten zu benachbarten Knoten aus und aktiviert diese ebenfalls.

KAPITEL 2. MODELL

Das Maß an Aktivierung eines Knotens wird meist anhand der über dessen eingehenden Kanten fließende Aktivierung bestimmt. Je mehr direkte Nachbarn eines Knotens bereits aktiviert sind, desto höher wird seine Aktivierung in der darauf folgenden Iteration ausfallen.

Abbildung 2.1 zeigt die Funktionsweise der Aktivierungsausbreitung beispielhaft anhand einer Abfolge von 4 Iterationen in einem Netzwerk aus 15 Knoten und 17 Kanten. Der mittlere Knoten ist anfänglich aktiviert, dargestellt durch dessen Schattierung (schwarz). Nicht aktivierte Knoten sind weiß. In den nächsten Schritten breitet sich die Aktivierung zu Nachbarknoten aus und dann zu deren Nachbarn. Knoten, die von mehreren Nachbarn eingehende Aktivierung erhalten, werden stärker aktiviert, wie z.B. der mittlere Knoten in der dritten Iteration.

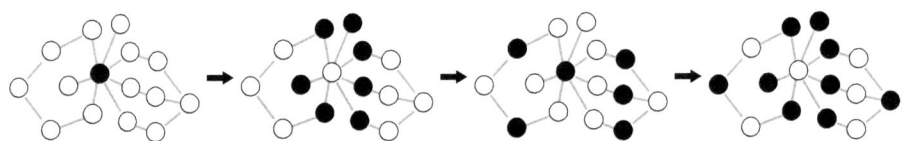

Abbildung 2.1: Aktivierungsausbreitung auf einem Beispielnetzwerk dargestellt durch eine Abfolge von 4 Iterationen.

Mit der Ausbreitung der Aktivierung wird so lange fortgefahren, bis das System konvergiert (siehe Abschnitt 4.2) oder bestimmte Bedingungen, wie z.B. eine maximale Anzahl an Iterationen erreicht sind. Die aktivierten Knoten (ggf. Kanten, über die Aktivierung verbreitet wurde) werden dann, sortiert nach ihrem Grad an Aktivierung, als Ergebnis der Anfrage zurückgeliefert. Je nachdem, wie viele Iterationen bzw. Schritte die Verbreitung der Aktivierung stattfindet, werden nicht nur direkt mit der Anfrage verbundene Informationseinheiten als Ergebnis zurückgegeben, sondern auch indirekt verbundene.

2.2 Parallele verteilte Verarbeitung

In der Aktivierungsausbreitung werden Knoten in einem Netzwerk durch eingehende Aktivierung aktiviert und ausgehende Aktivierung wird über ausgehende Kanten zu adjazenten Knoten verbreitet. Das Prinzip der parallelen verteilten Verarbeitung (englisch: parallel distributed processing, PDP) basiert auf der gleichen Idee, wobei die Knoten Verarbeitungseinheiten genannt werden. Da das Modell der Aktivierungsausbreitung stark an das Modell der parallelen verteilten Verarbeitung angelehnt ist, wird dessen Funktionsweise im Folgenden kurz beschrieben. Für eine ausführliche Erläuterung wird der interessierte Leser dazu auf [74] verwiesen.

2.2. PARALLELE VERTEILTE VERARBEITUNG

Rumelhart et al. definieren in [74] acht Aspekte, auf denen das Modell zur parallelen verteilten Verarbeitung basiert:

- Eine Menge von *Verarbeitungseinheiten*
- Ein Grad an *Aktivierung*
- Eine *Ausgabefunktion* für jede Einheit
- Ein *Verbindungsmuster* zwischen Einheiten
- Eine *Propagierungsregel*, um Aktivierungsmuster durch das Netzwerk der Verbindungen zu verbreiten.
- Eine *Aktivierungsregel*, um eingehende Aktivierungen einer Einheit zu kombinieren und einen neuen Grad an Aktivierung zu bestimmen.
- Eine *Lernregel*, um die Verbindungsmuster anhand von Erfahrung anzupassen.
- Eine *Umgebung* in der das System betrieben wird.

Einer der Hauptaspekte in der parallelen verteilten Verarbeitung sind die Verarbeitungseinheiten. Diese Einheiten stellen kleine Attribut-ähnliche Entitäten dar, die erst in Kombination bedeutungsvollere Konzepte repräsentieren können, wodurch sich der verteilte Charakter des Modells ausdrückt. Die gesamte Verarbeitung eines solchen Modells geschieht verteilt und parallel durch diese Einheiten, ohne die Überwachung einer zentralen Instanz. Die Aufgabe einer einzelnen Einheit ist es, die Eingaben der Nachbareinheiten, die eine eingehende Verbindung zu dieser Einheit haben, aufzunehmen, eine Ausgabe zu berechnen und diese zu den Nachbarn zu senden, zu denen die Einheit eine ausgehende Verbindung hat.

Die kombinierten Eingaben der Nachbareinheiten ergeben den Grad an Aktivierung einer Einheit zu einem bestimmten Zeitpunkt. Wie die Eingaben der Nachbareinheiten kombiniert werden, z.B. summiert, hängt von der Propagierungsregel ab. Ändern sich die Eingaben, so kann sich auch die Aktivierung ändern. Die Aktivierungen aller Einheiten zu einem bestimmten Zeitpunkt repräsentieren den Zustand des Systems zu diesem Zeitpunkt. Diese Aktivierungsmuster aller Einheiten stellen die Ausgabe des Systems zu einem bestimmten Zeitpunkt dar. Die Aktivierung einer einzelnen Einheit dagegen hat keine konzeptionelle bzw. semantische Bedeutung. Die Aktivierungswerte können kontinuierlich oder diskret sein. Aufgrund des Grads der Aktivierung wird durch die Ausgabefunktion ein Ausgabesignal berechnet, welches den Nachbarn übermittelt wird. Auf diese Weise interagieren die Einheiten miteinander.

KAPITEL 2. MODELL

Die Aktivierungsregel bestimmt, wie der Grad der Aktivierung zum nächsten Zeitpunkt anhand der kombinierten Eingabe und den vorherigen Aktivierungsgraden berechnet wird. Im einfachsten Fall geschieht dies durch die Identitätsfunktion. Oft werden auch Schwellwert- oder Sigmoidfunktionen verwendet. Dabei ist es in manchen Fällen sinnvoll, wenn die Aktivierungsfunktion differenzierbar ist. Der Aktivierungsprozess kann dabei synchron oder asynchron stattfinden. Bei einer synchronen Aktivierungsausbreitung werden die neuen Aktivierungsgrade für einen Zeitpunkt $k+1$ für alle Knoten gleichzeitig abhängig von der Aktivierung zum Zeitpunkt k berechnet. Bei einer asynchronen Aktivierungsausbreitung wird die Aktivierung in zufälliger Reihenfolge für einen Knoten nach dem anderen berechnet, bis alle Knoten zu einem Zeitpunkt k an der Reihe waren. Die neue Aktivierung eines Knotens zum Zeitpunkt $k+1$ kann sich hier bereits auf die Berechnung der Aktivierung eines anderen Knotens zum Zeitpunkt $k+1$ auswirken, was bei der synchronen Aktivierungsausbreitung nicht der Fall ist.

Einheiten sind mit anderen Einheiten verbunden. Die Nachbarschaft der Einheiten sowie die Stärke deren Verbindung ist über das Verbindungsmuster festgelegt. Die Stärke wird durch ein Gewicht ausgedrückt, wobei ein positives Gewicht üblicherweise eine anregende Eingabe repräsentiert und ein negatives eine hemmende Eingabe. Das Verbindungsmuster repräsentiert das „Wissen" des Systems. Es legt fest, wie der Zustand des Systems auf eine bestimmte Eingabe zu einem bestimmten Zeitpunkt ausfallen wird. Weiterhin ist dadurch die Topologie des Systems bestimmt, z.B. ob es hierarchisch aufgebaut ist, aufgeschaltet oder rekurrent ist etc.

Eine Veränderung des Wissens eines PDP Modells, z.B. das Erlernen von bestimmten Ausgaben auf bestimmte Eingaben, beinhaltet die Veränderung des Verbindungsmusters. Dabei kann ein Muster auf drei Arten verändert werden: durch Erzeugung neuer Verbindungen, Löschen bestehender Verbindungen oder durch eine Modifikation der Verbindungsgewichte. Viele Lernverfahren, die auf der Veränderung von Verbindungsgewichten basieren sind eine Variante der Hebbschen Lernregel [43], welche besagt, dass ein Verbindungsgewicht zweier Einheiten erhöht wird, wenn eine Einheit die Eingabe der anderen empfängt und beide zur gleichen Zeit stark aktiviert sind. Welche Lernverfahren speziell verwendet werden können, hängt vom PDP Modell und von der zu erledigenden Aufgabe ab.

Die Umgebung, in der das System operiert, definiert sich durch eine Wahrscheinlichkeitsverteilung über die Menge der möglichen Eingabemuster, die für gewöhnlich unabhängig von den vorhergehenden Eingabemustern und der Ausgabe des Systems ist. Das Modell wird das unterliegende Verbindungsmuster anhand der Lernregel und aufgrund der Eingabemuster verändern und so die Wahrscheinlichkeitsverteilung der Umgebung reflektieren.

Zur Formalisierung der Netzwerke, auf welchen Aktivierungsausbreitung stattfindet, werden im Folgenden Standardnotationen aus der Graphentheorie eingeführt, welche im weiteren Verlauf der Arbeit verwendet werden.

2.3 Graphen

Ein (gerichtetes) *Netzwerk* bzw. *Graph* $G = (V, E)$ besteht aus einer endlichen Menge an *Knoten* V und einer Menge aus (gerichteten) *Kanten* $E \subseteq V \times V$, die Paare von Knoten verbinden. Die Anzahl der Knoten in einem Graph wird mit $n = |V|$ bezeichnet und die Anzahl der Kanten mit $m = |E|$. Ein *gewichteter* Graph $G = (V, E, w)$ hat zusätzlich eine Funktion $w : V \times V \to \mathbb{R}$, wobei $w(u, v)$ das Gewicht der Kante (u, v) zwischen den Knoten u und v darstellt und $w(u, v) = 0$ wenn $(u, v) \notin E$. Das Gewicht einer Kante wird in dieser Arbeit als Stärke oder Verlässlichkeit einer Beziehung zweier Informationseinheiten gesehen. Für einen ungewichteten Graphen wird $w(u, v) = 1$, falls $(u, v) \in E$, andernfalls $w(u, v) = 0$ angenommen. In gerichteten Graphen wird jede Kante $e = (u, v) \in E$ als geordnetes Paar mit einem *Ursprung* u und einem *Ziel* v dargestellt, dabei ist u der *Vorgänger* von v und v der *Nachfolger* von u. In *ungerichteten* oder *symmetrischen* Graphen ist der Ursprung zugleich das Ziel und der Vorgänger zugleich Nachfolger, außerdem gilt $w(u, v) = w(v, u)$ für alle Knotenpaare. Eine Kante $(v, v) : v \in V$ die einen Knoten v mit ihm selbst verbindet heißt *Schleife*. Ein Graph ohne Schleifen ist *schlicht*. Lässt sich die Menge der Knoten V eines Graphen in zwei disjunkte Teilmengen $V = V_1 \cup V_2$ aufteilen, so dass $E \subseteq V_1 \times V_2$ gilt, so heißt der Graph bipartit und wird auch mit $G = (V_1, V_2, E)$ bezeichnet.

Es ist möglich, dass eine Kante $(u, v) \in E$ in der Menge der Kanten mehrfach auftaucht z.B. wenn zwischen zwei Informationseinheiten mehrere Beziehungen existieren. Die Menge E wird dann Multimenge genannt, die Kanten *parallele Kanten* und der Graph *Multigraph*. Ein Graph, in dem jede Kante in E nur einmal vorkommt heißt *gewöhnlicher* Graph. Multigraphen werden in dieser Arbeit nicht behandelt. Wenn nichts Weiteres angegeben ist wird unter „Graph" ein gewöhnlicher, gerichteter und gewichteter Graph verstanden, der Schleifen haben kann.

Zwei Knoten u und v sind benachbart oder *adjazent* zueinander wenn eine Kante existiert, die diese Knoten verbindet, z.B. $e = (u, v) \in E$. Eine solche Kante e ist *inzident* zu u und v und u und v sind *inzident* zu e. Die Menge aller Vorgänger-Knoten von v

$$N^-(v) = \{u \in V : (u, v) \in E\}$$

repräsentiert dessen *eingehende Nachbarschaft*. Umgekehrt repräsentiert die Menge aller Nachfolger-

KAPITEL 2. MODELL

Knoten
$$N^+(v) = \{u \in V : (v,u) \in E\}$$
die *ausgehende Nachbarschaft* von v. Die *Nachbarschaft* von v definiert sich durch
$$N(v) = N^-(v) \cup N^+(v).$$

Der *Eingangsgrad* eines Knotens v ist die (mit den jeweiligen Kantengewichten gewichtete) Summe der Kanten, für die v der Zielknoten ist $d^-(v) = \sum_{u \in N^-(v)} w(u,v)$. Analog dazu ist der *Ausgangsgrad* eines Knotens die (mit den jeweiligen Kantengewichten gewichtete) Summe der Kanten, für die v der Ursprungsknoten ist $d^+(v) = \sum_{u \in N^+(v)} w(v,u)$. Der *Knotengrad* oder kurz *Grad* von v ist $d(v) = d^-(v) + d^+(v) = \sum_{u \in N(v)} w(v,u) + w(u,v)$. In ungerichteten Graphen ist der Ausgangsgrad eines Knotens gleich dem Eingangsgrad $d(v) = d^-(v) = d^+(v)$.

Ein Graph $G' = (V', E')$ wird *Teilgraph* eines Graphen $G = (V, E)$ genannt wenn $V' \subseteq V$ und $E' \subseteq E$. Ein Teilgraph heißt *induziert* wenn in E' alle Kanten $e \in E$ enthalten sind, die Knoten in V' verbinden. Ein (gerichteter) *Weg* in einem (gerichteten) Graphen $G = (V, E)$ von v_1 nach v_{k+1} ist eine abwechselnde Folge an Knoten und Kanten $W = (v_1, e_1, v_2, e_2, \ldots, v_k, e_k, v_{k+1})$, wobei $e_i = (v_i, v_{i+1}) \in E$ und $v_i \in V$. Die Länge des Weges ist dabei durch die Anzahl der enthaltenen Kanten bestimmt. Sind alle Knoten und Kanten in der Folge von W voneinander verschieden, d.h. $v_i \neq v_j$ und $e_i \neq e_j$ für alle $i \neq j$, dann ist W ein *Pfad*.

Die *Adjazenzmatrix* eines gewöhnlichen, gerichteten Graphen $G = (V, E, w)$ mit $n = |V|$ ist eine Matrix $A = A(G) \in \mathbb{R}^{n \times n}$, deren Zeilen und Spalten indiziert sind durch die Knoten in G und die definiert ist durch $(A)_{uv} = w(u,v)$. Adjazenzmatrizen ungerichteter Graphen sind symmetrisch.

Zwei Graphen $G_1 = (V_1, E_1, w_1)$ und $G_2 = (V_2, E_2, w_2)$ sind *isomorph* ($G_1 \simeq G_2$) wenn eine bijektive Abbildung $\gamma : V_1 \to V_2$ existiert, so dass für alle Knotenpaare $u, v \in V_1$ gilt $w_1(u,v) = w_2(\gamma(u), \gamma(v))$. Eine solche Abbildung γ heißt *Isomorphismus* von G_1 nach G_2. Zwei isomorphe Graphen G_1 und G_2 sind strukturgleich und von gleicher Gestalt. Sie können so gezeichnet werden, dass sie, bis auf die Knotenbeschriftungen, identisch aussehen. Ein Isomorphismus eines Graphen auf sich selbst wird *Automorphismus* genannt. Die Menge aller Automorphismen $T(G)$ eines Graphen $G = (V, E)$, zusammen mit deren Komposition $\gamma_1 \circ \gamma_2 : v \to \gamma_1(\gamma_2(v))$, mit $\gamma_1, \gamma_2 \in T(G)$ bildet die *Automorphismengruppe* $\Gamma(G)$ von G. Ein Automorphismus eines Graphen $G = (V, E)$ mit $n = |V|$ ist eine Permutation seiner Knoten. Daher realisiert die Menge aller $n \times n$ Permutationsmatrizen P, welche die Zeilen und Spalten der Adjazenzmatrix

$A(G)$ permutieren, die Gruppe $\Gamma(G)$

$$P \in \Gamma(G) \Leftrightarrow PA = AP. \qquad (2.1)$$

2.4 Aktivierungsausbreitung

Aufbauend auf dem Modell der parallelen verteilten Verarbeitung und der Formalisierung von Netzwerken kann nun das Modell der Aktivierungsausbreitung eingeführt werden. Es besteht aus sieben Aspekten und einer Dreiteilung der Funktionalität. Im Folgenden werden zuerst die sieben Aspekte aufgelistet und beschrieben und aufbauend darauf die Dreiteilung der Funktionalität. Die sieben Aspekte sind:

- Eine Menge von *Knoten*

- Eine Menge von *Kanten*

- Ein Grad an *Aktivierung*

- Eine *Ausgabefunktion*

- Eine *Eingabefunktion*

- Eine *Aktivierungsfunktion*

- Eine Menge von *Beschränkungen*

Die Menge der Knoten stellt dabei die Menge der Verarbeitungseinheiten dar und die Menge der Kanten das Verbindungsmuster zwischen den Einheiten. Prinzipiell können dabei alle Knoten mit allen anderen verbunden sein. Es existieren keine Schichten von Knoten, die nur mit Knoten bestimmter anderer Schichten verbunden sein können, wie in manchen Modellen der parallelen verteilten Verarbeitung. Die Netzwerkstruktur gleicht dem eines rekurrenten Netzes; alle Knoten dienen zugleich als Eingabeschicht und als Ausgabeschicht.

Die Aktivierung breitet sich auf einem Graphen $G = (V, E, w)$ aus. Zur Vereinfachung wird angenommen, dass $V = \{1, \ldots, n\}$. Der *Zustand* des Systems zu einem Zeitpunkt k wird, wenn nicht anders spezifiziert, durch den *Ausgabezustand* repräsentiert und mit $\mathbf{o}^{(k)} \in \mathbb{R}^n$ bezeichnet, wobei $\mathbf{o}_v^{(k)}$, der Wert des Vektors $\mathbf{o}^{(k)}$ an der Stelle v, die Ausgabe des Knotens $v \in V$ zum Zeitpunkt k darstellt. Der Zustand eines Systems zu einem Zeitpunkt $k > 0$ wird anhand der drei Funktionsfamilien Ausgabe-, Eingabe- und Aktivierungsfunktionen zum nächsten Zeitpunkt

KAPITEL 2. MODELL

$k+1$ überführt. Die Propagierungsregel aus dem Modell der parallelen verteilten Verarbeitung ist hier die Eingabefunktion und die Aktivierungsregel ist die Aktivierungsfunktion. Die Dreiteilung der Funktionalität eines Knotens ist in Abbildung 2.2 dargestellt. Die drei Funktionsfamilien sind im Folgenden definiert:

- **Eingabefunktion** $\text{in}_v\colon \mathbb{R}^n \to \mathbb{R}$ Eine Eingabefunktion eines Knotens v aggregiert die ausgehende Aktivierung $\mathbf{o}_u^{(k-1)}$ der Vorgängerknoten $u \in N^-(v)$ zum Zeitpunkt $k-1$, um somit die eingehende Aktivierung $\mathbf{i}_v^{(k)} = \text{in}_v(\mathbf{o}^{(k-1)})$ zum Zeitpunkt k zu bestimmen. Für gewöhnlich wird die gewichtete Summe der ausgehenden Aktivierungen aller Vorgängerknoten

$$\text{in}_v(\mathbf{o}^{(k-1)}) = \sum_{u \in N^-(v)} \mathbf{o}_u^{(k-1)} w(u,v)$$

  verwendet.

- **Aktivierungsfunktion** $\text{act}_v\colon \mathbb{R} \to \mathbb{R}$ Eine Aktivierungsfunktion bestimmt aufgrund der eingehenden Aktivierung $\mathbf{i}_v^{(k)}$ eines Knotens v zum Zeitpunkt k, ob dieser Knoten aktiviert wird sowie dessen Grad an Aktivierung $\mathbf{a}_v^{(k)} = \text{act}_v(\mathbf{i}_v^{(k)})$. Oft werden hier, um Nichtlinearität in das System einzubringen, Schwellwert- oder Sigmoidfunktionen verwendet (siehe z.B. Abschnitt 3.4). Der Zustand des Systems zum Zeitpunkt k kann statt durch den Ausgabezustand $\mathbf{o}^{(k)}$ auch durch den *Aktivierungszustand* $\mathbf{a}^{(k)}$ definiert sein.

- **Ausgabefunktion** $\text{out}_v\colon \mathbb{R} \to \mathbb{R}$ Eine Ausgabefunktion bestimmt aufgrund der Aktivierung $\mathbf{a}_v^{(k)}$ eines Knotens v zu einem Zeitpunkt k dessen ausgehende Aktivierung (Ausgabe) $\mathbf{o}_v^{(k)} = \text{out}_v(\mathbf{a}_v^{(k)})$, wobei $\mathbf{o}^{(k)} \in \mathbb{R}^n$ den Ausgabezustand des Systems zum Zeitpunkt k bezeichnet. Ausgabefunktionen können z.B. zur Normalisierung der ausgehenden Aktivierung verwendet werden. Durch sie kann z.B. sichergestellt werden, dass die Summe der ausgehenden (bzw. eingehenden) Aktivierung im gesamten Netzwerk konstant bleibt, indem der Aktivierungsvektor $\mathbf{a}^{(k)}$ mit einer bestimmten Norm normiert wird (z.B. l_1-Norm).

Die Anfrage an das Netzwerk besteht aus einer Menge an Knoten $Q \subseteq V$, die anfänglich mit einer bestimmten Aktivierung a_{init} (meist $a_{init} = 1$) versehen werden. Somit ergibt sich der initiale Zustand des Systems:

$$\mathbf{a}_i^{(0)} = \begin{cases} a_{init} & \text{falls } i \in Q \\ 0 & \text{sonst} \end{cases}, \forall i \in V.$$

2.4. AKTIVIERUNGSAUSBREITUNG

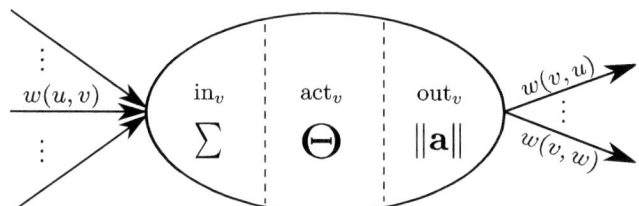

Abbildung 2.2: Schematische Aufteilung eines Knotens in Eingabe-, Aktivierungs- und Ausgabeteil.

Die Aktivierung breitet sich nun iterativ über inzidente Kanten zu Nachfolgerknoten aus, worauf diese ebenfalls mit einem bestimmten Grad an Aktivierung, abhängig von der Eingaben- und Aktivierungsfunktion, aktiviert werden. Der Aktivierungsprozess kann wie im PDP Modell synchron oder asynchron stattfinden. Wenn nichts anderes angegeben ist, wird hier stets von einer synchronen Aktivierungsausbreitung ausgegangen.

Der Prozess wird gestoppt wenn bestimmte, zuvor festgelegte Beschränkungen erfüllt sind, z.B. eine maximale Anzahl an Iterationen k_{max} erreicht wurde, eine bestimmte Anzahl an Knoten aktiviert wurde oder der Prozess konvergiert (siehe dazu Abschnitt 4.2). Als Ergebnis wird der durch die aktivierten Knoten induzierte Teilgraph zurückgegeben, wobei die Knoten in der Regel nach ihrem Aktivierungsgrad sortiert werden. Im Gegensatz zum Modell der parallelen verteilten Verarbeitung, dessen Resultat bezüglich einer initialen Eingabe für gewöhnlich aus dem letzten Zustand des Systems, also dem Aktivierungsmuster des gesamten Netzes besteht, können hier auch einige wenige aktivierte Knoten als Ergebnis zurückgegeben werden. Ein weiterer Unterschied zeigt sich darin, dass einzelne Einheiten im PDP Modell keine konzeptuelle Bedeutung haben, sondern erst eine Kombination dieser. In der Aktivierungsausbreitung ist die Bedeutung von Knoten nicht von vorn herein eingeschränkt. In der Regel haben einzelne Knoten allerdings eine konzeptuelle Bedeutung (siehe dazu Kapitel 3). Das Wissen wird also nicht allein im Verbindungsmuster des Netzwerks gespeichert, sondern zum Teil auch in den Knoten.

Eine Lernregel wird in der Aktivierungsausbreitung in den meisten Fällen nicht verwendet, da Anfragen an ein bestehendes Netzwerk verarbeitet werden, das Netzwerk aber nicht verändert wird. Eine Ausnahme ist z.B. in [8] zu finden, worin Belew ein Modell zur Aktivierungsausbreitung vorstellt, in dem das unterliegende Netzwerk den Nutzeranfragen adaptiv über die Zeit angepasst wird, indem Kantengewichte verändert werden. In dieser Arbeit wird davon ausgegangen, dass die Aktivierungsausbreitung lediglich zur Anfrageverarbeitung dient und das anzufragende Netzwerk bereits existiert, weswegen eine Lernregel nicht Teil des Mo-

KAPITEL 2. MODELL

dells ist. Da das Modell keine Lernregel beinhaltet ist auch die Definition einer Umgebung, wie im PDP Modell, überflüssig. Es existiert zwar eine Wahrscheinlichkeitsverteilung über die Menge der möglichen Eingabemuster und der berechneten Ausgabe des Systems. Da sich die Ausgabe bezüglich der gleichen Eingabemuster über die Laufzeit des Systems nicht verändert, ist die Wahrscheinlichkeitsverteilung allerdings nicht von Belang und deshalb in diesem Modell nicht enthalten.

2.4.1 Beschränkungen

Beschränkungen werden zum einen zum Beenden der Aktivierungsausbreitung verwendet, zum anderen aber auch um z.B. den Aktivierungsfluss oder die Aktivierung zu beeinflussen. Die gebräuchlichsten heuristischen Einschränkungen sind nach Crestani [27]:

- **Beschränkung der maximalen Anzahl an Iterationen**: Beendigung des Aktivierungsprozesses, nachdem eine maximale Anzahl an Iterationen erreicht wurde.

- **Beschränkung der maximalen Anzahl an aktivierten Knoten**: Beendigung des Aktivierungsprozesses, nachdem eine maximale Anzahl an aktivierten Knoten oder Kanten erreicht wurde.

- **Abstandsbeschränkung**: Durch eine Abstandsbeschränkung wird die eingehende Aktivierung eines Knotens um so stärker verringert je länger der Weg ist, auf dem sich die Aktivierung ausgebreitet hat. Knoten, die weiter weg von den Anfrageknoten liegen, werden folglich geringer aktiviert als solche, die diesen sehr nahe sind. Dies geht auf die heuristische Regel zurück, dass die Stärke einer (indirekten) Beziehung zwischen Knoten abnimmt, desto größer deren semantische Distanz ist. Dies kann z.B. umgesetzt werden, indem die Aktivierung nicht über einen bestimmten Abstand zu dem Anfrageknoten hinaus verbreitet wird oder durch den Einsatz eines Faktors $\lambda(k)$, der die eingehende Aktivierung, je nach Iteration, verringert. Je mehr Iterationen sich die Aktivierung ausbreiten konnte, desto länger sind die zurückgelegten Wege.

- **Ausbreitungsbeschränkung**: Durch eine Ausbreitungsbeschränkung wird die ausgehende Aktivierung von Knoten v mit hohem Ausgangsgrad $d^-(v)$ verringert, um so eine zu breit gefächerte Ausbreitung der Aktivierung zu verhindern. Knoten mit hohem Ausgangsgrad können z.B. eine sehr breite semantische Bedeutung haben und dadurch zu vielen anderen verbunden sein.

- **Pfadbeschränkung**: Durch Pfadbeschränkungen wird die Ausbreitung der Aktivierung auf bestimmten Pfaden bevorzugt bzw. behindert, um so z.B. bestimmte Inferenzregeln zu integrieren. Zum einen kann das durch Kantengewichte geschehen, durch welche die Aktivierung auf bestimmten Pfaden erlischt und auf anderen verstärkt wird. Zum anderen können Kantenbeschriftungen verwendet werden, um bestimmte Kanten zu ignorieren oder die Aktivierung anhand einer bestimmten Funktion zu berechnen.

- **Aktivierungsbeschränkung**: Eine Aktivierungsbeschränkung verhindert die Aktivierung eines Knotens, falls dessen eingehende Aktivierung unter einem bestimmten Wert liegt. Diese Beschränkung lässt sich einfach durch die Verwendung einer Schwellwertfunktion als Aktivierungsfunktion realisieren.

Nach Crestani [27] ist die Verwendung von Beschränkungen notwendig, da eine unbeschränkte Aktivierungsausbreitung drei wesentliche Nachteile hat:

1. Ausbreitung der Aktivierung über das gesamte Netzwerk
2. Semantik, die durch Kanten- oder Knotenbeschriftungen beschrieben ist, lässt sich schwer berücksichtigen
3. Inferenzregeln, die auf der Semantik von Beziehungen (Kantenbeschriftungen) basieren, lassen sich schwer integrieren

In Abschnitt 4.2 wird ein weiterer Nachteil der unbeschränkten Aktivierungsausbreitung gezeigt, nämlich die Konvergenz zu einem anfrageunabhängigen Fixpunkt.

2.5 Zusammenfassung

Die Funktionsweise der Aktivierungsausbreitung in Netzwerken wurde in diesem Kapitel eingeführt. Da diese auf der Idee der parallelen verteilten Verarbeitung basiert wurde das PDP Modell ebenfalls in Kürze erläutert, um die Gemeinsamkeiten und Unterschiede darzulegen. Netzwerke werden mathematisch als Graphen repräsentiert, weshalb diesbezüglich relevante Notationen eingeführt wurden. Des Weiteren wurde ein Modell für Aktivierungsausbreitungsverfahren, bestehend aus Knoten, Kanten, Aktivierungsgrad, drei Funktionsfamilien: Ausgabefunktion, Eingabefunktion und Aktivierungsfunktion und Beschränkungen definiert. Anhand dieses Modells werden im folgenden Kapitel bestehende Verfahren eingeordnet. Zuletzt wurden die gebräuchlichsten heuristischen Beschränkungen beschrieben sowie bekannte Nachteile von unbeschränkter Aktivierungsausbreitung angedeutet.

Kapitel 3

Bekannte Verfahren

Dieses Kapitel behandelt bekannte Verfahren sowie den Stand der Technik der Aktivierungsausbreitung in Netzwerken. Um einen weitreichenden Überblick zu geben wird auch auf die Ursprünge und die wichtigsten Gebiete, in denen Aktivierungsausbreitung bisher zum Einsatz kommt, eingegangen. Die verschiedenen Verfahren werden dabei in das in Abschnitt 2.4 beschriebene Modell eingeordnet und können dadurch besser verglichen werden. Dabei wird deutlich, dass in den meisten Aktivierungsausbreitungsverfahren heuristische Beschränkungen eingesetzt werden, um bestimmte Nachteile zu vermeiden. Es wird außerdem ersichtlich, dass sich viele Aktivierungsausbreitungsverfahren im Bereich des Information Retrieval hauptsächlich durch verschiedene Normierungen der Eingangs- Ausgangsvektoren unterscheiden. Des Weiteren wird ein bekanntes Verfahren aus der Netzwerkanalyse, welches durch Aktivierungsausbreitung beschrieben werden kann, sich jedoch stärker von den anderen Verfahren unterscheidet ebenfalls in das Modell eingeordnet. Außerdem wird kurz auf Hopfield-Netze eingegangen, welche ebenfalls auf dem Prozess der Aktivierungsausbreitung basieren, und deren Unterschiede zur Aktivierungsausbreitung in z.B. semantischen Netzwerken gezeigt.

3.1 Semantische Verarbeitung

Anfänglich wurde die Aktivierungsausbreitung von Quillian [68, 69, 70] im Bereich der maschinellen Übersetzung und der semantischen Verarbeitung eingeführt und später von Collins et al. [26] erweitert. Dabei geht es unter anderem darum, die Bedeutung eines Konzeptes durch die Zusammenhänge zu anderen Konzepten zu bestimmen oder zwei (oder mehrere) Konzepte semantisch zu vergleichen und bestimmte Beziehungen (z.B. Hyponymie) zwischen diesen festzustellen.

KAPITEL 3. BEKANNTE VERFAHREN

Die unterliegende Datenstruktur in diesen Ansätzen ist ein semantisches Netzwerk, repräsentiert durch einen Graph $G = (V, E, w)$ bestehend aus Konzepten, repräsentiert durch beschriftete Knoten V und Beziehungen zwischen diesen, repräsentiert durch typisierte, gewichtete und gerichtete Kanten $E \subseteq V \times V$. Die inzidenten Kanten eines Knotens werden als Eigenschaften des zugehörigen Konzeptes gesehen, die Kantengewichte als Kriterien (*criterialities*), welche die Wichtigkeit der Eigenschaft bzw. der Kanten in Bezug auf die Bedeutung des Konzeptes abbilden. Für das Konzept „Schreibmaschine" z.B. ist die Eigenschaft, dass es eine „Maschine" ist sehr wichtig, während für das Konzept „Maschine" eher unbedeutend ist, dass eine Schreibmaschine auch eine Maschine ist. Um verschiedene Beziehungen zwischen Konzepten abzubilden werden den Kanten bestimmte Typen zugeordnet. Quillian schlug fünf verschiedene Typen von Kanten vor:

1. Hyperonym und Hyponym Beziehungen   z.B. Tier $\underset{\text{Hyponym}}{\overset{\text{Hyperonym}}{\rightleftharpoons}}$ Säugetier

2. modifizierende Beziehungen   z.B. flugfähig $\xrightarrow{\text{modifiziert}}$ Säugetier

3. Disjunktionen   z.B. Insekt $\xleftrightarrow{\text{oder}}$ Säugetier

4. Konjunktionen   z.B. Insekt $\xleftrightarrow{\text{und}}$ Säugetier

5. Beziehungen, die selbst durch ein Konzept   z.B. Säugetier $\xrightarrow{\text{fressen}}$ Insekt
   beschrieben werden (meistens Verben)

Diese Arten von Beziehungen können beliebig ineinander verschachtelt werden, so dass alles, was durch natürliche Sprache ausgedrückt werden kann, in einem solchen Netzwerk repräsentiert werden kann [26].

Aktivierungsausbreitung wird in Quillians Ansatz eingesetzt, um zum einen die volle Bedeutung eines Konzeptes zu ermitteln und zum anderen, um den semantischen Zusammenhang zwischen zwei Konzepten zu bestimmen. Die volle Bedeutung eines Konzeptes nach Quillian [69] wird durch den, durch eine Aktivierungsausbreitung, beginnend am Knoten $v \in V$ des jeweiligen Konzeptes induzierten Teilgraphen repräsentiert. Dabei können die Knoten des Teilgraphen nach ihrem Aktivierungszeitpunkt aufsteigend geordnet werden, um eine semantische Nähe zu bestimmen. Ist der unterliegende Graph stark zusammenhängend, so wird die Bedeutung eines Konzeptes stets durch das komplette Netzwerk repräsentiert, wobei die Knoten je nach Anfrageknoten unterschiedlich sortiert werden. Bestimmte Aktivierungsfunktionen sind allerdings nicht angegeben. Das Verfahren lässt sich in die Funktionen des in Abschnitt 2.4 definierten

3.1. SEMANTISCHE VERARBEITUNG

Modells folgendermaßen eingliedern.

- **Eingabefunktion:**
$$\mathbf{i}_i^{(k)} = \mathrm{in}_i(\mathbf{o}^{(k-1)}) = \sum_{j \in N^-(i)} \mathbf{o}_j^{(k-1)}$$

- **Aktivierungsfunktion:**
$$\mathbf{a}_i^{(k)} = \mathrm{act}_i(\mathbf{i}_i^{(k)}) = \begin{cases} k+1 & \text{falls } \mathbf{i}_i^{(k)} > 0 \\ 0 & \text{sonst} \end{cases}$$

- **Ausgabefunktion:**
$$\mathbf{o}_i^{(k)} = \mathrm{out}_i(\mathbf{a}_i^{(k)}) = \mathbf{a}_i^{(k)}$$

für alle $i \in V$. Für die initiale Aktivierung des Konzeptknotens $v \in V$ zum Zeitpunkt $k = 0$ gilt $\mathbf{a}_i^{(0)} = \begin{cases} 1 & \text{falls } i = v \\ 0 & \text{sonst} \end{cases}$. Der Grad der Aktivierung eines Knotens entspricht der Iteration $+1$ in der der Knoten das erste Mal aktiviert wurde.

Ein Vergleich zweier Konzepte findet anhand zweier paralleler Aktivierungsausbreitungen statt. Dabei werden die Knoten der zu vergleichenden Konzepte initial aktiviert. Die im Laufe der Iterationen ebenfalls aktivierten Knoten werden zum einen mit dem Namen der Vorgängerknoten als auch mit dem des Startknotens markiert. Wird ein bereits aktivierter Knoten erneut aktiviert, so findet eine Überschneidung statt. Anhand der Markierungen können die Vorgängerknoten der aktivierten Knoten bestimmt werden, bis hin zu den initial aktivierten Anfrageknoten. Somit können Pfade gefunden werden, die beide Anfrageknoten verbinden. Der semantische Zusammenhang zwischen den beiden anfänglich aktivierten Konzepten, der durch jeden einzelnen dieser Pfade ausgedrückt wird, wird nachträglich durch diverse Regeln (siehe [71]) auf syntaktische und kontextuelle Korrektheit geprüft. Des Weiteren kann diese Art des Konzeptvergleichs zum Auflösen von Mehrdeutigkeiten eingesetzt werden.

Dieses einfache Modell der Aktivierungsausbreitung, das eher einer Breitensuche gleicht, wird in [26] durch verschiedene lokale und globale Annahmen erweitert. Es werden vier lokale Annahmen gemacht:

1. Die ausgehende Aktivierung eines Knotens wird durch das entsprechende Kantengewicht abgeschwächt.

2. Die Anfrageknoten emittieren in einer bestimmten Frequenz (z.B. in jeder Iteration) Aktivierung. Je länger ein Aktivierungsausbreitungsprozess anhält, desto häufiger geht Ak-

tivierung von diesem Knoten aus (siehe dazu Abschnitt 4.3.2).

3. Die Aktivierung nimmt über die Zeit ab. In jeder Iteration wird die ausgehende Aktivierung durch eine Abschwächungsrate vermindert. Des Weiteren ist der Betrag der gesamten Aktivierung limitiert, was einer Normalisierung entspricht (siehe dazu Abschnitt 4.3.1).

4. Die eingehende Aktivierung eines Knotens wird summiert und ein Knoten wird aktiviert, nachdem die Aktivierung einen bestimmten Schwellwert erreicht hat.

Genaue Angaben zur Abschwächungsrate, zur Normalisierung und zum Schwellwert werden jedoch nicht gemacht. Weiter gibt es drei globale Annahmen:

1. Je mehr Eigenschaften zwei Konzepte gemeinsam haben, je mehr Kanten zwischen den entsprechenden Knoten bestehen, desto ähnlicher sind sich diese Konzepte im semantischen Sinne.

2. Die Bezeichnungen der Konzepte werden in einem zweiten, einem lexikalischen Netzwerk gespeichert. Dabei wird jede Bezeichnung durch einen Knoten repräsentiert. Knoten werden durch gewichtete Kanten anhand von phonetischen Ähnlichkeiten verbunden. Je ähnlicher, desto stärker das Gewicht. Jeder Konzeptknoten aus dem semantischen Netzwerk ist mit einem Knoten aus dem lexikalischen Netzwerk verbunden. Diese Erweiterung ist jedoch nur für Verfahren zur maschinellen Übersetzung interessant.

3. Es können anfänglich Knoten sowohl aus dem semantischen Netzwerk als auch aus dem lexikalischen Netzwerk aktiviert werden.

Auch bei den globalen Annahmen werden keine genauen Angaben z.B. zum Aufbau des lexikalischen Netzwerkes gemacht.

3.2 Kognitive Verarbeitung

In Andersons Kognitionstheorie [1, 2, 3, 4] (ACT - *Adaptive Control of Thought*) wird der Prozess der Wiederauffindung von Informationen bzw. Erinnerungen als Aktivierungsausbreitungsprozess beschrieben. Zum einen werden somit zu bestimmten Anfragen bzw. Eingabereizen damit in Beziehung stehende Daten gefunden, zum anderen können, wie auch in der semantischen Verarbeitung, gespeicherte Daten aufgrund der Interferenz von mehreren Aktivierungsausbreitungsprozessen verglichen werden.

3.2. KOGNITIVE VERARBEITUNG

Einheiten im Gedächtnis bestehen aus größeren Strukturen, welche kognitive Einheiten genannt werden. Diese Einheiten bestehen nach Anderson [1, 3] aus einem repräsentierenden Knoten (*unit node*) und einer Menge von Elementen, die mit dieser Einheit in Verbindung stehen. Eine kognitive Einheit könnte z.b. eine Proposition mit entsprechenden Argumenten als Attribute, ein Bild oder ein Satz sein. In [3, 4] wird eine kognitive Einheit als generisch betrachtet. Die Knoten der Einheiten werden zusammen mit ihren Attributen in einem bipartiten Graphen $G = (V_1, V_2, E, w)$ repräsentiert, mit V_1 als Menge der repräsentierenden Knoten und V_2 als Menge der Attribute und $E \subseteq V_1 \times V_2$ als Menge deren Beziehungen. Besteht eine Zugehörigkeit eines Attributs $v \in V_2$ zu einer Einheit $u \in V_1$ so existiert eine Kante $(u,v) \in E$ zwischen den entsprechenden Knoten.

Das Gedächtnis ist nach Anderson [3] in zwei Teile aufgeteilt, das Arbeitsgedächtnis und das Langzeitgedächtnis. Im Arbeitsgedächtnis sind die Informationen bzw. kognitiven Einheiten, die dem System zur Verarbeitung gegenwärtig zur Verfügung stehen. Diese Einheiten sind zu einem bestimmten Grad aktiviert. Das Wiederauffinden von Informationen im Langzeitgedächtnis in Abhängigkeit von aktivierten Einheiten im Arbeitsgedächtnis geschieht über Aktivierungsausbreitungsprozesse. Dabei breitet sich die Aktivierung ausgehend von bestimmten bereits aktivierten Einheiten $U \subset V_1$ im Arbeitsgedächtnis zu Attributen und Einheiten im Langzeitgedächtnis aus. Sind diese zu einem bestimmten Grad aktiviert, werden sie in das Arbeitsgedächtnis geladen und stehen ebenfalls zur weiteren Verarbeitung zur Verfügung. Zur Vereinfachung wird hier keine Unterscheidung zwischen Knoten gemacht die sich im Arbeits- oder Langzeitgedächtnis befinden.

Die Einheiten U werden fokussierte Einheiten genannt und deren Attribute Q werden Quellknoten genannt, wobei $Q = \{v | (u,v) \in E\}$ mit $v \in V_2$ und $u \in U$. Das in [3, 4] beschriebene Verfahren zur Aktivierungsausbreitung lässt sich in die Funktionen des Modells folgendermaßen eingliedern.

- **Eingabefunktion**:

$$\mathbf{i}_i^{(k)} = \mathrm{in}_i(\mathbf{o}^{(k-1)}) = \left(\sum_{j \in N^-(i)} \mathbf{o}_j^{(k-1)} w(j,i) \right) \alpha + \mathbf{c}_i \alpha$$

- **Aktivierungsfunktion**:

$$\mathbf{a}_i^{(k)} = \mathrm{act}_i(\mathbf{i}_i^{(k)}) = \mathbf{i}_i^{(k)}$$

KAPITEL 3. BEKANNTE VERFAHREN

- **Ausgabefunktion:**

$$o_i^{(k)} = \text{out}_i(\mathbf{a}_i^{(k)}) = \frac{\mathbf{a}_i^{(k)}}{\sum_{j \in N^+(i)} w(i,j)}$$

Die eingehende Aktivierung eines Knotens $i \in V_1 \cup V_2$ setzt sich aus der gewichteten Summe der ausgehenden Aktivierungen der Nachbarknoten, dem Verlustfaktor α, mit $0 < \alpha < 1$ und dem Bias $\mathbf{c} \in \mathbb{R}^{|V_1 \cup V_2|}$ zusammen. Für diesen gilt $c_i = 0$ wenn $i \notin Q$ und sonst $c_i = w(j, i)$ mit $j \in U$ und $i \in Q$. Der Bias repräsentiert die zu jeder Zeiteinheit eingehende Aktivierung von den bereits aktiven Einheiten im Arbeitsgedächtnis U. Die ausgehende Aktivierung eines Knotens wird entsprechend der Gewichte der ausgehenden Kanten auf diese aufgeteilt. Die Übertragung der Aktivierung von Knoten i nach j hängt, ähnlich wie bei Irrfahrten auf Graphen (siehe Abschnitt 4.4), vom relativen Gewicht $w_r(i,j) = \frac{w(i,j)}{\sum_{v \in N^+(i)} w(i,v)}$, mit $i, j, v \in V_1 \cup V_2$ der Kante $(i, j) \in E$ ab, nicht vom absoluten.

Der Verlustfaktor α ist zum einen biologisch begründet, da die Aktivierung von einem Neuron zum nächsten nur abgeschwächt übertragen wird, zum anderen garantiert der Verlustfaktor und die Verwendung von den relativen Gewichten in Andersons Modell eine Obergrenze an Aktivierung, die sich im Netzwerk ausbreiten kann. Für einen Quellknoten $v \in Q$, über welchen sich die Aktivierung ausbreitet, ist die Obergrenze $\lim_{k \to \infty} \mathbf{c}_v (1 - \alpha)^{-1}$.

Des Weiteren wird durch den Verlustfaktor die Konvergenz des Aktivierungsausbreitungsprozesses gewährleistet. Details dazu sind in [2, 3, 4] zu finden. Konvergiert ein solcher Aktivierungsausbreitungsprozess innerhalb einer bestimmten Zeit, so werden die Einheiten und Attribute, deren Aktivierung einen bestimmten Grad überschreitet, ins Arbeitsgedächtnis geladen und stehen nun zur weiteren Verarbeitung zur Verfügung. Der Grad der Aktivierung ist ein heuristisches Maß, welches die Relevanz der Einheiten und Attribute bezüglich der fokussierten Einheiten angibt. Die Knoten, die mehr eingehende Kanten mit hohen relativen Kantengewichten haben und sich näher an den Quellknoten befinden, werden stärker aktiviert und somit eher in das Arbeitsgedächtnis geladen als von Quellknoten weiter entfernte Knoten mit wenigen schwachen eingehenden Kantengewichten.

3.2.1 Semantisches Priming

Neben verschiedenen Modellen zur Repräsentation der Informationen im Gedächtnis und zur Aktivierungsausbreitung wurden im Bereich der Psychologie auch die Effekte von initialen Reizen auf Entscheidungsfindungsprozesse untersucht [63, 65, 6, 64, 72]. Dabei dient das in [26] beschriebene Modell als theoretisches Modell zur Veranschaulichung der kognitiven Prozesse, die im Gedächtnis während der Wiederauffindung von Informationen stattfinden. Auf diese Untersuchungen wird in dieser Arbeit allerdings nur kurz eingegangen, da sie nur entfernt mit der hier untersuchten Aktivierungsausbreitung zu tun haben. Der Vollständigkeit halber werden diese jedoch erwähnt.

Das Vorgeben von Reizen wird *Priming* genannt bzw. *semantisches Priming*, falls die Reize Wörter bzw. lexikalische Einheiten sind. Für eine lexikalische Entscheidungsaufgabe muss eine Versuchsperson entscheiden, z.B. ob ein vorgelegtes Wort ein reales Wort (wie z.B. „Butter") ist oder nicht (wie z.B. „Botter"). Zuerst wird der Versuchsperson ein Reizwort (*prime*) gezeigt, welches automatisch verarbeitet wird. Die mentale Repräsentation des Wortes wird im Gedächtnis aktiviert und beeinflusst die zu treffende lexikalische Entscheidung. Als Nächstes wird das Zielwort (*target*) gezeigt, für das die Versuchsperson die Entscheidung treffen muss. Es wurde festgestellt, dass die Probanden schneller und akkurater auf ein Zielwort (z.B. „Butter") reagieren, wenn dieses mit dem vorgelegten Reizwort in Verbindung steht (z.B. „Brot") als wenn dies nicht der Fall ist (z.B. „Stuhl") [63].

Die Stärke der semantischen Assoziation eines Wortes im Gedächtnis wird anhand der Reaktionszeit der Versuchsperson auf das Zielwort gemessen. Im Hinblick auf das Modell der Aktivierungsausbreitung aus [26] würde dies bedeuten, dass es zwischen den Knoten des Reizwortes und des Zielwortes mehr höher gewichtete Kanten bzw. kürzere Pfade gibt, je schneller eine Versuchsperson korrekt antwortet. Außerdem ist zu beobachten, dass bereits aktivierte Konzepte ab dem zweiten Zugriff schneller gefunden werden. Dies lässt darauf schließen, dass die Informationseinheiten, auf welche kurz zuvor zugegriffen wurde, in einen „mentalen Cache" geladen wurden. Nach dem ACT Modell würde dies bedeuten, dass sich die zuvor aktivierten und in das Arbeitsgedächtnis geladenen Einheiten immer noch in diesem befinden und so schneller zur Entscheidungsfindung zur Verfügung standen.

3.3 Information Retrieval

Basierend auf der Struktur semantischer bzw. assoziativer Netzwerke, wobei Letztere auf Salton [77] zurückgehen, wurden Methoden zur Aktivierungsausbreitung auch im Bereich des Information Retrieval eingesetzt. Die grundsätzliche Idee assoziativer Netzwerke ist, dass in Beziehung stehende Informationen im Netzwerk verbunden sind. Es wird angenommen, dass relevante Informationen wiedergefunden werden können, indem Assoziationen zwischen Informationseinheiten, die als relevant bekannt sind bei der Suche berücksichtigt werden. In [27] werden semantische Netzwerke als spezielle Form von assoziativen Netzwerken beschrieben.

KAPITEL 3. BEKANNTE VERFAHREN

Die Menge der verwendeten Informationseinheiten im Information Retrieval besteht für gewöhnlich aus einer Menge von Wörtern bzw. Termen $\mathfrak{T}$, einer Menge von Dokumenten $\mathfrak{D}$ und einer Menge von Autoren $\mathfrak{A}$ [27]. In den verschiedenen Ansätzen wird jede Informationseinheit als Knoten in einem Netzwerk repräsentiert. Im Folgenden repräsentiert ein Knoten $t \in T$ den Term $\mathfrak{t} \in \mathfrak{T}$, $d \in D$ das Dokument $\mathfrak{d} \in \mathfrak{D}$ und $a \in A$ den Autor $\mathfrak{a} \in \mathfrak{A}$, wobei T die Menge der Termknoten ist, D die Menge der Dokumentknoten und A die Menge der Autorknoten. Der Typ der verwendeten Daten unterscheidet sich allerdings je nach Ansatz. So wird in manchen Verfahren z.B. die Menge der Autoren $\mathfrak{A}$ in ein Netzwerk integriert (z.B. in [7]), während in anderen darauf verzichtet wird (z.B. in [23]). Kanten zwischen Knoten repräsentieren verschiedene Arten von Beziehungen zwischen den entsprechenden Informationseinheiten. Eine Kante, die zwei Dokumentknoten verbindet, kann z.B. bedeuten, dass ein Dokument ein anderes referenziert oder ähnlich zu diesem ist, wobei das Kantengewicht die Ähnlichkeit ausdrücken kann. Die genaue Bedeutung ist von System zu System unterschiedlich. In semantischen Netzwerken sind den Kanten meist Bezeichnungen zugeordnet, welche die Art der Beziehung beschreiben [68, 27]. Aktivierungsausbreitung wird verwendet, um bezüglich einer Anfrage relevante Dokumente, Autoren oder Terme zu finden. Der Grad der Aktivierung liefert in der Regel eine Heuristik zur Bestimmung der Relevanz der Informationseinheiten. Dabei unterscheiden sich die entwickelten Verfahren in der unterliegenden Netzwerkstruktur und in den eingesetzten Methoden zur Aktivierungsausbreitung.

3.3.1 GRANT

Eines der sehr frühen Information Retrieval Systeme, in denen Aktivierungsausbreitung zur Suche eingesetzt wurde, ist Cohens und Kjeldsens GRANT System [25]. GRANT ist ein Expertensystem zum Auffinden von Finanzierungsquellen für Forschungsprojekte und basiert auf einem semantischen Netzwerk aus Objekten wie Forschungsthemen, Projektanträgen und Gesellschaften oder Agenturen und deren Beziehungen zur Finanzierung von Forschungsprojekten. Den Knoten sowie den Kanten sind Typen zugeordnet. Knotentypen bezeichnen die Art des Objektes, z.B. Agentur, Antrag oder Thema. Kantentypen bezeichnen die Art der Beziehung zwischen Objekten, z.B. ist ein, hat ein, Instanz von, Teil von. Insgesamt werden 48 verschiedenen Kantentypen verwendet. Diese sind jedoch nicht detailliert aufgelistet, sondern nur einige wenige exemplarisch angegeben.

Eine Anfrage besteht aus einem oder mehreren Forschungsthemen oder Gesellschaften. Die Anfrage wird per Aktivierungsausbreitung bearbeitet, wobei durch den Einsatz von Beschränkungen bestimmte Pfade bevorzugt bzw. benachteiligt werden. Insgesamt werden drei Arten

3.3. INFORMATION RETRIEVAL

von Beschränkungen verwendet: Abstandsbeschränkungen, Ausbreitungsbeschränkungen und Pfadbeschränkungen. Nach vier Kanten wird die Ausbreitung der Aktivierung gestoppt, d.h. aktivierte Knoten können eine maximale Distanz von vier zum Anfrageknoten haben. Warum genau vier Iterationen berechnet werden wird jedoch nicht erläutert. Die Ausbreitung der Aktivierung wird außerdem bei Knoten mit hohem Knotengrad gestoppt. Wie hoch der Knotengrad sein muss und warum wird nicht erwähnt. Die verwendeten Pfadbeschränkungen basieren auf den Kantentypen. Für die verschiedenen Typen existieren verschiedenen Inferenzregeln, durch welche bestimmte Kanten höher oder niedriger gewichtet werden. Das Gewicht eines Weges zwischen dem Knoten eines Forschungsthemas und dem einer Agentur wird durch die Einzelgewichte der entsprechenden Kanten, deren Typen und der Inferenzregeln bestimmt und drückt aus wie wahrscheinlich es ist, dass eine Agentur ein bestimmtes Projekt finanziert. Insgesamt werden 120 verschiedene Inferenzregeln verwendet, die jedoch nicht im Detail erläutert werden. Durch die Anwendung der unterschiedlichen Beschränkungen sowie der Inferenzregel basierend auf den Kantentypen und deren unzureichende Beschreibung lässt sich das Aktivierungsausbreitungsverfahren nicht in das Modell eingliedern.

GRANT kann als Inferenzsystem betrachtet werden, welches wiederholt eine bestimmte Inferenzregel anwendet [27]:

$$\text{IF } v_1 \text{ AND } W(v_1, e_1, ..., e_{k-1}, v_k) \to v_k,$$

mit $v_i \in V$ als Knoten der Knotenmenge V des unterliegenden Graphen $G = (V, E)$, $e_i = (v_i, v_{i+1}) \in E$ als Kanten der Kantenmenge E, und $W(v_1, e_1, ..., e_{k-1}, v_k)$ als Weg der Knoten- und Kantenmenge. Dies ist gleichbedeutend mit einer Regel der Form: „Wenn eine Gesellschaft an einem bestimmten Forschungsthema v_1 interessiert ist und eine Beziehung von Thema v_1 zu v_k besteht, dann ist die Gesellschaft wahrscheinlich auch an Thema v_k interessiert". Es wurde gezeigt, dass das System im Hinblick auf Genauigkeit (*precision*) und Trefferquote (*recall*) besser abschneidet als eine einfache Schlagwortsuche. Die Erzeugung des semantischen Netzwerkes ist allerdings im Vergleich zu anderen Systemen wie z.B. in [7] oder [78] wesentlich aufwendiger, da es manuell durch Experten erstellt werden muss. Ein weiterer Nachteil des Systems ist die schwierige Anpassung der Inferenzregeln zur Bevorzugung bzw. Benachteiligung bestimmter Pfade. Ein Verzicht einer geeigneten Anpassung hätte eine deutlich niedrigere Genauigkeit zufolge.

KAPITEL 3. BEKANNTE VERFAHREN

3.3.2 AIR

Dem AIR (Adaptive Information Retrieval) System von Belew [7, 8] liegt ein tripartiter, gerichteter und gewichteter Graph $G = (T, D, A, E, w)$ zugrunde. Die Partitionen bestehen aus Term-, Dokument- und Autorknoten. Die Menge der Kanten $E \subseteq \{A \times D\} \cup \{T \times D\}$ besteht aus Kanten zwischen Dokument- und Autorknoten sowie Dokument- und Termknoten. Als Terme werden alle Wörter, die in den Titeln der Dokumente vorkommen, verwendet. Eine Kante $(t, d) \in E$ zwischen einem Termknoten t und einem Dokumentknoten d repräsentiert das Auftreten eines Terms t in einem Dokument ɒ. Eine Kante $(a, d) \in E$ zwischen einem Autorknoten a und einem Dokumentknoten d bedeutet, dass ɑ ein Autor des Dokuments ɒ ist. Das Gewicht einer Kante $(u, v) \in E$ ist definiert durch $w(u, v) = \frac{c}{|N^+(u)|}$, wobei c eine Konstante ist. In [7, 8] ist diese Konstante eins. Die Summe der Gewichte der ausgehenden Kanten eines Knotens ist somit c.

Eine Besonderheit in Belews AIR-System ist die Möglichkeit zur Anpassung der Kantengewichte nach Bearbeitung einer Anfrage. Der Benutzer kann die ausgegebenen Ergebnisknoten als relevant bzw. irrelevant bewerten, wobei die entsprechenden Kantengewichte dementsprechend angepasst werden. Der Aktivierungsgrad eines Knotens nach dem Anpassungsprozess kann als Vorhersage der Wahrscheinlichkeit gesehen werden, dass ein Knoten in Bezug auf eine Anfrage vom Benutzer als relevant gewertet wird. Da in dieser Arbeit von statischen Kantengewichten ausgegangen wird ist dies jedoch nicht relevant und wird deshalb nicht detaillierter beschrieben.

Die in AIR verwendete Aktivierungsausbreitung ist linear und lässt sich folgendermaßen durch die drei Funktionsfamilien des Modells beschreiben.

- **Eingabefunktion**:
$$\mathbf{i}_i^{(k)} = \text{in}_i(\mathbf{o}^{(k-1)}) = \sum_{j \in N^-(i)} \mathbf{o}_j^{(k-1)} w(j, i)$$

- **Aktivierungsfunktion**:
$$\mathbf{a}_i^{(k)} = \text{act}_i(\mathbf{i}_i^{(k)}) = \mathbf{i}_i^{(k)}$$

- **Ausgabefunktion**:
$$\mathbf{o}_i^{(k)} = \text{out}_i(\mathbf{a}_i^{(k)}) = \mathbf{a}_i^{(k)}$$

Da die Summe der Gewichte der ausgehenden Kanten c ergibt, bleibt die gesamte Aktivierung im Netzwerk stets konstant und wird weder anwachsen noch abklingen (siehe auch Abschnitt 4.2.2). Der Prozess wird nach wenigen Iterationen abgebrochen, nach wie vielen genau wird allerdings nicht angegeben. Übersteigt der Aktivierungsgrad eines Knotens einen bestimmten Schwellwert, so wird er in eine Ergebnisliste aufgenommen. Zum Schluss werden die Knoten in der Ergebnisliste nach Aktivierungsgrad sortiert und ausgegeben. Das Ergebnis kann neben Dokumentknoten auch aus Term- und Autorknoten bestehen, welche themenverwandte Terme und Autoren repräsentieren. Ebenso kann eine Anfrage neben Suchtermen auch aus Dokumenten und Autoren bestehen.

3.3.3 Normalisierte Systeme

Salton und Buckley vergleichen in [78] verschiedene Aktivierungsausbreitungsverfahren auf Dokument-Term Netzwerken anhand von Genauigkeit und Trefferquote. Das unterliegende Netzwerk ist ein bipartiter, gewichteter, ungerichteter Graph $G(D, T, E, w)$. Die Menge der Kanten $E \subseteq D \times T$ besteht aus Kanten zwischen Term- und Dokumentknoten. Eine Kante $(t, d) \in E$ repräsentiert das Auftreten eines Terms $\mathfrak{t}$ in einem Dokument $\mathfrak{d}$. Das zugehörige Kantengewicht $w(t, d)$ unterscheidet sich in den verglichenen Verfahren und ist im einfachsten Fall die absolute Häufigkeit $f(\mathfrak{t}, \mathfrak{d})$ des Terms $\mathfrak{t}$ im Dokument $\mathfrak{d}$, $w(t, d) = f(\mathfrak{t}, \mathfrak{d})$. Das Aktivierungsausbreitungsverfahren ist dem aus [3] ähnlich und kann wie folgt ins Modell eingegliedert werden:

- **Eingabefunktion:**
$$\mathbf{i}_i^{(k)} = \mathrm{in}_i(\mathbf{o}^{(k-1)}) = \sum_{j \in N^-(i)} \mathbf{o}_j^{(k-1)} w(j, i)$$

- **Aktivierungsfunktion:**
$$\mathbf{a}_i^{(k)} = \mathrm{act}_i(\mathbf{i}_i^{(k)}) = \mathbf{i}_i^{(k)}$$

- **Ausgabefunktion:**
$$\mathbf{o}_i^{(k)} = \mathrm{out}_i(\mathbf{a}_i^{(k)}) = \frac{\mathbf{a}_i^{(k)}}{\sum_{j \in N^+(i)} w(i, j)}$$

Die ausgehende Aktivierung hängt wie in Andersons ACT Theorie vom relativen Gewicht einer Kante ab. Eine Anfrage besteht hier lediglich aus einer Menge Suchtermen $\mathfrak{Q} \subseteq \mathfrak{T}$ bzw. deren repräsentativen Knoten $Q \subseteq T$ und nicht wie in Belews AIR-System auch aus Dokumenten oder Autoren. Jeder zugehörige Termknoten $i \in Q$ wird initial aktiviert, wobei der Aktivierungsgrad w_i von Term zu Term unterschiedlich sein kann und die Wichtigkeit des Terms in der Anfrage repräsentiert. Die Summe der initialen Aktivierungsgrade muss allerdings einer Konstanten c

KAPITEL 3. BEKANNTE VERFAHREN

entsprechen, $c = \sum_{i \in \mathfrak{T}} w_i$ wobei für c meist eins verwendet wird. Der initiale Aktivierungsvektor ist somit l_1 normiert.

In [78] wird zwar erwähnt, dass in vielen Systemen zu Aktivierungsausbreitung Ausbreitungsbeschränkungen verwendet werden, zum Vergleich der unterschiedlichen Kantengewichtungen wird jedoch keine solche Beschränkung angewendet. Zur Bestimmung der Aktivierungsgrade der Dokumente wird nur die erste Iteration berechnet. Ein großer Vorteil von Aktivierungsausbreitungsverfahren, das Finden von Knoten, die mit dem Anfrageknoten nur indirekt verbunden sind, wird somit nicht genutzt. Das Ergebnis besteht aus den Dokumentknoten, sortiert nach deren Aktivierungsgrad. Es wurden Testläufe auf sieben unterschiedlichen Test-Datensätzen durchgeführt, welche zusätzlich zu Dokumenten aus Anfragen bestehen, denen als relevant gewertete Dokumente zugeordnet sind. Für die Testläufe wurden zur Bestimmung der Ergebnisgüte Genauigkeitswerte an drei Stellen der Ergebnisliste gemessen und deren Durchschnitt verglichen.

Die Ergebnisse zeigen, dass Normierungen der ausgehenden bzw. der eingehenden Aktivierung in der Ausgabe- bzw. Eingabefunktion einen großen Effekt auf die Ergebnisgüte haben können. So schneiden z.b. Aktivierungsausbreitungsprozesse mit folgenden Funktionen auf allen Datensätzen besser ab als die im einfachen Fall.

- **Eingabefunktion:**

$$\mathbf{i}_i^{(k)} = \mathrm{in}_i(\mathbf{o}^{(k-1)}) = \left(\sum_{j \in N^-(i)} w(j,i)\mathbf{o}_j^{(k-1)}\right) \frac{1}{\sqrt{\sum_{j \in N^-(i)} w(j,i)^2}}$$

- **Aktivierungsfunktion:**

$$\mathbf{a}_i^{(k)} = \mathrm{act}_i(\mathbf{i}_i^{(k)}) = \mathbf{i}_i^{(k)}$$

- **Ausgabefunktion:**

$$\mathbf{o}_i^{(k)} = \mathrm{out}_i(\mathbf{a}_i^{(k)}) = \frac{\mathbf{a}_i^{(k)}}{\sqrt{\sum_{j \in N^+(i)} w(i,j)^2}}$$

Kombiniert mit anderen Gewichtungen der Kanten und Anfragetermen können die Ergebnisse weiter verbessert werden. So werden in [78] die verschiedenen Aktivierungsausbreitungsverfahren zusätzlich mit herkömmlichen vektorbasierten Information Retrieval Methoden verglichen. Ein Dokument $\mathfrak{d} \in \mathfrak{D}$ kann als Dokumentvektor $\mathbf{d} \in \mathbb{R}^{|\mathfrak{T}|}$ beschrieben werden, mit $\mathbf{d}_i = w_{i,\mathfrak{d}}$. Das Termgewicht $w_{i,\mathfrak{d}} \in \mathbb{R}$ repräsentiert hier die Wichtigkeit des Terms $i \in \mathfrak{T}$ im

Dokument $\mathfrak{d}$ und ist 0 falls der Term nicht im Dokument auftritt. Die besten Suchergebnisse werden mit TFIDF-Werten (term frequency inverse document frequency) als Termgewicht $w_{t,\mathfrak{d}} = \text{tfidf}_{t,\mathfrak{d}}$ erzielt, welche definiert sind als:

$$\text{tfidf}_{t,\mathfrak{d}} = \frac{f(t,\mathfrak{d})}{n_\mathfrak{d}} \log\left(1 + \frac{|\mathfrak{D}|}{n_t}\right), \quad (3.1)$$

wobei $n_\mathfrak{d}$ die Anzahl der Terme in Dokument $\mathfrak{d}$ und n_t die Anzahl der Dokumente ist, in denen der Term $t \in \mathfrak{T}$ auftritt.

Die vektorbasierte Methode kann unter Verwendung von bestimmten Kantengewichten auch als Aktivierungsausbreitungsprozess beschrieben werden. Dabei werden mit TFIDF-Werten als Kantengewichte $w(t,d) = \text{tfidf}_{\mathfrak{d},t}$, durch folgende Funktionen dieselben Ergebnisse erzielt.

- **Eingabefunktion:**

$$\mathbf{i}_i^{(k)} = \text{in}_i(\mathbf{o}^{(k-1)}) = \left(\sum_{j \in N^-(i)} w(j,i)\mathbf{o}_j^{(k-1)}\right) \frac{1}{\sqrt{\sum_{j \in N^-(i)} w(j,i)^2}}$$

- **Aktivierungsfunktion:**

$$\mathbf{a}_i^{(k)} = \text{act}_i(\mathbf{i}_i^{(k)}) = \mathbf{i}_i^{(k)}$$

- **Ausgabefunktion:**

$$\mathbf{o}_i^{(k)} = \text{out}_i(\mathbf{a}_i^{(k)}) = \mathbf{a}_i^{(k)}$$

Die in [78] verwendete Methode zur Gewichtung der Anfrageterme kann durch geeignete initiale Aktivierungswerte der Termknoten nachempfunden werden. Crestani [27] weißt darauf hin, dass neben der Gewichtung der Kanten und den verwendeten Funktionen zur Aktivierungsausbreitung die Struktur des unterliegenden Netzwerks ebenfalls einen großen Einfluss auf die Ergebnisgüte hat. Was ein Netzwerk, welches gute Ergebnisse liefert, von einem Netzwerk, welches schlechte Ergebnisse liefert unterscheidet, wird allerdings nicht erwähnt.

3.3.4 Weitere Systeme

Die in [78] beschriebenen Funktionen zur Aktivierungsausbreitung unterscheiden sich nur in Bezug auf die Normierung der ein- bzw. ausgehenden Aktivierung. In anderen Versuchen wurden nicht-lineare Aktivierungsfunktionen eingesetzt, um den Grad der eingehenden Aktivierung zu

KAPITEL 3. BEKANNTE VERFAHREN

verdeutlichen [23, 27, 28, 9, 83]. Die zwei gebräuchlichsten Funktionen sind die Schwellwertfunktion und die Sigmoidfunktion [27]. Der Aktivierungsgrad eines Knotens unter Verwendung der Schwellwertfunktion ist definiert als

- **Aktivierungsfunktion:**

$$\mathbf{a}_i^{(k)} = \mathrm{act}_i(\mathbf{i}_i^{(k)}) = \begin{cases} c_+ & \text{falls } \mathbf{i}_i^{(k)} > t_i \\ c_- & \text{sonst} \end{cases}$$

wobei t_i der Schwellwert des Knotens i ist (meist ist $t_i = 0$) und c_+ und c_- Konstanten auf welche die eingehende Aktivierung abgebildet wird. Meistens wird $c_+ = 1$ und $c_- = 0$ verwendet, um anzuzeigen, ob ein Knoten aktiv oder nicht aktiv ist, oder $c_+ = 1$ und $c_- = -1$, um anzuzeigen, ob ein Knoten positiv oder negativ aktiviert ist. Der Aktivierungsgrad eines Knotens unter Verwendung der Sigmoidfunktion als kontinuierliche Approximation der Schwellwertfunktion ist definiert als

- **Aktivierungsfunktion:**

$$\mathbf{a}_i^{(k)} = \mathrm{act}_i(\mathbf{i}_i^{(k)}) = \frac{1}{1 + e^{-\mathbf{i}_i^{(k)}}}.$$

In den meisten Aktivierungsausbreitungssystemen im Information Retrieval werden heuristische Beschränkungen z.b. Ausbreitungsbeschränkungen oder eine maximale Anzahl an Iterationen verwendet. Unbeschränkte Systeme haben nach Crestani [27] drei Nachteile, welche in Abschnitt 2.4.1 beschrieben sind. In Abschnitt 4.2 wird gezeigt, dass der Aktivierungsvektor bei unbeschränkter linearer Aktivierungsausbreitung gegen einen anfrageunabhängigen Fixpunkt konvergiert (siehe auch [10]). Egal welche Anfrage an das System gestellt wird, die Menge der Ergebnisdokumente und deren Reihenfolge ist stets die gleiche. Dieses Verhalten macht die unbeschränkte lineare Aktivierungsausbreitung für Information Retrieval Zwecke unbrauchbar. In [10] werden Möglichkeiten vorgestellt, die Anfrageunabhängigkeit zu vermeiden und damit die Genauigkeit und Trefferquote zu erhöhen (siehe auch Abschnitt 4.3).

Eine zusätzliche Erweiterung der Aktivierungsausbreitungsmodelle ist, neben diversen Beschränkungen, ein Feedback durch den Benutzer. Dazu können zum einen, wie im AIR-System [7] die Kantengewichte des unterliegenden Netzwerks anhand des Benutzer-Feedbacks angepasst werden. Zum anderen kann der Aktivierungsgrad eines Knotens selbst nach einer Iteration durch den Benutzer modifiziert werden, wie in [27] erwähnt wird. Dies ist jedoch nur in Verbindung mit einer Beschränkung der maximalen Anzahl an Iterationen (oder anderen Beschränkungen) sinnvoll, da ansonsten der Aktivierungsvektor nach der Modifizierung durch den Benutzer

3.3. INFORMATION RETRIEVAL

auch gegen einen Fixpunkt konvergieren würde. Durch ein solches Benutzer-Feedback ist es möglich, bestimmte Knoten hervorzuheben bzw. abzuschwächen oder auch bestimmte Pfade zu bevorzugen bzw. zu benachteiligen, wie z.B. in [25]. Ein solches Feedback des Benutzers im Aktivierungsausbreitungsprozess ist z.B. dann nützlich, wenn die Anpassung der Parameter zur Bevorzugung bestimmter Pfade (wie in [25]) zu zeitintensiv ist.

In weiteren Information Retrieval Systemen basierend auf Aktivierungsausbreitungsmodellen werden z.b. Hopfield-Netze [45, 23] zur Repräsentation der Informationen verwendet (siehe auch Abschnitt 3.4) oder probabilistische Verfahren zur Aktivierungsausbreitung [29]. Die meisten Methoden sind jedoch denen aus [7, 78, 27] sehr ähnlich und unterscheiden sich meist nur anhand der verwendeten Normierung der ein- bzw. ausgehenden Aktivierung, der Anzahl der zu berechnenden Iterationen und der Aktivierungsfunktionen.

Neben der herkömmlichen Information Retrieval Anwendung, der Suche nach relevanten Dokumenten bezogen auf eine Anfrage, wurden Aktivierungsausbreitungsverfahren auch für andere Zwecke eingesetzt. In [29] werden anhand der ersten Iteration, wie auch in [78], Ähnlichkeiten zwischen Anfragen und Dokumenten berechnet (z.B. die Kosinusähnlichkeit). In [5] wird beschrieben wie Suchprozesse basierend auf Schlagwörtern mitunter durch Aktivierungsausbreitung hinsichtlich der Genauigkeit verbessert werden können. Dies ist, besonders in Fällen, in denen es keine exakte Übereinstimmung der Anfrageterme mit den Indextermen der Dokumente gibt, sehr nützlich. Die Erweiterung von Anfragen durch bestimmte Schlagwörter, ebenfalls mit dem Ziel, die Genauigkeit und Trefferquote zu erhöhen, wird in [46] erläutert. Dabei werden aus den Konzept- bzw. Termnetzwerken ConceptNet[1] und WordNet[2] Termkandidaten ermittelt, durch welche die Anfragen erweitert werden können. In [83] werden durch Aktivierungsausbreitungen auf Teilgraphen von WordNet Mehrdeutigkeiten von Termen disambiguiert. Das Wiederfinden von Bildern anstatt von Dokumenten, welche sowohl in einem Attributraum als auch in einem semantischen Raum beschrieben sind, wird in [53] erläutert. Die verwendete Methode zur Aktivierungsausbreitung gleicht einem Diffusionsprozess, welcher in beiden Räumen gleichzeitig stattfindet.

Auch in Gebieten des Textmining, die nur noch entfernt mit Information Retrieval zu tun haben, werden Aktivierungsausbreitungsverfahren eingesetzt. In [59] wird ein System beschrieben, um Ontologien semi-automatisch zu erweitern und verfeinern. Dabei werden signifikante Kookkurrenzen von Termen und Phrasen in WordNet extrahiert und in ein semantisches Netzwerk eingefügt. Auf diesem Netzwerk wird Aktivierungsausbreitung eingesetzt, um die besten

---
[1]http://csc.media.mit.edu/conceptnet
[2]http://wordnet.princeton.edu/

Termkandidaten zu finden, welche dann in eine bestehende Ontologie eingefügt werden können.

3.4 Hopfield-Netze

Hopfield-Netze sind spezielle Vertreter künstlicher neuronaler Netze [44, 45]. Künstliche neuronale Netzwerke oder neuronale Netze basieren auf dem Prinzip der parallelen verteilten Verarbeitung [74] und haben daher Gemeinsamkeiten mit dem Modell der Aktivierungsausbreitung. Eine der wichtigsten Eigenschaften neuronaler Netze ist die Möglichkeit, aus Eingabedaten überwacht oder unüberwacht zu lernen. Aufgrund dieser und anderer Eigenschaften wie z.b. Fehlertoleranz werden sie in verschiedensten Gebieten wie u.a. Signalverarbeitung, Steuerungstechnik, künstliche Intelligenz, Data Mining oder Marketing und zu verschiedensten Zwecken wie Vorhersage, Mustererkennung, Klassifikation, Optimierung oder Clustering etc. eingesetzt [42, 12].

Die Funktionsweise neuronaler Netze ist motiviert durch die des menschlichen Gehirns. Sie bestehen aus künstlichen, durch Synapsen vernetzte Neuronen, ähnlich zu Knoten in Aktivierungsausbreitungsmodellen. Eingangssignale werden an bestimmte Neuronen angelegt, durch diese kombiniert, verändert und über Synapsen zu benachbarten Neuronen propagiert. Die ausgehenden Signale bestimmter Neuronen repräsentieren das Ergebnis.

Es gibt verschiedene Typen von neuronalen Netzwerken für unterschiedliche Anwendungszwecke, z.b. einschichtige oder mehrschichtige vorwärtsgerichtete Netze, selbst-organisierende Karten oder rekurrente Netzwerke (für Details siehe [42, 73]). Die Vernetzungsstruktur der Neuronen ist dabei für die Funktionalität und den Typ des Netzes ausschlaggebend. Vorwärtsgerichteten neuronalen Netzen liegt z.B. ein gerichteter azyklischer Graph zugrunde. Hier wird allerdings nur auf Hopfield-Netze, basierend auf zyklischen Graphen eingegangen, da diese den Graphen, die üblicherweise für Aktivierungsausbreitungsverfahren verwendet werden, am ähnlichsten sind.

Hopfield-Netze werden als *Assoziativspeicher* oft zur Mustererkennung verwendet [42, 12]. In Assoziativspeichern wird auf Speicherinhalte nicht über Adressen zugegriffen, sondern es wird mit Assoziationen von Inhalten gearbeitet. In der Mustererkennung soll dabei zu einem verrauschten Eingabemuster eine nicht verrauschte, zuvor im Netz gespeicherte Version des Musters gefunden werden.

Die Funktionsweise von Hopfield-Netzen ist der der unbeschränkten Aktivierungsausbreitung sehr ähnlich. Das Eingabemuster entspricht dem Anfragevektor. In jeder Iteration breitet sich das Signal bzw. die Aktivierung über Synapsen bzw. Kanten zu benachbarten Neuronen

3.4. HOPFIELD-NETZE

aus, welche dann zu einem bestimmten Grad, abhängig von der eingehenden Aktivierung und der Aktivierungsfunktion ihren Aktivierungsgrad ändern. Der Prozess wird so lange wiederholt, bis keine Veränderung der Aktivierung mehr stattfindet. Die Konvergenz von Hopfield-Netzen zu einem Fixpunkt wird in Abschnitt 4.5 behandelt. Der Ausgangsvektor nach der letzten Iteration entspricht dem Ausgabesignal. Beschränkungen wie eine maximale Anzahl von Iterationen oder aktivierten Knoten gibt es nicht. Im Gegensatz zu semantischen Netzwerken, in welchen die gespeicherte Information bzw. das Wissen sowohl in den Knoten selbst als auch in deren Verbindungen gespeichert ist, wird in Hopfield-Netzen die gespeicherte Information ausschließlich durch das Verbindungsmuster bzw. die Kantengewichte repräsentiert. Die einzelnen Neuronen selbst haben keine semantische Bedeutung. Der finale Aktivierungsgrad der Neuronen ist kein Grad der Relevanz zu den initial aktivierten Neuronen, wie im Information Retrieval, vielmehr stellt der gesamte finale Aktivierungsvektor das Ergebnis dar. In Bezug auf Assoziativspeicher ist dieser Vektor der gefundene Speicherinhalt.

Ein weiterer Unterschied zu den bisher beschriebenen Aktivierungsausbreitungsverfahren ist die asynchrone (oder auch serielle) Neuberechnung und Aktualisierung der Aktivierung der Neuronen. In der synchronen (oder auch parallelen) Aktivierungsausbreitung werden die Aktivierungsgrade für alle Knoten gleichzeitig berechnet und aktualisiert. In der asynchronen Aktivierungsausbreitung wird pro Iteration die Aktivierung für nur ein zufälliges Neuron neu berechnet und aktualisiert. Eine erneute Berechnung und Aktualisierung desselben Neurons kann allerdings erst dann wieder stattfinden, wenn alle anderen Neuronen bereits an der Reihe waren. Die Aktivierungsaktualisierung findet seriell und evtl. in unterschiedlicher Reihenfolge statt. Diese asynchrone Aktualisierung wurde eingeführt, um Verzögerungen während der Aktivierungsausbreitung, Fluktuationen und Rauschen zu repräsentieren [45].

Die Funktionsweise von Hopfield-Netzen kann als Aktivierungsausbreitung beschrieben werden. Ein Hopfield-Netz besteht aus einem vollständigen, gewichteten, ungerichteten und schlichten Graph $G = (V, E, w)$, mit V als Menge der Knoten (Neuronen), $n = |V|$, E als Menge der Kanten (Synapsen) und $w : V \times V \to \mathbb{R}$ als Gewichtungsfunktion, wobei $w(u, v)$ das Gewicht der Kante $(u, v) \in E$ zwischen Knoten u und v darstellt, mit $u, v \in V$. Ein Neuron besteht aus einem Addierer, einem Bias, einer Aktivierungsfunktion und einem Ausgang, was durch die drei Funktionsfamilien des in Abschnitt 2.4 definierten Modells dargestellt werden kann. Der Addierer wird durch die Eingabefunktion repräsentiert und der Ausgang durch die Ausgabefunktion.

KAPITEL 3. BEKANNTE VERFAHREN

- **Eingabefunktion:**

$$\mathbf{i}_i^{(k)} = \text{in}_i(\mathbf{o}^{(k-1)}) = \left(\sum_{j \in N^-(i)} w(j,i) \mathbf{o}_j^{(k-1)} \right) + b_i \qquad (3.2)$$

Die Eingabe eines Neurons $i \in V$ ist die mit dem Synapsengewicht $w(j,i)$ gewichtete Summe der Ausgabesignale bzw. -aktivierungen seiner Vorgängerneuronen $N^-(i)$ und eines zusätzlichen Bias $b_i \in \mathbb{R}$, welcher den Effekt einer affinen Transformation auf die gewichtete Summe hat. Als Aktivierungsfunktion wird meistens eine Schwellwertfunktion verwendet [42, 73].

- **Aktivierungsfunktion:**

$$\mathbf{a}_i^{(k)} = \text{act}_i(\mathbf{i}_i^{(k)}) = \begin{cases} 1 & \text{falls } \mathbf{i}_i^{(k)} > 0 \\ 0 & \text{sonst} \end{cases} \qquad (3.3)$$

- **Ausgabefunktion:**

$$\mathbf{o}_i^{(k)} = \text{out}_i(\mathbf{a}_i^{(k)}) = \mathbf{a}_i^{(k)}$$

Die Aktivierung wird über die Schwellwertfunktion auf $\{0,1\}$ [44] oder $\{-1,+1\}$ [42, 73] abgebildet. Sigmoidfunktionen werden ebenfalls als Aktivierungsfunktionen verwendet [45]. Die Aktivierungsfunktion wird auch als Quetschungsfunktion bezeichnet, da sie den zulässigen Amplitudenbereich des Ausgangssignals auf einen endlichen Wert beschränkt.

3.5 Netzwerkanalyse

Auch im Bereich der Netzwerkanalyse werden Methoden eingesetzt, die der Aktivierungsausbreitung ähnlich sind bzw. in das in Abschnitt 2.4 beschriebene Modell eingegliedert werden können. Ein ähnlicher Prozess ist der der Irrfahrten auf Graphen, welcher im Zusammenhang mit Aktivierungsausbreitung in Abschnitt 4.4 beschrieben wird. Andere ähnliche Verfahren zur Bestimmung von Ähnlichkeiten zwischen Knoten in Netzwerken werden in Abschnitt 5.2.4 und 5.3.4 behandelt.

Ein weiteres Verfahren, CONCOR (convergence of iterated correlations) [21], ist eine bekannte Methode in der traditionellen Blockmodell-Analyse. In der Blockmodell-Analyse wird versucht, die Knoten eines Graphen restlos in nichtleere Partitionen bzw. Klassen zu unterteilen, wobei die Knoten, die der selben Partition zugeordnet werden, im Idealfall alle untereinander durch Kanten verbunden sind, zu anderen Knoten jedoch keine Verbindungen haben.

3.5. NETZWERKANALYSE

Die Partitionierung von Knoten wird in Abschnitt 5.1 mittels Äquivalenzrelationen beschrieben und deshalb hier nicht vorweggenommen. In der Blockmodell-Analyse werden anstatt der Anwendung bestimmter Äquivalenzrelationen (starke strukturelle Äquivalenzen, beschrieben in Abschnitt 5.1.2), oft heuristische Verfahren zur Zuordnung von Knoten zu Partitionen bzw. Klassen verwendet [16].

Durch CONCOR werden iterativ *Korrelationsmatrizen* $C_k \in \mathbb{R}^{n \times n}$ der Adjazenzmatrix A des unterliegenden Graphen $G = (V, E, w)$ berechnet. Die iterative Berechnung hat Ähnlichkeiten zu Aktivierungsausbreitungsverfahren und kann durch das Modell aus Abschnitt 2.4 beschrieben werden. Die Korrelationsmatrix C_k in der Iteration k ist dabei folgendermaßen definiert: $(C_k)_{ij} = \mathbf{o}_i^{(k)}(j)$, mit $i, j \in V$ und $\mathbf{o}_i^{(k)}(j) \in \mathbb{R}^n$.

Die Werte der Korrelationsmatrix sind nicht als reine Aktivierung eines Knotens z.B. i zu interpretieren, sondern als Korrelation der Aktivierungen zweier Knoten, z.B. i und j. Werden beide Knoten von den gleichen Knoten in der gleichen Iteration k zu ähnlichen Graden aktiviert, ist deren Maß an Korrelation hoch und dementsprechend auch der Wert $(C_k)_{ij}$. Der Wert $\mathbf{o}_i^{(k)}(j)$ ist hier Ausgabe des Knotens i in der Iteration k eines Aktivierungsausbreitungsprozesses gestartet von Knoten j. Analog sind dazu $\mathbf{i}_i^{(k)}(j)$ die Eingabe von Knoten i zum Zeitpunkt k von Knoten j und $\mathbf{a}_i^{(k)}(j)$ die Aktivierung zum Zeitpunkt k von Knoten j. Die drei Funktionen des Modells sind folgendermaßen definiert:

- **Eingabefunktion**:

$$\mathbf{i}_i^{(k)}(j) = \sum_{v \in V, v \neq i,j} \left(\mathbf{o}_i^{(k-1)}(v) - \bar{\mathbf{o}}_i^{(k-1)} \right) \left(\mathbf{o}_j^{(k-1)}(v) - \bar{\mathbf{o}}_j^{(k-1)} \right) + \sum_{v \in V, v \neq i,j} \left(\mathbf{o}_v^{(k-1)}(i) - \bar{\mathbf{o}}_v^{(k-1)} \right) \left(\mathbf{o}_v^{(k-1)}(j) - \bar{\mathbf{o}}_v^{(k-1)} \right)$$

- **Aktivierungsfunktion**:

$$\mathbf{a}_i^{(k)}(j) = \mathbf{i}_i^{(k)}(j)$$

KAPITEL 3. BEKANNTE VERFAHREN

- **Ausgabefunktion:**

$$\mathbf{o}_i^{(k)}(j) = \mathbf{a}_i^{(k)}(j) \cdot \left(\sqrt{\sum_{v \in V, v \neq i,j} \left(\mathbf{o}_i^{(k-1)}(v) - \bar{\mathbf{o}}_i^{(k-1)}\right)^2 + \left(\mathbf{o}_j^{(k-1)}(v) - \bar{\mathbf{o}}_j^{(k-1)}\right)^2} \right)^{-1} \cdot \left(\sqrt{\sum_{v \in V, v \neq i,j} \left(\mathbf{o}_v^{(k-1)}(i) - \bar{\mathbf{o}}_v^{(k-1)}\right)^2 + \left(\mathbf{o}_v^{(k-1)}(j) - \bar{\mathbf{o}}_v^{(k-1)}\right)^2} \right)^{-1},$$

mit $\bar{\mathbf{o}}_i^{(k-1)} = (n-1)^{-1} \sum_{v \in V} \mathbf{o}_i^{(k-1)}(v)$ und $\mathbf{o}_i^{(0)}(j) = (A)_{ij}$.

Es ist ersichtlich, dass die eingehende Aktivierung $\mathbf{i}_i^{(k)}(j)$ eines Knotens i von j nicht alleine durch die (gewichtete) Summe der ausgehenden Aktivierungen der Nachbarknoten bestimmt wird, sondern dass diese einem nicht normalisierten Korrelationskoeffizienten gleicht. Dabei werden die ausgehenden Aktivierungen von i, abzüglich der durchschnittlichen ausgehenden Aktivierung von i, mit denen von j multipliziert, ebenso wie die ausgehenden Aktivierungen der anderen Knoten zu i bzw. j. Haben i und j also ähnliche ausgehende Aktivierungen zu allen anderen Knoten und haben alle anderen Knoten eine ähnliche ausgehende Aktivierung zu i und j (abzüglich der entsprechenden durchschnittlichen Aktivierungen), so ist die eingehende Aktivierung $\mathbf{i}_i^{(k)}(j)$ groß. In der Ausgabefunktion wird dieses Maß an Korrelation durch die Varianz der ausgehenden Aktivierung von i zu allen anderen Knoten und der ausgehenden Aktivierung aller Knoten zu i sowie durch die Varianz bezüglich j normalisiert. Dadurch, dass der Grad der Aktivierung eines Knotens durch die Korrelation der Aktivierung mit anderen Knoten bestimmt wird, unterscheidet sich dieses Verfahren deutlich von den anderen.

Die Korrelationsmatrix C_k konvergiert dabei gegen eine Matrix C_*, die nur aus den Werten -1 oder $+1$ besteht. Durch eine bestimmte Permutation der Spalten und Zeilen kann diese zu einer Matrix der Form

$$C'_* = \left(\begin{array}{c|c} +1 & -1 \\ \hline -1 & +1 \end{array} \right)$$

umgeformt werden. Dabei wird angenommen, dass der Korrelationskoeffizient $(C_*)_{ij}$ zu $+1$ konvergiert, wenn die Knoten i und j der selben Klasse angehören, andernfalls zu -1. Um die Knoten eines Graphen in mehr als zwei Klassen bzw. Partitionen zu unterteilen kann der Algorithmus rekursiv auf die induzierten Teilgraphen der Knoten einer Partition angewendet werden. Der Rang der Matrix C_* ist für die meisten Graphen 1 und deren einziger Eigenvektor entspricht fast immer der durch die Hauptkomponentenanalyse (engl. PCA) bestimmten ersten

Hauptkomponente (siehe [49, 16]).

CONCOR kommt ohne die Anwendung von Beschränkungen wie Pfad- oder Iterationsbeschränkungen aus. Nur der rekursive Aufruf zur weiteren Unterteilung der Knoten einer Partition wird in der Regel beschränkt.

3.6 Zusammenfassung

Es wurden bekannte Verfahren und der Stand der Technik der Aktivierungsausbreitung in Netzwerken beschrieben. Weiter wurde auf die Anfänge der Aktivierungsausbreitung zur semantischen und kognitiven Verarbeitung eingegangen, gefolgt von Anwendungen im Information Retrieval, in der Netzwerkanalyse und der Aktivierungsausbreitung in Hopfield-Netzen. Die unterschiedlichen Aktivierungsprozesse wurden in das in Abschnitt 2.4 definierte Modell eingegliedert und anhand dessen beschrieben und verglichen.

In Anwendungen von Aktivierungsausbreitungsverfahren im IR bzw. auf semantischen Netzen haben einzelne Knoten eine semantische Bedeutung. Das Ergebnis besteht aus einer bestimmten Anzahl an Knoten, meist geordnet nach ihrer finalen Aktivierung, welche eine Relevanzheuristik repräsentiert. Das Ergebnis von Hopfield-Netzen wird durch den finalen Aktivierungsvektor, also die Aktivierung aller Knoten dargestellt. Einzelne Knoten haben hier keine Semantik.

Die Eingabe- und Ausgabefunktionen werden im IR im Gegensatz zu neuronalen Netzen oft so gewählt, dass die Eingabe- bzw. Ausgangsvektoren mit einer bestimmten p-Norm normiert werden. Dies garantiert im Falle $p = 1$, dass die gesamte Aktivierung im Netzwerk stets konstant bleibt bzw. im Falle $p \geq 1$, dass die Aktivierung nicht zu stark anwächst. Eine andere Form der Normalisierung wird im CONCOR Verfahren angewandt, in dem die Aktivierung eines Knotens unter anderem mit der Varianz der ein- und ausgehenden Aktivierung des Knotens normalisiert wird. Ein weiterer Unterschied dieses Verfahrens zu anderen ist die Berechnung der eingehenden Aktivierung, welche nicht auf der (gewichteten) Summe der ausgehenden Aktivierungen der Nachbarn eines Knotens beruht, sondern auf der Korrelation der eingehenden und ausgehenden Aktivierungen in Bezug zu anderen Knoten. Im folgenden Kapitel in Abschnitt 4.2.2 wird detailliert auf die Normierung von Aktivierungsvektoren mittels p-Normen eingegangen. Im AIR-System wird die Normierung bzw. die Konstanz der gesamten Aktivierung im Netzwerk in jeder Iteration durch eine Normalisierung der Kantengewichte erreicht.

In neuronalen Netzen dient die Aktivierungsfunktion zur Integration von Nichtlinearität. Bei diesen werden keine Beschränkungen, wie z.B. eine maximale Anzahl an Iterationen oder

KAPITEL 3. BEKANNTE VERFAHREN

Ausbreitungsbeschränkungen eingesetzt, während dies im IR meist der Fall ist, um die Ausbreitung der Aktivierung über das gesamte Netzwerk zu verhindern bzw. bestimmte Wege zu bevorzugen oder zu benachteiligen. Oft werden nur wenige Iterationen berechnet. Wie viele Iterationen genau nötig sind, um ein optimales Ergebnis im Sinne von Genauigkeit und Trefferquote zu erreichen, kann nur schwer im Vorhinein bestimmt werden und wird meist auch nicht erwähnt, was den Einsatz dieser Beschränkung problematisch macht. Dadurch, dass oft nur wenige Iterationen berechnet werden, kann sich die Aktivierung nur über kurze Wege ausbreiten, d.h. die am stärksten aktivierten Knoten sind meist die, die über kurze und stark gewichtete Wege mit den Anfrageknoten direkt oder indirekt verbunden sind. Die entsprechenden Datenobjekte (z.B. Dokumente) tauchen in der Ergebnisliste dementsprechend weit vorne auf. Knoten, die sich weiter entfernt von den Anfrageknoten befinden, werden in der Regel weniger stark aktiviert und deren Datenobjekte entsprechend weiter hinten in der Ergebnisliste platziert. Diese Verfahren eignen sich also eher zur lokalen Durchsuchung des konzeptuellen Umfeldes von Knoten.

Werden keine Ausbreitungsbeschränkungen eingesetzt, breitet sich die Aktivierung über das gesamte Netzwerk aus und konvergiert unter bestimmten Bedingungen zu einem anfrageunabhängigen Fixpunkt, was im folgenden Kapitel gezeigt wird.

Kapitel 4

Analyse

In diesem Kapitel wird das Verhalten von unbeschränkter Aktivierungsausbreitung mit linearer Aktivierungsfunktion untersucht. Es wird gezeigt, dass das Aktivierungsmuster unter bestimmten Bedingungen zu einem anfrageunabhängigen Fixpunkt konvergiert und wie die Anfrageunabhängigkeit, ohne den Einsatz von Beschränkungen, vermieden werden kann. Auf Basis der Konvergenz werden im nächsten Kapitel zwei Arten von Ähnlichkeiten zwischen Knoten in Netzwerken bestimmt. Weiter wird in diesem Kapitel auf die Notwendigkeit und den Effekt der Normierung von Aktivierungsmustern eingegangen. Da zu einer der später beschriebenen Knotenähnlichkeiten verwandte Ähnlichkeiten basierend auf Irrfahrten auf Graphen existieren, wird in diesem Kapitel die Verbindung von Irrfahrten zu Aktivierungsausbreitungsverfahren hergestellt sowie gezeigt, wie Irrfahrten als Aktivierungsausbreitung beschrieben werden können. Zuletzt wird der Vollständigkeit halber auf die Konvergenz nicht-linearer Aktivierungsausbreitung eingegangen.

4.1 Lineare unbeschränkte Aktivierungsausbreitung

Die Aktivierungswerte in der linearen Aktivierungsausbreitung sind reelle Zahlen ohne Einschränkung. Sie können negativ oder positiv sein und sind nicht begrenzt wie z.B. bei der Verwendung von Schwellwertfunktionen. In der unbeschränkten Aktivierungsausbreitung werden keine Beschränkungen wie z.B. Abstands- oder Ausbreitungsbeschränkungen eingesetzt, um die Aktivierungsausbreitung zu beeinflussen. Die Aktivierungswerte ergeben sich aus der Summe der mit den entsprechenden Kantengewichten gewichteten eingehenden Aktivierungen. Die Aktivierungs- und Ausgabefunktion sind Identitätsfunktionen.

KAPITEL 4. ANALYSE

- **Ausgabefunktion:**
$$\text{out}_v(\mathbf{a}_v^{(k)}) = \mathbf{a}_v^{(k)}$$

- **Eingabefunktion:**
$$\text{in}_v(\mathbf{o}^{(k-1)}) = \sum_{u \in N^-(v)} \mathbf{o}_u^{(k-1)} w(u,v)$$

- **Aktivierungsfunktion:**
$$\text{act}_v(\mathbf{i}_v^{(k)}) = \mathbf{i}_v^{(k)}$$

Die drei Funktionen und zugehörigen Zustandsvektoren können zur Vereinfachung zu einer Aktivierungsfunktion $\text{act}_v : \mathbb{R}^n \to \mathbb{R}$ und einem zugehörigen Zustandsvektor $\mathbf{a}^{(k)} \in \mathbb{R}^n$, der damit auch den Zustand des Systems zum Zeitpunkt k repräsentiert, zusammengefasst werden [10]. Basierend darauf kann die Aktivierung eines Knotens v zum Zeitpunkt k folgendermaßen definiert werden.

Definition 1. *Sei $G = (V, E, w)$ ein Graph, so ist der Grad der Aktivierung eines Knotens $v \in V$ zum Zeitpunkt k bei linearer unbeschränkter Aktivierungsausbreitung definiert durch:*

$$\mathbf{a}_v^{(k)} = \sum_{u \in N^-(v)} \mathbf{a}_u^{(k-1)} w(u,v), \tag{4.1}$$

für alle $v \in V$ und $k > 0$.

Die Adjazenzmatrix des Graphen G ist definiert durch $(A)_{uv} = w(u,v)$. Somit lässt sich eine einzelne Iteration kompakt in Matrixschreibweise darstellen (siehe auch [10]).

$$\mathbf{a}^{(k)} = A^T \mathbf{a}^{(k-1)}. \tag{4.2}$$

Durch die Darstellung in Matrixschreibweise kann im folgenden Abschnitt die Konvergenz der linearen unbeschränkten Aktivierungsausbreitung gegen einen anfrageunabhängigen Fixpunkt gezeigt werden. Zur Vereinfachung wird im Weiteren von ungerichteten Graphen ausgegangen, weshalb $A^T = A$ gilt. Folglich ergibt sich für ungerichtete Graphen

$$\mathbf{a}^{(k)} = A^k \mathbf{a}^{(0)}. \tag{4.3}$$

Der Vektor $\mathbf{a}^{(0)}$ repräsentiert die initiale Aktivierung bzw. die Anfrage. Geht die Aktivierung initial von nur einem Knoten u aus, so bezeichnet im Folgenden $\mathbf{a}^{(k)}(u)$ den Aktivierungsvektor zum Zeitpunkt k und $\mathbf{a}_v^{(k)}(u)$ den Grad der Aktivierung des Knoten v zum Zeitpunkt k, wobei

4.1. LINEARE UNBESCHRÄNKTE AKTIVIERUNGSAUSBREITUNG

$\mathbf{a}^{(k)}(u) \in \mathbb{R}^n$.

Wie in Gleichung 4.1 zu sehen ist, wird die gesamte eingehende Aktivierung eines Knotens komplett an jede der ausgehenden Kanten weitergeleitet. Die Ausbreitung der Aktivierung zu einem Zeitpunkt k erfolgt also über alle Wege der Länge k ausgehend von den Anfrageknoten. Im Falle ungewichteter Graphen entspricht der Wert $\mathbf{a}_v^{(k)}(u)$ der Anzahl aller Wege der Länge k von u nach v. Die Summe der Werte des Vektors $\mathbf{a}^{(k)}(u)$ ist demnach die Anzahl aller von u ausgehenden Wege der Länge k. Diese Anzahl entspricht dem Grad $d^k(u)$ von u der Ordnung k. In gewichteten Graphen lässt sich dies durch eine Gewichtung der Wege erweitern, wobei das Gewicht $w(W)$ eines Weges $W = (v_1, e_1, \cdots, v_k, e_k, v_{k+1})$, der Länge k durch die Produkte der entsprechenden Kantengewichte bestimmt wird, so dass $w(W) = \prod\limits_{i=1}^{k} w(v_i, v_{i+1})$, mit $e_i \in E$ und $v_i \in V$. Der Wert $\mathbf{a}_v^{(k)}(u)$ entspricht dann der Summe der gewichteten Wege von u nach v.

Die Aktivierung $\mathbf{a}_v^{(k)}(u)$ kann folglich als Maß an *Verbundenheit* des Knotens v ausgehend von u interpretiert werden. Je mehr (stark positiv gewichtete) Wege der Länge k von u nach v existieren, desto besser sind diese (bezüglich k) verbunden und desto höher fällt folglich der Grad der Aktivierung von v zum Zeitpunkt k aus. Da die Wege weder knoten- noch kantendisjunkt sind und sowohl Knoten als auch Kanten mehrfach besucht werden können, ist diese Verbundenheit jedoch nicht mit der (lokalen) Knotenzusammenhangszahl zu verwechseln, in welcher nur knoten- und kantendisjunkte Pfade berücksichtigt werden [16].

Da die Verbundenheit eines Knotens v ausgehend von einem anderen Knoten u abhängig von der Länge k der berücksichtigten Wege ist, wird diese im Folgenden als *absolute k-Verbundenheit* (*k-bond*) bezeichnet, welche wie folgt definiert ist.

Definition 2. *Sei $G = (V, E, w)$ ein Graph, so ist die absolute k-Verbundenheit von $v \in V$ ausgehend von $u \in V$ definiert durch:*

$$\mathbf{b}_{abs}^{k}(u, v) = \mathbf{a}_v^{(k)}(u) = \sum_{u \in N^-(v)} \mathbf{a}_u^{(k-1)} w(u, v), \qquad (4.4)$$

für alle $v, u \in V$ mit $k > 0$ und $\mathbf{a}_i^{(0)} = \begin{cases} 1 & \text{falls } i = u \\ 0 & \text{sonst} \end{cases}$.

Die absolute k-Verbundenheit ist symmetrisch, so dass $\mathbf{b}_{abs}^{k}(u, v) = \mathbf{b}_{abs}^{k}(v, u)$, wenn für die Adjazenzmatrix A eines Graphen $A^T = A$ gilt, was für ungerichtete Graphen immer der Fall ist.

4.2 Konvergenz und Anfrageunabhängigkeit

Durch die Darstellung der Aktivierungsausbreitung in Matrixschreibweise kann im Folgenden die Konvergenz und Anfrageunabhängigkeit gezeigt werden, welche für die Bestimmung der Knotenähnlichkeiten, beschrieben in Kapitel 5, notwendig sind.

Aus Gleichung 4.3 ist zu erkennen, dass eine lineare unbeschränkte Aktivierungsausbreitung einer Potenziteration mit der Adjazenzmatrix A des unterliegenden Graphen entspricht. Aufgrund des Satzes von Perron-Frobenius (siehe z.B. [40, 85]) ist bekannt, dass eine Potenziteration gegen den, bis auf eine Skalierung, eindeutigen ersten Eigenvektor $\mathbf{v}_1$ der Matrix A konvergiert, wenn A irreduzibel und aperiodisch ist und der initiale Vektor $\mathbf{a}^{(0)}$ nicht orthogonal zu $\mathbf{v}_1$ ist ($\langle \mathbf{a}^{(0)}, \mathbf{v}_1 \rangle > 0$, mit $\langle \mathbf{x}, \mathbf{y} \rangle$ als Skalarprodukt von $\mathbf{x}, \mathbf{y} \in \mathbb{R}^n$). Gilt $|\lambda_1| > |\lambda_2| \geq \cdots \geq |\lambda_n|$, wobei $\lambda_1, \ldots, \lambda_n$ die Eigenwerte von A und $\mathbf{v}_1, \ldots, \mathbf{v}_n$ die zugehörigen linear unabhängigen Eigenvektoren sind, so wird λ_1 dominanter Eigenwert oder spektraler Radius $\rho(A)$ von A genannt und $\mathbf{v}_1$ dementsprechend dominanter Eigenvektor. Angelehnt an den Beweis der Potenziteration aus [85] lässt sich folgender Satz und Beweis formulieren.

Satz 1 ([85]). *Sei $A \in \mathbb{R}^{n \times n}$ eine irreduzible und aperiodische Matrix mit dominantem Eigenvektor $\mathbf{v}_1$ und $\mathbf{a}^{(0)} \in \mathbb{R}^n$ ein initialer Vektor einer Potenziteration mit A, wobei $\langle \mathbf{a}^{(0)}, \mathbf{v}_1 \rangle > 0$. Die Potenziteration konvergiert gegen ein Vielfaches l von $\mathbf{v}_1$, so dass $\lim\limits_{k \to \infty} \mathbf{a}^{(k)} = l\mathbf{v}_1$.*

Beweis. Die linear unabhängigen Eigenvektoren $\mathbf{v}_1, \ldots, \mathbf{v}_n$, bilden eine Basis für $\mathbb{R}^n$. Eine Anfrage $\mathbf{a}^{(0)} \in \mathbb{R}^n$ kann durch eine Linearkombination der Eigenvektoren von A dargestellt werden, so dass gilt:

$$\mathbf{a}^{(0)} = c_1 \mathbf{v}_1 + c_2 \mathbf{v}_2 + \cdots + c_n \mathbf{v}_n.$$

Eingesetzt in Gleichung 4.3 ergibt sich somit

$$\begin{aligned} \mathbf{a}^{(k)} &= c_1 A^k \mathbf{v}_1 + c_2 A^k \mathbf{v}_2 + \cdots + c_n A^k \mathbf{v}_n \\ &= c_1 \lambda_1^k \mathbf{v}_1 + c_2 \lambda_2^k \mathbf{v}_2 + \cdots + c_n \lambda_n^k \mathbf{v}_n \\ &= \lambda_1^k \left(c_1 \mathbf{v}_1 + c_2 \tfrac{\lambda_2^k}{\lambda_1^k} \mathbf{v}_2 + \cdots + c_n \tfrac{\lambda_n^k}{\lambda_1^k} \mathbf{v}_n \right). \end{aligned} \quad (4.5)$$

Für $k \to \infty$ gilt folglich $A^k \mathbf{a}^{(0)} = c_1 \lambda_1^k \mathbf{v}_1$, da $\tfrac{\lambda_i^k}{\lambda_1^k} \to 0$, mit $1 < i \leq n$. Das Ergebnis ist also ein Vielfaches des ersten Eigenvektors. □

Ein (gerichteter) Graph mit einer irreduziblen und aperiodischen Adjazenzmatrix ist stark zusammenhängend und nicht bipartit. Aus Satz 1 lässt sich für die lineare Aktivierungsausbreitung auf Graphen folgendes Korollar ableiten [10].

Korollar 1. *Sei $G = (V, E, w)$ ein stark zusammenhängender und nicht bipartiter Graph, mit $n = |V|$, $A \in \mathbb{R}^{n \times n}$ dessen Adjazenzmatrix mit dominantem Eigenvektor $\mathbf{v}_1$ und $\mathbf{a}^{(0)} \in \mathbb{R}^n$ eine Anfrage, wobei $\langle \mathbf{a}^{(0)}, \mathbf{v}_1 \rangle > 0$. Eine lineare unbeschränkte Aktivierungsausbreitung auf G konvergiert gegen ein Vielfaches l von $\mathbf{v}_1$, so dass $\lim_{k \to \infty} \mathbf{a}^{(k)} = l \mathbf{v}_1$.*

4.2.1 Konvergenzrate

Die Konvergenzrate eines Systems beschreibt, wie schnell das System gegen einen Fixpunkt konvergiert. Die Konvergenzrate von linearer Aktivierungsausbreitung ist abhängig von der Struktur des unterliegenden Graphen. Konvergiert ein Aktivierungsausbreitungsprozess langsam, so sind viele Iterationen notwendig bis die Richtung des Aktivierungsvektors $\mathbf{a}^{(k)}$ der des dominanten Eigenvektors (Fixpunkt) $\mathbf{v}_1$ sehr ähnlich wird. Konvergiert ein Aktivierungsausbreitungsprozess schnell, so sind entsprechend weniger Iterationen notwendig. Zur Berechnung der Knotenähnlichkeiten werden die Aktivierungsausbreitungsprozesse nach einer bestimmten Anzahl an Iterationen abgebrochen. Zur Bestimmung bzw. Abschätzung einer ausreichenden Anzahl wird dabei die Konvergenzrate zu Hilfe genommen.

In [85] wird gezeigt, dass eine Potenziteration linear konvergiert mit einer Konvergenzrate, die dem Verhältnis der ersten beiden Eigenwerte der unterliegenden Matrix entspricht. Eine lineare Konvergenz ist dabei folgendermaßen definiert:

Definition 3 ([85]). *Eine Sequenz $(\mathbf{a}^{(k)})$ konvergiert linear gegen einen Fixpunkt $\mathbf{v} \in \mathbb{R}^n$, wenn eine Zahl r existiert, mit $0 < r < 1$, so dass*

$$\lim_{k \to \infty} \frac{\left\| \mathbf{a}^{(k+1)} - \mathbf{v} \right\|_2}{\left\| \mathbf{a}^{(k)} - \mathbf{v} \right\|_2} = r.$$

Aus der linearen Konvergenz der Potenziteration lässt sich die Konvergenzrate der linearen Aktivierungsausbreitung zeigen.

Satz 2. *Sei $G = (V, E, w)$ ein stark zusammenhängender und nicht bipartiter Graph, mit A als dessen Adjazenzmatrix mit dominantem Eigenvektor $\mathbf{v}_1$ und $\mathbf{a}^{(0)}$ eine Anfrage, wobei $\langle \mathbf{a}^{(0)}, \mathbf{v}_1 \rangle > 0$. Die Konvergenzrate r von linearer unbeschränkter Aktivierungsausbreitung auf G ist das Verhältnis der ersten beiden Eigenwerte $r = \left| \frac{\lambda_2}{\lambda_1} \right|$ von A.*

Beweis. Wird der Aktivierungsvektor $\mathbf{a}^{(k)}$ aus Gleichung 4.5 mit λ_1^k skaliert, so lässt sich der Fehler bzw. die euklidische Norm des Differenzvektors zum ersten Eigenvektor für jede Iteration

KAPITEL 4. ANALYSE

bestimmen.

$$\left\| \frac{\mathbf{a}^{(k)}}{\lambda_1^k} - c_1 \mathbf{v}_1 \right\|_2 = \left\| c_2 \frac{\lambda_2^k}{\lambda_1^k} \mathbf{v}_2 + \cdots + c_n \frac{\lambda_n^k}{\lambda_1^k} \mathbf{v}_n \right\|_2$$
$$\leq |c_2| \left| \frac{\lambda_2}{\lambda_1} \right|^k \|\mathbf{v}_2\|_2 + \cdots + |c_n| \left| \frac{\lambda_n}{\lambda_1} \right|^k \|\mathbf{v}_n\|_2$$

Die Konvergenzrate hängt also von den Verhältnissen $\left| \frac{\lambda_i}{\lambda_1} \right|^k$ der Eigenwerte λ_i zum ersten Eigenwert ab. Des Weiteren kann eine Obergrenze des Fehlers bestimmt werden, da $|\lambda_i| \leq |\lambda_2|$ für $2 < i \leq n$ gilt.

$$\left\| \frac{\mathbf{a}^{(k)}}{\lambda_1^k} - c_1 \mathbf{v}_1 \right\|_2 \leq (|c_2| \|\mathbf{v}_2\|_2 + \cdots + |c_n| \|\mathbf{v}_n\|_2) \left| \frac{\lambda_2}{\lambda_1} \right|^k \tag{4.6}$$

Die euklidische Norm des Differenzvektors von Aktivierungs- und erstem Eigenvektor nimmt also ungefähr um Faktor $\left| \frac{\lambda_2}{\lambda_1} \right|$ pro Iteration ab. Das bedeutet, dass, für ausreichend große k, $\left\| \frac{\mathbf{a}^{(k+1)}}{\lambda_1^{k+1}} - c_1 \mathbf{v}_1 \right\|_2 \approx \left| \frac{\lambda_2}{\lambda_1} \right| \left\| \frac{\mathbf{a}^{(k)}}{\lambda_1^k} - c_1 \mathbf{v}_1 \right\|_2$ gilt. Es ergibt sich demnach für $k \to \infty$ eine Konvergenzrate von $r = \left| \frac{\lambda_2}{\lambda_1} \right|$. □

In Verbindung mit Definition 3 kann aus Satz 2 gefolgert werden, dass die lineare unbeschränkte Aktivierungsausbreitung linear gegen den dominanten Eigenvektor der entsprechenden Adjazenzmatrix konvergiert.

Korollar 2. *Sei $G = (V, E, w)$ ein stark zusammenhängender und nicht bipartiter Graph, mit A als dessen Adjazenzmatrix mit dominantem Eigenvektor $\mathbf{v}_1$ und $\mathbf{a}^{(0)}$ eine Anfrage, wobei $\left\langle \mathbf{a}^{(0)}, \mathbf{v}_1 \right\rangle > 0$. Lineare unbeschränkte Aktivierungsausbreitung auf G konvergiert linear gegen den dominanten Eigenvektor $\mathbf{v}_1$ von A.*

4.2.2 Normierung

Wie in Kapitel 3 beschrieben, werden die Eingangs- bzw. Ausgangsvektoren, besonders im Bereich des Information Retrieval, häufig normiert. Dabei unterscheiden sich manche Verfahren lediglich durch die eingesetzten p-Normen. Normierung wird zum einen eingesetzt um die gesamte Aktivierung im Netzwerk konstant zu halten und zum anderen um zu verhindern, dass die Aktivierungswerte zu stark anwachsen oder verschwinden, was im Folgenden gezeigt wird. Auch zur Berechnung der Knotenähnlichkeiten werden normierte Aktivierungsvektoren verwendet.

Die p-Norm eines Vektors $\mathbf{x} \in \mathbb{R}^n$ ist definiert als $\|\mathbf{x}\|_p := \left(\sum_{i=1}^{n} |\mathbf{x}_i|^p \right)^{\frac{1}{p}}$. Wird der Aktivierungsvektor $\mathbf{a}^{(k)}$ (siehe Gleichung 4.3) nicht skaliert, so können dessen Werte im Laufe der Iterationen stark anwachsen und dessen p-Normen gehen gegen unendlich $\|\mathbf{a}^{(k)}\|_p \to \infty$, für

4.2. KONVERGENZ UND ANFRAGEUNABHÄNGIGKEIT

$k \to \infty$ wenn der dominante Eigenwert von A größer als 1 ist ($\lambda_1 > 1$). Im Falle $\lambda_1 < 1$ gehen die Werte des Aktivierungsvektors gegen 0, $\mathbf{a}_j^{(k)} \to 0$, mit $1 \leq j \leq n$ sowie dessen p-Normen $\left\|\mathbf{a}^{(k)}\right\|_p \to 0$, da $\left\|\mathbf{a}^{(k)}\right\|_p = \left\|c_1 \lambda_1^k \mathbf{v}_1\right\|_p = |c_1| |\lambda_1|^k \|\mathbf{v}_1\|_p$. Um ein starkes Anwachsen oder Verschwinden der Werte des Aktivierungsvektors zu verhindern, kann dieser anstatt mit λ_1 skaliert auch durch eine p-Norm normiert werden. Ob der Aktivierungsvektor dabei nach jeder Iteration normiert wird oder nur nach der Letzten, spielt mathematisch betrachtet keine Rolle. Wird nach jeder Iteration normiert, so gilt für $k = 1$

$$\mathbf{a}^{(k)} = \frac{A\mathbf{a}^{(0)}}{\|A\mathbf{a}^{(0)}\|_p}$$

sowie

$$\mathbf{a}^{(k+1)} = \frac{A\mathbf{a}^{(k)}}{\|A\mathbf{a}^{(k)}\|_p} = \frac{A\frac{A\mathbf{a}^{(0)}}{\|A\mathbf{a}^{(0)}\|_p}}{\left\|A\frac{A\mathbf{a}^{(0)}}{\|A\mathbf{a}^{(0)}\|_p}\right\|_p} = \frac{AA\mathbf{a}^{(0)}\frac{1}{\|A\mathbf{a}^{(0)}\|_p}}{\|AA\mathbf{a}^{(0)}\|_p \frac{1}{\|A\mathbf{a}^{(0)}\|_p}} = \frac{A^{k+1}\mathbf{a}^{(0)}}{\|A^{k+1}\mathbf{a}^{(0)}\|_p}$$

Es ist zu sehen, dass der Aktivierungsvektor zum Zeitpunkt $k+1$ der gleiche ist, egal ob die Normierung nach jeder Iteration oder nur nach der Letzten stattfindet. Folglich ergibt sich für eine normierte Aktivierung zum Zeitpunkt k (für ungerichtete Graphen)

$$\mathbf{a}^{(k)} = \frac{A^k \mathbf{a}^{(0)}}{\|A^k \mathbf{a}^{(0)}\|_p}. \tag{4.7}$$

Dies kann analog zu Gleichung 4.1 in Summenschreibweise umformuliert werden.

Definition 4. *Sei $G = (V, E, w)$ ein Graph, so ist der Grad der Aktivierung eines Knotens $v \in V$ zum Zeitpunkt k, bei linearer unbeschränkter Aktivierungsausbreitung, unter Verwendung einer p-Norm definiert durch:*

$$\mathbf{a}_v^{(k)} = \left(\sum_{u \in N^-(v)} \mathbf{a}_u^{(k-1)} w(u,v)\right) \left(\sum_{i \in V} \left|\sum_{j \in N^-(i)} \mathbf{a}_j^{(k-1)} w(j,i)\right|^p\right)^{-\frac{1}{p}}, \tag{4.8}$$

für alle $v \in V$ und $k > 0$.

Bei Potenziterationsverfahren wird gewöhnlicherweise die euklidische Norm $p = 2$ verwendet. Somit kann die Ausbreitung der Aktivierung berechnet werden, ohne dass der dominante Eigenwert zur Skalierung vorab bestimmt werden muss. Die Normierung ändert nichts an der Konvergenz gegen den (normierten) dominanten Eigenvektor $\lim_{k \to \infty} \mathbf{a}^{(k)} = \frac{\mathbf{v}_1}{\|\mathbf{v}_1\|_p}$. Aufgrund der Konvergenz gegen den dominanten Eigenvektor ist das Ergebnis des Verfahrens, *unabhängig*

KAPITEL 4. ANALYSE

von der anfänglichen Anfrage, stets das gleiche. In der Netzwerkanalyse ist der dominante Eigenvektor für gewöhnlich als Eigenvektorzentralität bekannt [13]. Die Werte dieser Zentralität haben alle das gleiche Vorzeichen und repräsentieren ein globales Maß für die Wichtigkeit eines Knotens in der Struktur des Graphen.

In Bezug auf die Aktivierung $\mathbf{a}_v^{(k)}(u)$ eines Knotens $v \in V$, ausgehend von $u \in V$ (Gleichung 4.4) hat eine Normierung der Aktivierungsvektoren z.b. mit $p = 1$ die Auswirkung, dass diese in das Verhältnis zur Summe der absoluten Aktivierungen aller Knoten ausgehend von u gesetzt wird. Im Falle von z.b. $p = 1$ repräsentiert die Aktivierung $\mathbf{a}_v^{(k)}(u)$ nicht mehr die Summe der gewichteten Wege der Länge k von u nach v, sondern diese im Verhältnis zu allen gewichteten Wegen der Länge k ausgehend von u. Ein hoher Wert nahe 1 bedeutet also, dass verhältnismäßig viele der (positiv gewichteten) Wege der Länge k, die bei u beginnen, nach v führen. Ein niedriger Wert nahe 0 bedeutet, dass verhältnismäßig wenige der (positiv gewichteten) Wege nach v führen. Bei anderen p-Normen, mit $p > 1$ fließen die Aktivierungswerte nicht mehr zu gleichen Teilen in den Normierungsfaktor ein, welcher dadurch stärker von den hohen Aktivierungswerten dominiert wird.

Die normierte Aktivierung beschreibt demnach keine absolute Verbundenheit, sondern eine relative Verbundenheit (im Verhältnis zu allen Verbundenheitswerten ausgehend von einem bestimmten Knoten), welche dementsprechend *relative k-Verbundenheit* genannt wird und wie folgt definiert ist:

Definition 5. *Sei $G = (V, E, w)$ ein Graph, so ist die relative k-Verbundenheit von $v \in V$ ausgehend von $u \in V$ definiert durch:*

$$b_{rel}^k(u, v) = \left(\frac{\mathbf{a}^{(k)}(u)}{\|\mathbf{a}^{(k)}(u)\|_p} \right)_v = \left(\frac{A^k \mathbf{a}^{(0)}}{\|A^k \mathbf{a}^{(0)}\|_p} \right)_v, \qquad (4.9)$$

für alle $v, u \in V$ mit $k > 0$ und $\mathbf{a}_i^{(0)} = \begin{cases} 1 & \text{falls } i = u \\ 0 & \text{sonst} \end{cases}$.

Gilt für die Adjazenzmatrix A eines Graphen $A^T = A$, so ist, wie auch die absolute, die relative k-Verbundenheit symmetrisch, so dass $b_{rel}^k(u, v) = b_{rel}^k(v, u)$.

4.3 Vermeidung von Anfrageunabhängigkeit

In Anwendungsgebieten, in denen die finale Aktivierung der Knoten eine Heuristik zur Bewertung der Relevanz oder Interessantheit in Bezug auf die Anfrage repräsentiert wie z.B.

4.3. VERMEIDUNG VON ANFRAGEUNABHÄNGIGKEIT

im Information Retrieval, besteht das Ergebnis aus den nach ihrem finalen Aktivierungsgrad $a_v^{(k)}$ sortierten Knoten $v \in V$. Aufgrund der Anfrageunabhängigkeit linearer unbeschränkter normierter oder nicht normierter Aktivierungsausbreitung ist die Aktivierung der Knoten und damit auch deren Reihenfolge stets die gleiche, was offensichtlich nicht wünschenswert ist. Auch für Verfahren, in denen das Ergebnis durch den gesamten finalen Aktivierungsvektor repräsentiert wird, wie z.b. in Hopfield-Netzen wäre die lineare Aktivierungsausbreitung ungeeignet. Es wird unabhängig von der Anfrage unter den in Satz 1 beschriebenen Bedingungen immer der gleiche Ergebnisvektor gefunden.

Um dieses Problem zu vermeiden werden in herkömmlichen Anwendungen der Aktivierungsausbreitung für gewöhnlich Beschränkungen eingesetzt (siehe Abschnitt 2.4.1), wie z.B. eine maximale Anzahl an Iterationen oder Pfadbeschränkungen. Deren genaue Effekte sind jedoch theoretisch schwer abschätzbar. In [10] wird ein anderer Ansatz zur Vermeidung der Anfrageunabhängigkeit vorgestellt. Hierbei werden die Aktivierungsfunktionen in einer Weise modifiziert, dass zur Berechnung des Aktivierungsvektors $a^{(k)}$ zum Zeitpunkt k mehr als nur der direkt vorhergehende Aktivierungsvektor $a^{(k-1)}$ verwendet wird. Die Zwischenzustände, die dem initialen Zustand $a^{(0)}$ folgen, beeinflussen somit das Endergebnis, welches dadurch nicht mehr anfrageunabhängig ist.

Im Folgenden werden drei Methoden zu diesem Ansatz erläutert. Die Letzten beiden sind Modifikationen der ersten Methode, weshalb diese detaillierter betrachtet wird. Es werden Ähnlichkeiten und Unterschiede dieser Methode zu einem bekannten Zentralitätsindex gezeigt und erläutert. Des Weiteren wird auf die normierte Variante dieser eingegangen und deren Vorteile gezeigt, welche im nächsten Kapitel zur Bestimmung einer Knotenähnlichkeit verwendet wird. Anschließend werden die beiden letzten Methoden in Kürze beschrieben.

4.3.1 Akkumulation

Bei der ersten Methode, der *Akkumulation* wird der gesamte Iterationsverlauf in Betracht gezogen, um die finale Aktivierung als Summe aller Aktivierungsvektoren zu berechnen. Während die Iteration an sich konvergiert, konvergiert die Summe nur unter der Verwendung einer Dämpfungsfunktion. Der finale Aktivierungsvektor wird folgendermaßen definiert:

Definition 6. *Sei $G = (V, E, w)$ ein Graph, so ist der finale Grad der Aktivierung eines Knotens $v \in V$, bei linearer unbeschränkter Aktivierungsausbreitung unter Verwendung von*

KAPITEL 4. ANALYSE

Akkumulation definiert durch:

$$\mathbf{a}_v^* = \sum_{k=1}^{\infty} \lambda(k) \cdot \mathbf{a}_v^{(k)} = \sum_{k=1}^{\infty} \lambda(k) \sum_{u \in N^-(v)} \mathbf{a}_u^{(k-1)} w(u,v), \quad (4.10)$$

mit $\lambda(k)$ als Dämpfungsfunktion.

Analog zu Gleichung 4.3 lässt sich die finale Aktivierung unter Verwendung von Akkumulation ebenfalls in Matrixschreibweise darstellen.

$$\mathbf{a}^* = \sum_{k=1}^{\infty} \lambda(k) \cdot \mathbf{a}^{(k)} = \left(\sum_{k=1}^{\infty} \lambda(k) A^k \right) \mathbf{a}^{(0)}, \quad (4.11)$$

Wird als Dämpfungsfunktion $\lambda(k) = \alpha^k$ mit einer Konstanten $\alpha > 0$ verwendet, so ergibt sich eine Variante eines bekannten Zentralitätsindex, des Katz Status, welcher definiert ist als

$$c_{Katz}(A) = \sum_{k=1}^{\infty} \left(\alpha A^T \right)^k \mathbf{1},$$

mit $\mathbf{1}$ als Vektor mit Wert 1 an allen Stellen [50]. Die Grenzmatrix $\sum_{k=1}^{\infty} \left(\alpha A^T \right)^k$ entspricht der Matrix $\sum_{k=1}^{\infty} \lambda(k) A^k$ im Falle ungerichteter Graphen (bzw. $\sum_{k=1}^{\infty} \lambda(k)(A^T)^k$ im Falle gerichteter Graphen). Der wesentliche Unterschied zwischen Akkumulation aus Gleichung 4.11 und Katz Status ist der Vektor, mit dem die Grenzmatrizen multipliziert werden, um ein Wichtigkeitsmaß für jeden Knoten zu erhalten. Es sei hier nochmals angemerkt, dass dieser Vektor die Anfrage und ein Wert $\mathbf{a}_v^{(0)}$ des Vektors den Stellenwert eines Knotens $v \in V$ innerhalb der Anfrage repräsentiert bzw. angibt, ob ein Knoten Teil der Anfrage ist oder nicht. Im Falle des Katz Status wird $\mathbf{1}$ verwendet, somit besteht die Anfrage aus allen (gleich gewichteten) Knoten. Zur Berechnung des Zentralitätswertes bzw. der Wichtigkeit werden also keine Knoten stärker gewichtet. Bei der Akkumulation kann die Anfrage $\mathbf{a}^{(0)}$ beliebig sein. Der Einfluss bestimmter Knoten auf die Berechnung der Wichtigkeit kann also unterschiedlich priorisiert werden. Die akkumulierte Aktivierung kann als Wichtigkeits- oder Relevanzmaß *abhängig* von der Anfrage $\mathbf{a}^{(0)}$ gesehen werden.

Die Grenzmatrizen des Katz Status und der Akkumulation konvergieren, abhängig vom verwendeten Dämpfungsfaktor, was aus dem folgenden Satz hervorgeht.

Satz 3 ([16])**.** *Sei A die Adjazenzmatrix des Graphen $G = (V, E)$, $\alpha > 0$, λ_1 der dominante*

4.3. VERMEIDUNG VON ANFRAGEUNABHÄNGIGKEIT

Eigenwert von A, wobei dieser strikt größer als alle anderen Eigenwerte ist, dann gilt:

$$\lambda_1 < \frac{1}{\alpha} \iff \sum_{k=1}^{\infty}(\alpha A)^k \text{ konvergiert}$$

Für einen Beweis des Satzes sei z.B. auf [36] verwiesen, im Originalartikel [50] zum Katz Status ist kein expliziter Beweis angegeben. Der Dämpfungsfaktor verhindert demnach eine Divergenz der Reihe. Nähert sich α dem Wert $\frac{1}{\lambda_1}$ von unten an, so verringern sich die Koeffizienten aller Eigenvektoren von A, außer dem des dominanten. Der Einfluss des dominanten Eigenvektors auf das Gesamtergebnis wird dadurch immer größer im Verhältnis zum Einfluß aller anderen Eigenvektoren. Im Limit wird $c_{Katz}(A)$ schließlich proportional zum dominanten Eigenvektor $\mathbf{v}_1$, woraus sich folgender Satz formulieren lässt.

Satz 4 ([14]). *Sei A die Adjazenzmatrix des zusammenhängenden, ungerichteten Graphen $G = (V,E)$, λ_1 der dominante Eigenwert von A, wobei dieser strikt größer als alle anderen Eigenwerte ist und $\mathbf{v}_1$ der zugehörige Eigenvektor, dann gilt:*

$$\lim_{\alpha \to (1/\lambda_1)-} (1 - \alpha\lambda_1) c_{Katz}(A) = \mathbf{v}_1 \mathbf{v}_1^T \mathbf{1}. \quad (4.12)$$

Zur Bestimmung der finalen Aktivierung ist die Berechnung der voll besetzten Grenzmatrix allerdings zu zeitaufwendig. Dadurch, dass Gleichung 4.11, mit $\lambda(k) = \alpha^k$ in geschlossener Form angegeben werden kann

$$\mathbf{a}^* = (I - \alpha A)^{-1} \alpha A \mathbf{a}^{(0)}, \quad (4.13)$$

kann für große n und dünn besetzte Matrizen die Berechnung der finalen Aktivierung unter Verwendung von Methoden zur Invertierung von dünn besetzten Matrizen beschleunigt werden. Aus Gleichung 4.13 in Verbindung mit Gleichung 4.12 lässt sich für ungerichtete, zusammenhängende und nicht bipartite Graphen folgendes ableiten:

$$\lim_{\alpha \to (1/\lambda_1)-} (1 - \alpha\lambda_1)\mathbf{a}^* = \alpha\lambda_1 \mathbf{v}_1 \mathbf{v}_1^T \mathbf{a}^{(0)}.$$

Nähert sich α dem Wert $\frac{1}{\lambda_1}$ von unten an, so wird der finale Aktivierungsvektor $\mathbf{a}^*$ ein Vielfaches des dominanten Eigenvektors $\mathbf{v}_1$.

Normierung

Wie aus Satz 3 hervorgeht konvergiert die Akkumulation nur unter Verwendung eines geeigneten Dämpfungsfaktors, für dessen Bestimmung der dominante Eigenwert der Adjazenzmatrix

KAPITEL 4. ANALYSE

des unterliegenden Graphen berechnet werden muss. Werden dagegen normierte Aktivierungsvektoren aus Gleichung 4.8 akkumuliert, um den finalen Aktivierungsvektor zu bestimmen, ist die Wahl des Dämpfungsfaktors dagegen wesentlich einfacher, da die Konvergenz der Reihe für alle $\alpha \in (0,1)$ gewährleistet ist [10]. Auch wegen numerischer Probleme, die während der Potenziteration auftreten können, ist es ratsam, den Aktivierungsvektor nach jeder Iteration zu normieren.

Satz 5 ([10]). *Gegeben sei eine Matrix $A \in \mathbb{R}^{n \times n}$ und $\alpha \in [0,1)$ so existiert ein Vektor $\mathbf{a}^* \in [-\alpha(1-\alpha)^{-1}, \alpha(1-\alpha)^{-1}]^n$, so dass gilt*

$$\mathbf{a}^* = \lim_{n \to \infty} \sum_{k=1}^{n} \alpha^k \mathbf{a}^{(k)} \quad (4.14)$$

mit

$$\mathbf{a}^{(k)} = \frac{A^k \mathbf{a}^{(0)}}{\left\| A^k \mathbf{a}^{(0)} \right\|_p}.$$

Beweis. Da $\left\| \mathbf{a}^{(k)} \right\|_p = 1$ gilt $\left| \mathbf{a}_v^{(k)} \right| \leq 1\ \forall v \in V$. Dadurch ist $\mathbf{a}_v^*$ durch die geometrische Reihe

$$\mathbf{a}_v^* \leq \sum_{k=1}^{\infty} \alpha^k = \alpha(1-\alpha)^{-1}$$

und

$$\mathbf{a}_v^* \geq -\sum_{k=1}^{\infty} \alpha^k = -\alpha(1-\alpha)^{-1}$$

begrenzt. Da $\lim_{k \to \infty} \alpha^k \mathbf{a}_v^{(k)} = 0$ schließt dies den Beweis ab. $\square$

Die Konvergenz der Summe der einzelnen Aktivierungsvektoren ist für die Bestimmung des finalen Aktivierungsvektors essenziell; konvergiert diese nicht, kann der finale Aktivierungsvektor nicht berechnet werden. Eine der Knotenähnlichkeiten basiert auf dem Vergleich dieser Vektoren, weshalb die Konvergenz auch in diesem Zusammenhang grundlegend ist. Die Konvergenzgeschwindigkeit hängt zum einen von der Struktur des unterliegenden Graphen ab (siehe Abschnitt 4.2.1) und zum anderen vom verwendeten Dämpfungsfaktor α. Bei kleinem Faktor wird die Reihe schneller konvergieren, da spätere Aktivierungsvektoren schwächer in den finalen Aktivierungsvektor mit einfließen und umgekehrt. Da zur Berechnung der finalen Aktivierungsvektoren die Aktivierungsausbreitungsprozesse nach einer bestimmten Anzahl an Iterationen abgebrochen werden, ist das Konvergenzverhalten zur Abschätzung einer ausreichenden Anzahl an Iterationen notwendig, was in Abschnitt 5.2.2 ausführlich beschrieben wird.

4.3. VERMEIDUNG VON ANFRAGEUNABHÄNGIGKEIT

Die Aktivierung $\mathbf{a}_v^{(k)}(u)$ repräsentiert die Summe der gewichteten Wege der Länge k von u nach v, bzw. im normierten Fall diese im Verhältnis zur Summe aller absolut gewichteten Wege der Länge k ausgehend von u. In beiden Fällen werden nur Wege der Länge k berücksichtigt. Durch die Akkumulation der Aktivierungsvektoren ist es möglich, Wege unterschiedlicher Länge zu berücksichtigen, wodurch ein weniger restriktives Maß an Verbundenheit bestimmt werden kann, welche *gesamte Verbundenheit* genannt wird und wie folgt definiert ist:

Definition 7. *Sei* $G = (V, E, w)$ *ein Graph, so ist die gesamte Verbundenheit von* $v \in V$ *ausgehend von* $u \in V$ *definiert durch:*

$$\mathrm{b}^*(u,v) = \sum_{k=1}^{\infty} \alpha^k \mathbf{a}_v^{(k)}(u) = \sum_{k=1}^{\infty} \alpha^k \left(\frac{A^k \mathbf{a}^{(0)}}{\|A^k \mathbf{a}^{(0)}\|_p} \right)_v, \qquad (4.15)$$

für alle $v, u \in V$ *mit* $\alpha \in [0, 1)$ *und* $\mathbf{a}_i^{(0)} = \begin{cases} 1 & \text{falls } i = u \\ 0 & \text{sonst} \end{cases}$.

Gilt für die Adjazenzmatrix A eines Graphen $A^T = A$, so ist wie auch die absolute und relative, die gesamte k-Verbundenheit symmetrisch, so dass $\mathrm{b}^*(u,v) = \mathrm{b}^*(v,u)$. Wird für den Dämpfungsfaktor α ein kleiner Wert (z.B. $\alpha \leq 0.3$) gewählt, fließen die Aktivierungsvektoren aus späteren Zeitpunkten schwächer in den finalen Aktivierungsvektor mit ein. Längere Wege werden also bei der Berechnung der finalen Aktivierung bzw. gesamten Verbundenheit weniger stark berücksichtigt. Damit drückt die finale Aktivierung ein lokales Maß an Verbundenheit aus. Wird dagegen ein großer Wert (z.B. $\alpha \geq 0.9$) gewählt, ist der Einfluss der späteren Aktivierungsvektoren, also der längeren Wege deutlich stärker. Die finale Aktivierung repräsentiert demnach ein globaleres Maß an Verbundenheit. Durch die Wahl des Parameters α kann so zwischen einer lokaleren und globaleren Betrachtung unterschieden werden.

Der Unterschied der Aktivierung zu einem Zeitpunkt fortgeschrittener Konvergenz und der akkumulierten Aktivierung mit zwei verschiedenen Dämpfungsfaktoren ist in Abbildung 4.1 zu sehen. Ausgehend von der Anfrage bestehend aus Knoten 1 wurde die normierte ($p = 2$) Aktivierungsausbreitung berechnet. Die Knoten sind bezüglich ihrer finalen Aktivierung eingefärbt, wobei ein höherer Grad an Aktivierung einer dunkleren Einfärbung entspricht. Im ersten Fall (Abbildung 4.1a) entspricht die finale Aktivierung dem Grad der Aktivierung in der finalen Iteration ($k = 25$), nachdem die Konvergenz hinreichend fortgeschritten ist und sich die Reihenfolge der Knoten nicht mehr ändert. Im zweiten Fall (Abbildung 4.1b) entspricht sie der akkumulierten Aktivierung mit $\alpha = 0.3$ und im dritten (Abbildung 4.1c) mit $\alpha = 0.9$.

Werden, als Ergebnis der Anfrage (Knoten 1), die Knoten nach ihrer finalen Aktivierung sortiert, so ergeben sich für die drei Fälle folgende Reihenfolgen:

KAPITEL 4. ANALYSE

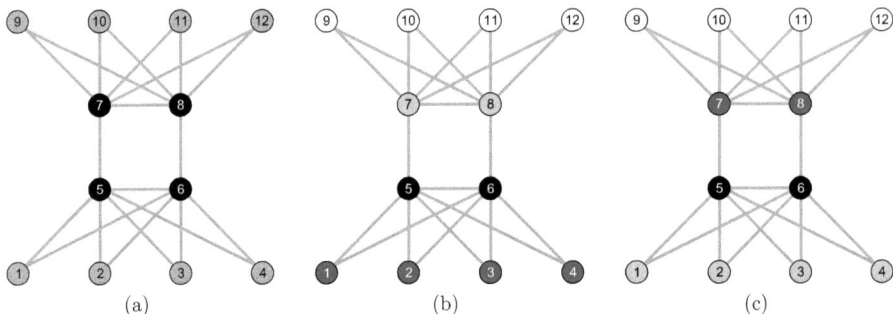

(a) (b) (c)

Abbildung 4.1: Das Ergebnis von drei Aktivierungsausbreitungsprozessen mit 1 als Anfrageknoten. Die Knoten sind nach ihrer finalen (akkumulierten) Aktivierung eingefärbt, welche in 4.1a der Aktivierung zum Zeitpunkt $k = 25$ entspricht, in 4.1b der akkumulierten Aktivierung mit $\alpha = 0.3$ und in 4.1c mit $\alpha = 0.9$ entspricht.

1. $\{5, 6, 7, 8\}, \{1, 2, 3, 4, 9, 10, 11, 12\}$

2. $\{5, 6\}, \{1, 2, 3, 4\}, \{7, 8\}, \{9, 10, 11, 12\}$

3. $\{5, 6\}, \{7, 8\}, \{1, 2, 3, 4\}, \{9, 10, 11, 12\}$

Es ist zu sehen, dass das Ergebnis in allen drei Fällen unterschiedlich ist. Im ersten Fall sind, aufgrund der Konvergenz des Verfahrens, die Knoten unabhängig von der ursprünglichen Anfrage sortiert. Die finalen Aktivierungen entsprechen den Eigenvektorzentralitätswerten, welche ein globales Maß an Wichtigkeit eines Knotens repräsentieren. Im zweiten Fall zeigt sich, dass durch die Akkumulation ein anfrageabhängiges und durch den niedrigen Dämpfungsfaktor ein lokal geprägtes Ergebnis resultiert. Knoten $\{5, 6\}$ weisen die höchste Aktivierung auf, gefolgt von $\{1, 2, 3, 4\}$ und $\{7, 8\}$ und so weiter. Im dritten Fall ist das Ergebnis ebenfalls anfrageabhängig, jedoch aufgrund des hohen Dämpfungsfaktors globaler geprägt. Knoten $\{5, 6\}$ stehen immer noch an erster Stelle, jedoch gefolgt von $\{7, 8\}$, und $\{1, 2, 3, 4\}$ nun an dritter Stelle. Die Sortierung ist damit der des ersten Falles ähnlicher.

4.3.2 Aktivierungserneuerung

In der zweiten Methode, der *Aktivierungserneuerung* wird versucht, den Einfluss der anfänglich aktivierten Knoten in Bezug auf die finale Aktivierung zu verstärken. Dies geschieht, indem die initiale Aktivierung $\mathbf{a}^{(0)}$ in jeder Iteration in die Berechnung der Aktivierung mit einfließt. Die

4.3. VERMEIDUNG VON ANFRAGEUNABHÄNGIGKEIT

Anfrage wird also zu jedem Zeitpunkt erneuert. Es ergibt sich somit folgende Definition der Aktivierung eines Knotens v zum Zeitpunkt k.

Definition 8. *Sei $G = (V, E, w)$ ein Graph, so ist der Grad der Aktivierung eines Knotens $v \in V$, bei linearer unbeschränkter Aktivierungsausbreitung unter Verwendung von Aktivierungserneuerung definiert durch:*

$$\mathbf{a}_v^{(k)} = \mathbf{a}_v^{(0)} + \sum_{u \in N^-(v)} \mathbf{a}_u^{(k-1)} w(u,v). \tag{4.16}$$

In Matrixschreibweise ergibt sich:

$$\mathbf{a}_v^{(k)} = \mathbf{a}^{(0)} + A^k \mathbf{a}^{(0)}. \tag{4.17}$$

Auf den ersten Blick erscheint die Methode der Aktivierungserneuerung verschieden im Vergleich zur Akkumulation. Bei genauerer Betrachtung stellt sich jedoch heraus, dass sie nur ein Spezialfall der Akkumulation ist. Substituiert man rekursiv, ergibt sich $\mathbf{a}_v^{(k)} = \left(\sum_{i=0}^{k} A^i\right) \mathbf{a}^{(0)}$, was einer Akkumulation mit $\lambda(k) = 1$ entspricht. Aus Satz 3 geht hervor, dass die Aktivierungserneuerung folglich nur konvergiert, wenn für den dominanten Eigenwert der Adjazenzmatrix des unterliegenden Graphen $\lambda_1 < 1$ gilt.

4.3.3 Trägheit

In der dritten Methode, *Trägheit*, werden die Aktivierungsvektoren geglättet, indem der vorhergehende Zustand in die nächste Iteration mit einfließt. Starke Veränderungen der Aktivierungsvektoren werden somit abgeschwächt und verzögert, was sich auch auf die Konvergenzrate auswirkt. Die Aktivierung eines Knotens v zum Zeitpunkt k unter Verwendung von Trägheit ist folgendermaßen definiert:

Definition 9. *Sei $G = (V, E, w)$ ein Graph, so ist der Grad der Aktivierung eines Knotens $v \in V$ bei linearer unbeschränkter Aktivierungsausbreitung unter Verwendung von Trägheit definiert durch:*

$$\mathbf{a}_v^{(k)} = \mathbf{a}_v^{(k-1)} + \sum_{u \in N^-(v)} \mathbf{a}_u^{(k-1)} w(u,v). \tag{4.18}$$

In Matrixschreibweise ergibt sich:

$$\mathbf{a}^{(k)} = \mathbf{a}^{(k-1)} + A^k \mathbf{a}^{(0)}. \tag{4.19}$$

KAPITEL 4. ANALYSE

Bei Betrachtung der geschlossenen Form der Gleichung 4.19: $\mathbf{a}^{(k)} = (I + A)^k \mathbf{a}^{(0)}$ zeigt sich, dass Trägheit der linearen unbeschränkten Aktivierungsausbreitung aus Gleichung 4.3 auf einem Graph G' mit Adjazenzmatrix $(I + A)$ gleicht. Graph G' entspricht dabei dem ursprünglichen Graphen G zusätzlich mit Schleifen an jeden Knoten, welchen Gewichte von 1 zugeordnet sind. Für die Eigenwerte und -vektoren von A und $(A - \rho I)$ gilt: ist $\mathbf{v}_i$ ein Eigenvektor von A mit zugehörigem Eigenwert λ_i, so ist $\mathbf{v}_i$ ebenfalls ein Eigenvektor von $(A - \rho I)$ mit zugehörigem Eigenwert $\lambda_i - \rho$, wobei ρ Verschiebung genannt wird (siehe z.B. [86, 85]). Der finale Aktivierungsvektor unter Verwendung von Trägheit konvergiert folglich gegen den dominanten Eigenvektor der Matrix $(I + A)$ welcher, bis auf eine Skalierung, dem dominanten Eigenvektor der Matrix A entspricht. Bei normierter linearer Aktivierungsausbreitung (Gleichung 4.7) ist das Ergebnis mit und ohne Trägheit das gleiche. Des Weiteren wird die Konvergenzgeschwindigkeit eventuell verlangsamt, da das Verhältnis des ersten und zweiten Eigenwertes verringert wird. Auf der anderen Seite wird durch die Einführung von Schleifen an jeden Knoten das Problem der Bipartitheit des Graphen vermieden und somit die Konvergenz des Verfahrens für alle stark zusammenhängenden Graphen gewährleistet.

4.4 Irrfahrten auf Graphen

Zu einer der Knotenähnlichkeiten, beschrieben im nächsten Kapitel, existieren verwandte Ähnlichkeiten basierend auf Irrfahrten auf Graphen. Um die Unterschiede und Gemeinsamkeiten der Knotenähnlichkeiten besser verstehen zu können werden im Folgenden Irrfahrten auf Graphen in Kürze beschrieben sowie die Verbindung zu Aktivierungsausbreitungsprozessen erläutert.

Eine *Irrfahrt* auf einem Graph ist ein iterativer Zufallsprozess bei dem ein imaginärer Läufer, angefangen bei einem beliebigen Knoten, in jeder Iteration zufällig einen Nachbarknoten auswählt und diesen besucht. Die Wahrscheinlichkeit eines Nachbarknotens besucht zu werden, ist proportional zum Gewicht der Kante, über die der Nachbarknoten mit dem aktuell besuchten Knoten verbunden ist. Die zufällige Abfolge an besuchten Knoten wird Irrfahrt auf dem Graphen genannt und kann auch als endliche Markoffkette betrachtet werden. Andersherum kann jede Markoffkette als Irrfahrt auf einem gerichteten und gewichteten Graphen repräsentiert werden (siehe z.B.: [61]).

Im Folgenden wird von ungerichteten Graphen mit positiven Kantengewichten ausgegangen. Sei $G = (V, E, w)$ ein zusammenhängender Graph, so ist, bei einer Irrfahrt auf G, gestartet an einem beliebigen Knoten, die Wahrscheinlichkeit p_{uv} zu einem Zeitpunkt k von Knoten $u \in V$ aus im nächsten Schritt $k + 1$ einen seiner Nachbarknoten $v \in N(u)$ zu besuchen, definiert

4.4. IRRFAHRTEN AUF GRAPHEN

durch

$$p_{uv} = \begin{cases} \frac{w(u,v)}{d(u)} & \text{, wenn } (u,v) \in E \\ 0 & \text{sonst} \end{cases}. \quad (4.20)$$

Die Folge von besuchten Knoten $S = (v_0, \ldots, v_k)$, mit $v_i \in V$, bis zu einem Zeitpunkt k im unterliegenden Graphen ist eine Markoffkette. Die Wahrscheinlichkeit bei einer Irrfahrt, gestartet am Knoten v_0 weitere Knoten v_i in einer bestimmten Folge S zu besuchen, ist das Produkt der Einzelwahrscheinlichkeiten $p(S) = \prod\limits_{i=1}^{k} p_{v_{i-1}v_i}$. Um von einem Knoten v in k Schritten zu einem Knoten u zu gelangen müssen alle möglichen Knotenfolgen S_j der Länge k in Betracht gezogen werden. Dementsprechend ist die Wahrscheinlichkeit $p_u^k(v)$, gestartet von Knoten v in k Schritten, eine Irrfahrt bei u zu enden, die Summe der Wahrscheinlichkeiten der einzelnen Folgen

$$p_u^k(v) = \sum_{j=1}^{s} p(S_j) = \sum_{j=1}^{s} \prod_{i=1}^{k} p_{v_{i-1}v_i}, \quad (4.21)$$

mit s als Anzahl der möglichen Knotenfolgen der Länge k von v nach u.

Die Übergangsmatrix einer Irrfahrt ist die stochastische Matrix $T \in \mathbb{R}_0^{+n \times n}$, welche definiert ist als $(T)_{uv} = p_{uv} = D^{-1}A$, mit A als Adjazenzmatrix des unterliegenden Graphen und D als Gradmatrix $(D)_{ii} = d(i)$, $(D)_{ij} = 0$ für $i \neq j$. Die Zeilensumme jeder Zeile von T ist 1, $\sum\limits_{j=0}^{n}(T)_{*j} = 1$. Ein Eintrag in der Matrix $(T^T)_{uv}$ ist die Wahrscheinlichkeit, in einem Schritt Knoten u zu besuchen, wenn man sich bei Knoten v befindet. Analog dazu ist ein Eintrag in $((T^T)^k)_{uv}$ die Wahrscheinlichkeit, in k Schritten bei Knoten u zu enden, wenn bei Knoten v gestartet wurde. Gleichung 4.21 zur Bestimmung der Wahrscheinlichkeit $p_u^k(v)$ kann auch in Matrixschreibweise dargestellt werden

$$\mathbf{p}^{(k)} = (T^T)^k \mathbf{p}^{(0)}. \quad (4.22)$$

Der Vektor $\mathbf{p}^{(0)} \in \mathbb{R}_0^{+n}$ ist eine initiale Verteilung über V. Der Wert $\mathbf{p}_u^{(0)}$ stellt dabei die Wahrscheinlichkeit eine Irrfahrt bei Knoten u zu beginnen dar, wobei $\left\|\mathbf{p}^{(0)}\right\|_1 = 1$ gilt. Die Verteilung über V für eine Irrfahrt der Länge k ist repräsentiert durch den Vektor $\mathbf{p}^{(k)} \in \mathbb{R}_0^{+n}$. Der Wert $\mathbf{p}_u^{(k)}$ entspricht dabei der Wahrscheinlichkeit bei der Irrfahrt nach k Schritten zum entsprechenden Knoten u zu gelangen. Für $p_u^k(v)$ wird im Folgenden $\mathbf{p}_u^{(k)}(v)$ verwendet.

4.4.1 Irrfahrten als Aktivierungsausbreitung

Vergleicht man Gleichung 4.22 für Irrfahrten und Gleichung 4.2 für Aktivierungsausbreitung auf gerichteten Graphen so ist zu erkennen, dass eine Irrfahrt auf einem Graph G auch als

KAPITEL 4. ANALYSE

Aktivierungsausbreitungsprozess auf einem gerichteten Graphen G' mit T als Adjazenzmatrix beschrieben werden kann. G' ist nur dann ungerichtet wenn G regulär ist [61]. Andererseits kann die Aktivierungsfunktion so angepasst werden, dass eine Aktivierungsausbreitung auf einem Graphen G einer Irrfahrt auf diesem entspricht, was zu folgendem Satz führt.

Satz 6. *Sei $G = (V, E, w)$ ein Graph und*

$$\mathbf{a}_u^{(k)} = \sum_{v \in N^-(u)} \mathbf{a}_v^{(k-1)} \frac{w(v, u)}{d(v)} \quad (4.23)$$

die Aktivierungsfunktion eines Aktivierungsausbreitungsprozesses. Der Grad der Aktivierung eines Knotens $u \in V$ zum Zeitpunkt k entspricht der Wahrscheinlichkeit, bei einer Irrfahrt auf G mit initialer Verteilung $\mathbf{a}^{(0)}$ nach k Schritten zu Knoten u zu gelangen, unter der Voraussetzung, dass $\mathbf{a}^{(0)} \in \mathbb{R}_0^{+n}$ und $\left\| \mathbf{a}^{(0)} \right\|_1 = 1$.

Beweis. In Matrixschreibweise ergibt sich für Gleichung 4.23

$$\mathbf{a}_u^{(k)} = \left(((D^{-1}A)^T)^k \mathbf{a}^{(0)} \right)_u. \quad (4.24)$$

Da $T = D^{-1}A$ folgt $\mathbf{a}_u^{(k)} = \left((T^T)^k \mathbf{a}^{(0)} \right)_u$. Wenn $\mathbf{a}^{(0)} \in \mathbb{R}_0^{+n}$ und $\left\| \mathbf{a}^{(0)} \right\|_1 = 1$, dann repräsentiert $\mathbf{a}^{(0)}$ eine Verteilung über V, womit der Beweis abgeschlossen ist. □

Unter Verwendung von Gleichung 4.23 als Aktivierungsfunktion gilt $\mathbf{a}_u^{(k)}(v) = \mathbf{p}_u^{(k)}(v)$. Der Unterschied zwischen der in Gleichung 4.23 definierten Aktivierungsausbreitung und der linearen unbeschränkten Aktivierungsausbreitung (siehe Gleichung 4.1) ist der Faktor $\frac{1}{d(u)}$. Dieser Faktor teilt die gesamte eingehende Aktivierung eines Knotens relativ auf die ausgehenden gewichteten Kanten auf. Die Summe der ausgehenden Aktivierungen eines Knotens und der gesamten eingehenden Aktivierung ist demnach gleich. Die gesamte Aktivierung im Netzwerk bleibt somit konstant. Entspricht der initiale Aktivierungsvektor zum Zeitpunkt 0 einer Verteilung über die Knotenmenge V, so kann der Grad der Aktivierung eines Knotens u zu einem bestimmten Zeitpunkt k, unter Verwendung ersterer Aktivierungsfunktion, als Wahrscheinlichkeit angesehen werden, nach k Schritten zu u zu gelangen. Bei Verwendung letzterer Aktivierungsfunktion ist dies nicht der Fall. Hier wird die gesamte eingehende Aktivierung eines Knotens komplett an jede der ausgehenden gewichteten Kanten verbreitet. Die Summe der ausgehenden Aktivierungen eines Knotens kann folglich größer oder kleiner sein als dessen eingehende Aktivierung. Aus diesem Grund kann die gesamte Aktivierung im Netzwerk, je nach dominantem Eigenwert anwachsen oder verschwinden (siehe Abschnitt 4.2.2).

4.4. IRRFAHRTEN AUF GRAPHEN

Der Grad der Aktivierung eines Knotens u zu einem Zeitpunkt k, bei linearer unbeschränkter Aktivierungsausbreitung entspricht der Summe der gewichteten Wege der Länge k zwischen den initial aktivierten Knoten und u (bei positiven Kantengewichten). Die Wahrscheinlichkeit der Kanten bzw. Wege im Falle einer Irrfahrt traversiert zu werden, wird dabei, wie im Falle von Gleichung 4.23, nicht berücksichtigt. Die Aktivierung eines Knotens u repräsentiert nicht die Wahrscheinlichkeit auf einer Irrfahrt zu u zu gelangen, sondern deren absolute k-Verbundenheit.

Wird der Aktivierungsvektor in jeder Iteration durch die p-Norm mit $p = 1$ normiert (siehe Gleichung 4.7), so bleibt die gesamte Aktivierung im Netzwerk wie auch bei einer Irrfahrt konstant bei 1. Der Unterschied zur Gleichung 4.23 ist, dass der Faktor zur Skalierung der Aktivierung für jeden Knoten zu einem Zeitpunkt k gleich ist, nämlich $\frac{1}{\left\|A^k \mathbf{a}^{(0)}\right\|_1}$. Im Falle von Irrfahrten ist er für jeden Knoten abhängig von dessen Knotengrad.

4.4.2 Stationäre Verteilung

Ändert sich eine Verteilung $\mathbf{p}^{(k)}$ von Schritt k zum nächsten Schritt $k+1$ nicht, so dass $\mathbf{p}^{(k)} = \mathbf{p}^{(k+1)}$, so wird von einer stationären Verteilung $\pi \in \mathbb{R}_0^{+n}$ des Graphen G gesprochen. Die Verteilung

$$\pi_u = \frac{d(u)}{2m}, \quad (4.25)$$

mit $m = |E|$ als Anzahl der Kanten, ist für jeden Graphen eine stationäre Verteilung und hängt lediglich vom Knotengrad des jeweiligen Knotens ab [61, 16].

Wie bereits erwähnt kann eine Irrfahrt auf einem Graphen G mit einer Übergangsmatrix T auch als linearer unbeschränkter Aktivierungsausbreitungsprozess auf einem Graphen G' mit T als Adjazenzmatrix interpretiert werden. Aus Korollar 1 ist bekannt, dass der Aktivierungsvektor $\mathbf{a}^{(k)}$ eines solchen Prozesses gegen ein Vielfaches l des dominanten Eigenvektor $\mathbf{v}_1$ von T^T konvergiert, wenn G' zusammenhängend und nicht bipartit ist. Der dominante Eigenvektor $\mathbf{v}_1$ repräsentiert folglich die stationäre Verteilung π von G. Ist der Graph G zusammenhängend und nicht bipartit, so konvergiert die Verteilung $\mathbf{p}^{(k)}$ unter Verwendung von Gleichung 4.22 gegen die stationäre Verteilung $\lim_{k \to \infty} \mathbf{p}^{(k)} = \pi = \mathbf{v}_1$ [61]. Ein Wert π_u ist also die Wahrscheinlichkeit, bei einer unendlich langen Irrfahrt bei u zu enden. Beim Besuch eines Knotens u ist die erwartete Anzahl an Schritten bis zum nächsten Besuch $\frac{1}{\pi_u} = \frac{2m}{d(u)}$.

Die Länge der Aktivierungsvektoren in jeder Iteration ändert sich abhängig vom absoluten dominanten Eigenwert λ_1 (siehe Abschnitt 4.2.2). Da dieser für T^T 1 ist, bleibt die Länge der Aktivierungsvektoren in jeder Iteration konstant. Dies ist eine andere Sichtweise auf die Tatsache, dass die gesamte Aktivierung im Netzwerk unter Verwendung von Gleichung 4.23 als

KAPITEL 4. ANALYSE

Aktivierungsfunktion im Laufe der Iterationen konstant bleibt.

4.5 Konvergenz auf Basis nicht-linearer Aktivierungsfunktionen

Neben der linearen Aktivierungsausbreitung werden auch nicht-lineare Aktivierungsfunktionen verwendet, um den Grad der Aktivierungen in besonderer Weise zu betonen. Da der Fokus dieser Arbeit auf der linearen Aktivierungsausbreitung liegt, wird die nicht-lineare Aktivierungsausbreitung nur in Kürze und der Vollständigkeit halber behandelt. Eine wichtige Eigenschaft ist dabei, wie auch im linearen Fall, das Konvergenzverhalten. Um einen Einblick in nichtlineare Aktivierungsausbreitung zu geben, wird in diesem Abschnitt auf die Konvergenz von Hopfield-Netzen eingegangen, da diese den Graphen, welche üblicherweise in Aktivierungsausbreitungsverfahren verwendet werden, am ähnlichsten sind (siehe Abschnitt 3.4).

Die Ausgabe- und Eingabefunktionen sind Standardfunktionen, die Aktivierungsfunktion in den meisten Fällen eine Schwellwertfunktion (siehe Gleichung 3.3), die den Grad der Aktivierung auf $\{0,1\}$ oder $\{-1,+1\}$ abbildet, wie in Abschnitt 3.4 beschrieben. Zur Vereinfachung werden die drei Funktionen und die zugehörigen Zustandsvektoren wieder zu einer Aktivierungsfunktion $act_v : \mathbb{R}^n \to \mathbb{R}$ und einem zugehörigen Zustandsvektor $\mathbf{a}^{(k)} \in \mathbb{R}^n$ zusammengefasst, welcher den Zustand eines Hopfield-Netzes zur Zeit k definiert.

Dieser Zustand verändert sich durch die Funktionsweise der asynchronen Aktivierungsausbreitung von Iteration zu Iteration im n-dimensionalen Zustandsraum entlang einer Trajektorie, bis schließlich ein Zustand $\tilde{\mathbf{a}} \in \mathbb{R}^n$ erreicht wird, an dem in darauf folgenden Iterationen keine Veränderung mehr stattfindet. Angelehnt an die Definition eines Gleichgewichtszustands aus [42] kann ein solcher Zustand als Fixpunkt definiert werden.

Definition 10. *Ein Zustand* $\tilde{\mathbf{a}} = \mathbf{a}^{(k)} \in \mathbb{R}^n$ *eines Hopfield-Netzes wird Fixpunkt genannt wenn gilt*

$$\mathbf{a}^{(k)} - \mathbf{a}^{(k+1)} = \mathbf{0},$$

mit $\mathbf{0}$ *als Nullvektor.*

Wird während eines Aktivierungsausbreitungsprozesses ein solcher lokaler Fixpunkt zu einem Zeitpunkt k erreicht, so wird der Prozess gestoppt und $\mathbf{a}^{(k)}$ ist dessen Ergebnis. Die Konvergenz bzw. das Erreichen eines Fixpunktes unter bestimmten Bedingungen kann über eine Energiefunktion (Lyapunovfunktion) $E : \mathbb{R}^n \to \mathbb{R}$ gezeigt werden [44, 45]. Eine Energiefunktion

4.5. KONVERGENZ AUF BASIS NICHT-LINEARER AKTIVIERUNGSFUNKTIONEN

bestimmt zu jedem Zeitpunkt k für den Zustand eines Netzes eine Energie. Ist diese Funktion monoton fallend und nach unten beschränkt, so wird bei jeder Aktivierungsaktualisierung die Energie verringert bis ein lokales Minimum erreicht ist und keine Änderung mehr stattfindet. Der entsprechende Zustand ist ein Fixpunkt des Netzes. Kann eine solche Funktion gefunden werden, so ist damit auch die Konvergenz des Systems bewiesen. Die in Hopfield-Netzen verwendete Energiefunktion entspricht dem Ising-Modell.

Definition 11 ([44]). *Die Energie für einen Zustand* $\mathbf{a}^{(k)}$ *eines Hopfield-Netzes ist*

$$E_k = \mathrm{E}(\mathbf{a}^{(k)}) = -\frac{1}{2}\sum_{i \in V}\sum_{j \in V} w(j,i)\mathbf{a}_i^{(k)}\mathbf{a}_j^{(k)} - \sum_{i \in V} b_i \mathbf{a}_i^{(k)}.$$

Wird der Bias b_i aus Gleichung 3.3 für alle Neuronen auf 0 gesetzt, wovon im Folgenden zur Vereinfachung ausgegangen wird, so fällt der zweite Term auf der rechten Seite der Gleichung weg.

Satz 7 ([73]). *Ein ungerichtetes Hopfield-Netzwerk mit asynchroner Aktivierungsdynamik erreicht, ausgehend von jedem beliebigen initialen Zustand, nach endlich vielen Schritten an einem lokalen Minimum der Energiefunktion einen Fixpunkt.*

Beweis. Die Energiefunktion ist nach unten beschränkt, da

$$E_k \geq -\frac{1}{2}\sum_{i \in V}\sum_{j \in V} |w(j,i)|.$$

Die Veränderung der Energie nach der Aktivierungsänderung eines Neurons v ist definiert durch

$$\Delta E_k = \mathrm{E}(\mathbf{a}^{(k)}) - \mathrm{E}(\mathbf{a}^{(k+1)}) = \left(-\sum_{i \in V} w(i,v)\mathbf{a}_i^{(k)}\mathbf{a}_v^{(k)}\right) - \left(-\sum_{i \in V} w(i,v)\mathbf{a}_i^{(k+1)}\mathbf{a}_v^{(k+1)}\right).$$

Da sich bei asynchronen Aktivierungsaktualisierungen potenziell nur die Aktivierung des Neurons v ändern kann, müssen also auch nur die Summanden, in denen v auftaucht, berücksichtigt werden. Aufgrund der Symmetrieeigenschaft $w(u,v) = w(v,u)$ der Hopfield-Netze fallen auch die Faktoren $\frac{1}{2}$ weg. Weiter ergibt sich

$$\begin{aligned}\Delta E_k &= -(\mathbf{a}_v^{(k)} - \mathbf{a}_v^{(k+1)})\left(-\sum_{i \in V} w(i,v)\mathbf{a}_i^{(k)}\right) \\ &= -(\mathbf{a}_v^{(k)} - \mathbf{a}_v^{(k+1)})(-\mathbf{i}_v^{(k+1)}).\end{aligned}$$

Der Zustand $\mathbf{a}_v^{(k+1)}$ eines Neurons $v \in V$ ändert sich zum Zeitpunkt $k+1$ nur wenn

KAPITEL 4. ANALYSE

1. der Zustand zum Zeitpunkt k 0 ist und die eingehende Aktivierung $i_v^{(k+1)} > 0$.

2. der Zustand zum Zeitpunkt k 1 ist und die eingehende Aktivierung $i_v^{(k+1)} \leq 0$

Für die Änderung der Energie müssen also nur diese zwei Fälle unterschieden werden. Ist im ersten Fall $i_v^{(k+1)} > 0$, so ist $-(\mathbf{a}_v^{(k)} - \mathbf{a}_v^{(k+1)}) = +1$ und $\Delta E > 0$. Ist im zweiten Fall $i_v^{(k+1)} \leq 0$, so ist $-(\mathbf{a}_v^{(k)} - \mathbf{a}_v^{(k+1)}) = -1$ und folglich $\Delta E \geq 0$. Bei jeder Aktivierungsänderung wird die Energie verringert oder bleibt gleich, die Energiefunktion ist also monoton fallend. Da die Energiefunktion monoton fällt und nach unten begrenzt ist und außerdem nur eine endliche Menge von Zuständen existiert, (2^n) muss die Folge der Zustände zu einem Fixpunkt konvergieren. □

Auch für Hopfield-Netze mit Sigmoidfunktionen als Aktivierungsfunktionen wurde die Konvergenz bewiesen [45]. Die Adjazenzmatrix A eines Hopfield-Netzes muss allerdings nicht notwendigerweise symmetrisch, der unterliegende Graph also ungerichtet sein, damit die Aktivierungsausbreitung konvergiert. Durch die Bestimmung einer Matrix A^* lässt sich ein generelleres Konvergenzkriterium ableiten, wobei A^* definiert ist als:

$$(A^*)_{ij} = \begin{cases} (A)_{ii} - \frac{1}{2}\sum_{k=1}^{n} |(A)_{ki} - (A)_{ik}| & \text{, wenn } i = j \\ (A)_{ij} & \text{, sonst} \end{cases}$$

Aus dieser Definition ergibt sich folgender Satz, welcher in [55] bewiesen ist.

Satz 8. *Sei A die Adjazenzmatrix eines gerichteten Hopfield-Netzes mit Schwellwertfunktion, so konvergiert ein Aktivierungsausbreitungsprozess, falls A^* positiv semidefinit ist.*

Wenn A^* positiv semidefinit ist, gilt für dessen Spur: $\text{Spur}(A^*) = \sum_{i=0}^{n}(A^*)_{ii} \geq 0$. Somit ist eine notwendige Bedingung für Satz 8, dass $(A)_{ii} \geq \frac{1}{2}\sum_{k=1}^{n}|(A)_{ki} - (A)_{ik}|$ gilt. Der unterliegende Graph hat demnach Schleifen mit Gewichten, welche die Asymmetrie der gerichteten Kanten ausgleichen bzw. dominieren.

Hopfield-Netze mit synchroner Aktivierungsaktualisierung (paralleler Aktivierungsausbreitung) auf ungerichteten Graphen konvergieren entweder zu Fixpunkten oder haben Grenzzyklen mit einer maximalen Länge von zwei. Eine genauere Betrachtung von synchronen Hopfield-Netzen ist in [39] zu finden.

4.6 Zusammenfassung

Für die unbeschränkte Aktivierungsausbreitung mit linearer Aktivierungsfunktion konnte gezeigt werden, dass der Prozess, unabhängig von der Anfrage, gegen den dominanten Eigenvektor der Adjazenzmatrix des unterliegenden Graphen konvergiert. Wird die Aktivierung der Knoten in der letzten Iteration als Relevanzheuristik verwendet und die Knoten sortiert nach dieser aufgelistet, bleibt die Reihenfolge unabhängig von der Anfrage stets die selbe, was in Einsatzgebieten wie z.B. Information Retrieval unerwünscht ist.

Des Weiteren wurde die Konvergenzrate des Prozesses ermittelt und die Effekte der Normierung der Aktivierungsvektoren behandelt. Die Konvergenzrate gibt Aufschluss darüber wie schnell ein Aktivierungsausbreitungsprozess konvergiert. Dies wiederum kann zur Abschätzung einer ausreichenden Anzahl an Iterationen zur Bestimmung von Knotenähnlichkeiten verwendet werden, was im nächsten Kapitel ausführlich beschrieben wird.

Zur Vermeidung der Anfrageunabhängigkeit wurden drei Methoden, die ohne den Einsatz von Beschränkungen auskommen, vorgestellt. Die erste Methode, die Akkumulation von einzelnen normierten Aktivierungsvektoren unter Verwendung eines Dämpfungsfaktors zur Sicherstellung der Konvergenz der Summe, wird zur Berechnung einer Knotenähnlichkeit beschrieben im nächsten Kapitel verwendet.

Ein der Aktivierungsausbreitung sehr ähnlicher Prozess, der der Irrfahrten auf Graphen, wurde ebenfalls erläutert sowie deren Unterschiede und Gemeinsamkeiten aufgezeigt. In diesem Kontext konnte außerdem eine weitere Interpretation der Aktivierungswerte einzelner Knoten geschildert werden, welche auf einer Verbundenheit von Knoten gründet. Des Weiteren existieren zu einer der Knotenähnlichkeiten verwandte Ähnlichkeiten, welche auf Irrfahrten auf Graphen basieren.

Als Ausblick und der Vollständigkeit halber wurde in Kürze die Konvergenz von nichtlinearer Aktivierungsausbreitung, unter der Verwendung von Schwellwertfunktionen, gezeigt.

Kapitel 5

Knotenähnlichkeiten

Netzwerke können mittels Aktivierungsausbreitung bezüglich bestimmter Anfrageknoten durchsucht werden, indem alle Knoten sortiert nach ihrer Aktivierung aufgelistet werden. Eine weitere Möglichkeit dies zu bewerkstelligen ist, Knoten nach einer Ähnlichkeit zu anderen Knoten aufgrund bestimmter Eigenschaften zu sortieren. Die Eigenschaften, anhand welcher die Knoten verglichen werden, sind dabei ausschlaggebend, welche Knoten bei der Sortierung favorisiert werden und welche nicht. Z.B. können Knoten anhand ihrer gemeinsamen Nachbarschaft verglichen werden. Je mehr gemeinsame Nachbarn zwei Knoten haben, desto ähnlicher sind diese, was zur Folge hat, dass sehr ähnliche Knoten eine geringe Distanz (maximal 2) im Netzwerk haben. Eine weitere Eigenschaft ist z.b., ob zwei Knoten automorphe Abbilder voneinander sind, was allerdings ein diskreter Vergleich ist, bei welchem die Distanz der Knoten jedoch keine Rolle spielt. Diskrete Vergleiche basieren auf *Äquivalenzrelationen* mittels welcher Knoten als gleich bzw. *äquivalent* betrachtet werden oder nicht. Damit Knoten als äquivalent gelten, müssen alle Eigenschaften übereinstimmen, anhand welcher sie verglichen werden.

Diskrete Vergleiche von Knoten in Netzwerken haben jedoch einige Nachteile. Netzwerke, basierend auf Daten aus der realen Welt, sind oft verrauscht und unregelmäßig, was es, je nach zu vergleichenden Eigenschaften, unwahrscheinlich macht äquivalente Knoten zu finden. Diskrete Vergleiche reagieren oft sensibel auf kleine Änderungen der Daten und sind deshalb instabil. Werden äquivalente Knoten einer *Klasse* oder *Rolle* zugeordnet, so ist durch Äquivalenzrelationen eine Zuordnung zu nur einer Rolle möglich. Durch eine solche Zuordnung kann nur ausgedrückt werden, ob Knoten einer Rolle angehören, nicht jedoch zu welchem Grad. Eine Relaxierung diskreter Äquivalenzen kann durch Ähnlichkeiten zwischen Knoten erfolgen, so dass die Knoten eines Netzwerkes zu unterschiedlichen Graden ähnlich zueinander sind, je nachdem wie viel Eigenschaften zu welchem Grad übereinstimmen (siehe dazu auch [57]).

KAPITEL 5. KNOTENÄHNLICHKEITEN

In dieser Arbeit werden durch Aktivierungsausbreitungsprozesse zwei Arten von Knotenähnlichkeiten bestimmt. Bei der einen (*Aktivierungsähnlichkeit*) hängt der Grad der Ähnlichkeit zwischen zwei Knoten davon ab, inwieweit andere Knoten zu gleichen Zeitpunkten ähnlich stark oder schwach aktiviert werden, was auf der Überlappung der direkten und indirekten Nachbarschaft beruht. Bei der anderen (*Signaturähnlichkeit*) hängt er davon ab, inwieweit sich die Aktivierung von Knoten ähnlich schnell ausbreitet, was auf der Struktur und Dichte der Nachbarschaft beruht.

In diesem Kapitel wird gezeigt, wie diese zwei Ähnlichkeiten zwischen Knoten in Netzwerken, basierend auf Aktivierungsausbreitungsprozessen, bestimmt werden können und welche unterschiedlichen Aspekte der Knoten verglichen werden. Um diese zwei Arten von Ähnlichkeiten besser verstehen zu können, werden zuerst Äquivalenzen zwischen Knoten eingeführt. Dazu werden unterschiedliche Typen von Äquivalenzrelationen sowie die Verbände, in die diese eingeordnet werden können, beschrieben. In diesem Kontext werden dann Ähnlichkeiten als relaxierte Äquivalenzen behandelt. Die zwei Ähnlichkeiten, die aus Aktivierungsausbreitungsprozessen abgeleitet werden können, werden außerdem mit bestehenden Knotenähnlichkeiten verglichen sowie deren Eigenschaften und Einsatzmöglichkeiten beschrieben.

5.1 Knotenäquivalenzen

Eine *Äquivalenzrelation* $\sim\, \subseteq V \times V$ ist eine binäre Relation auf einer Menge V. Zwei Elemente $u, v \in V$ die in Beziehung stehen $v \sim u$ gelten als äquivalent in Bezug auf $\sim$. Knoten in einem Graph können durch Äquivalenzrelationen ebenfalls in Beziehung gesetzt werden. Äquivalenzrelationen haben die Eigenschaft *reflexiv* ($v \sim v$), *symmetrisch* ($v \sim u$ impliziert $u \sim v$) und *transitiv* ($v \sim u \wedge u \sim w$ impliziert $v \sim w$) zu sein, für alle $u, v, w \in V$.

Die Knotenmenge V eines Graphen wird durch eine Äquivalenzrelation restlos in nichtleere disjunkte Teilmengen aufgeteilt, welche *Klassen* genannt werden. Diese Aufteilung wird als *Partitionierung* $\mathcal{P} = \{C_1, \cdots, C_l\}$ bezeichnet, wobei $C_i \subseteq V$ deren Klassen sind. Jeder Knoten ist dabei genau einer Klasse zugeordnet. Die *Äquivalenzklasse* eines Knotens $v \in V$ in Bezug auf eine Äquivalenzrelation $\sim$ ist definiert durch $[v]_\sim := \{u | u \sim v\}$. Die Zuordnung der Knoten zu bestimmten *Rollen* entspricht hier der surjektiven Abbildung $r : V \to W$ auf eine Menge von Klassen W. Eine Äquivalenzrelation induziert folglich eine Rollenzuweisung für V durch die Abbildung auf Äquivalenzklassen $v \to [v]_\sim$.

5.1.1 Verband von Äquivalenzrelationen

Die Menge der Äquivalenzrelationen auf V ist eine Teilmenge von $V \times V$ und kann abhängig von V sehr groß werden. Durch Mengeninklusion lassen sich die einzelnen Äquivalenzrelationen partiell ordnen, so dass $\sim_1 \leq \sim_2$ genau dann gilt, wenn $\sim_1 \subseteq \sim_2$. Durch $\sim_1$ wird also ein Teil der Elemente aus V in Beziehung gesetzt, die auch in $\sim_2$ zueinander in Beziehung gesetzt werden. Auf der anderen Seite werden alle Elemente aus V, die durch $\sim_1$ zueinander in Beziehung gesetzt werden, auch durch $\sim_2$ zueinander in Beziehung gesetzt. $\sim_1$ ist *feiner* als $\sim_2$, und umgekehrt ist $\sim_2$ *gröber* als $\sim_1$.

Diese Halbordnung auf Äquivalenzrelationen lässt sich auf die entsprechenden Partitionierungen übertragen. Auf diese Art lassen sich, wenn auch nicht notwendigerweise, alle Äquivalenzrelationen bzw. Partitionierungen einer Menge ordnen bzw. miteinander vergleichen. Auf diese Weise können obere und untere Grenzen bestimmt werden, welche wie folgt definiert sind.

Definition 12 ([16]). *Sei P eine durch $\leq$ halb geordnete Menge und $T \subseteq P$, so gilt für die obere Grenze $o^* \in P$ von T für alle $t \in T$, $t \leq o^*$. Für die untere Grenze $u^* \in P$ von T gilt analog für alle $t \in T$, $u^* \leq t$.*

Definition 13 ([16]). *Sei P eine durch $\leq$ halb geordnete Menge und $T \subseteq P$, so ist das Supremum $o^* \in P$ von T die obere Grenze von T, für die gilt $o^* \leq o$ für alle oberen Grenzen $o \in P$ von T. Das Infimum $u^* \in P$ von T ist analog die untere Grenze von T, für die gilt $u \leq u^*$ für alle unteren Grenzen $u \in P$ von T.*

Existiert für alle Paare $x, y \in P$ einer halb geordneten Menge ein Supremum $\sup(x, y)$ und ein Infimum $\inf(x, y)$, so ist dies ein Verband. Das Infimum zweier Elemente ist deren Durchschnitt und das Supremum deren Vereinigung. In Bezug auf Äquivalenzrelationen ist das Infimum von $\sim_1$ und $\sim_2$ deren Schnittmenge, also die eindeutig bestimmbare kleinste (feinste) Äquivalenzrelation, welche Knoten, die sowohl in $\sim_1$ als auch in $\sim_2$ zur gleichen Rolle zugeordnet werden, ebenfalls zueinander in Beziehung setzt. Das Supremum von $\sim_1$ und $\sim_2$ ist deren transitive Hülle, also die eindeutig bestimmbare größte (gröbste) Äquivalenzrelation, durch welche Knoten, die sowohl in $\sim_1$ als auch in $\sim_2$ unterschiedlichen Rollen zugeordnet werden, ebenfalls unterschieden werden. Wie in [16] erläutert lässt sich folgender Satz formulieren.

Satz 9 ([16]). *Die Menge der Äquivalenzrelationen, die Elemente einer Menge V aufeinander abbilden, ist ein Verband.*

Durch die Anordnung von Äquivalenzrelation in Verbänden werden die Beziehungen der einzelnen Äquivalenzrelationen untereinander aufgezeigt. Zum einen können sie so gegeneinander

KAPITEL 5. KNOTENÄHNLICHKEITEN

abgegrenzt werden, zum anderen können Gemeinsamkeiten festgestellt werden. Dadurch dass die Knotenähnlichkeiten als Relaxierung bestimmter Äquivalenzrelationen betrachtet werden, können diese ebenfalls dadurch verglichen werden.

5.1.2 Strukturelle Äquivalenz

Damit zwei Knoten bezüglich einer Äquivalenzrelation auf Basis der Graphstruktur als äquivalent gelten, kann zum einen deren direkte Nachbarschaft verglichen werden, also die Knoten selbst und zum anderen die Rollen der Nachbarschaft. In [57] wird zwischen einer identischen Nachbarschaft und einer äquivalenten Nachbarschaft unterschieden. Knoten mit einer identischen Nachbarschaft sind zu den selben Knoten verbunden, während Knoten mit einer äquivalenten Nachbarschaft zu Knoten verbunden sind, die den gleichen Rollen zugeordnet sind.

Der naheliegendere Ansatz ist, Knoten dieselbe Rolle zuzuordnen wenn diese zu den selben Knoten verbunden sind, also eine identische Nachbarschaft haben. Diese Art der Äquivalenz wird *strukturelle Äquivalenz* genannt und wurde in [60] eingeführt. Für gerichtete Graphen kann außerdem zwischen *eingehender* und *ausgehender struktureller Äquivalenz* unterschieden werden, je nachdem ob die eingehende bzw. ausgehende Nachbarschaft identisch ist. Ist beides der Fall so ist dies eine *starke strukturelle Äquivalenz*.

Definition 14 ([57]). *Sei $G = (V, E)$ ein Graph und $r : V \to W$ eine Rollenzuweisung, so ist r ausgehend strukturell wenn $r(u) = r(v) \Rightarrow N^+(u) = N^+(v)$, eingehend strukturell wenn $r(u) = r(v) \Rightarrow N^-(u) = N^-(v)$ und stark strukturell wenn beides zutrifft, für alle $u, v \in V$.*

Eine stark strukturelle aber triviale Abbildung ist z.B. die Identität, durch welche jeder Knoten auf sich selbst abgebildet wird. In Abbildung 5.1 sind zwei Graphen dargestellt, ein Stern 5.1a und ein vollständiger Graph 5.1b mit jeweils 6 Knoten. Für den Stern existieren neben der trivialen Identitäts-Abbildung weitere stark strukturelle Abbildungen, durch welche z.B. der mittlere Knoten einer Rolle zugeordnet wird und die äußeren Knoten einer zweiten Rolle, da die Nachbarschaften der äußeren Knoten identisch sind. Für den vollständigen Graph existieren neben der Identität keine weiteren stark strukturellen Äquivalenzen, da in der Nachbarschaft eines Knotens dieser selbst nicht enthalten ist. Somit ist die Nachbarschaft keiner zwei Knoten identisch.

Knoten, die durch eine stark strukturelle Äquivalenzrelation auf die gleiche Rolle abgebildet werden, sind demnach keine direkten Nachbarn (wie die Blätter in Abbildung 5.1a) mit einem maximalen Abstand von 2 oder haben Schleifen. Knoten müssen also nah zusammenliegen, um

5.1. KNOTENÄQUIVALENZEN

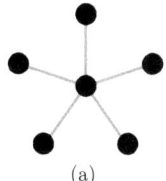
(a)

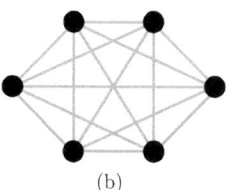
(b)

Abbildung 5.1: Stern (5.1a) und ein vollständiger Graph (5.1b) mit jeweils 6 Knoten.

nach Definition 14 als äquivalent betrachtet werden zu können. Diese Definition struktureller Äquivalenz ist besonders restriktiv, da direkte Nachbarknoten Schleifen benötigen. In [87] und [35] wurde dies aufgeweicht, so dass Schleifen nicht notwendig sind. Die entsprechende Äquivalenz wird in [35] als *(schwach) strukturell* bezeichnet.

Definition 15 ([35]). *Sei $G = (V, E)$ ein Graph und $r : V \to W$ eine Rollenzuweisung, so ist r (schwach) strukturell, wenn für alle $u \sim v$ die Transposition von u und v ein Automorphismus von G ist.*

Im Folgenden wird unter struktureller Äquivalenz die in Definition 14 definierte stark strukturelle Äquivalenz verstanden.

Verband von strukturellen Äquivalenzen

Wie am Beispiel in Abbildung 5.1a zu sehen ist, können für einen Graphen verschiedene, stark strukturelle Äquivalenzen unterschiedlicher Granularität existieren. Die Feinste ist die Identität, während durch eine gröbere einige der Blätter auf die selbe Rolle abgebildet werden. Durch die gröbste, die maximale strukturelle Äquivalenz (MSE - maximal structural equivalence) werden alle Blätter auf eine und der mittlere Knoten auf eine andere Rolle abgebildet.

Da die Schnittmenge sowie die transitive Hülle zweier stark struktureller Äquivalenzen ebenfalls stark strukturell sind, ist die Menge dieser ein Teilverband aus dem Verband aller Äquivalenzen. Für jeden Graph existiert demnach eine maximale strukturelle Äquivalenz. Eine Verfeinerung einer stark strukturellen Äquivalenz ergibt wiederum eine solche.

Satz 10 ([16]). *Sei $\sim_2$ eine stark strukturelle Äquivalenz und $\sim_1 \leq \sim_2$, so ist $\sim_1$ ebenfalls stark strukturell.*

Die MSE eines Graphen beschreibt demnach die Menge aller strukturellen Äquivalenzen des Graphen und eine Relaxierung der MSE beschreibt demnach eine Relaxierung aller strukturellen Äquivalenzen des Graphen. Zur Berechnung der MSE existieren linear Zeit Algorithmen [16].

5.1.3 Reguläre Äquivalenz

Ein anderer Ansatz Knoten zu vergleichen, neben der Betrachtung der direkten Nachbarschaft, ist die Betrachtung der Rollen auf welche die Nachbarknoten abgebildet werden. Eine strukturelle Äquivalenz erfordert eine identische Nachbarschaft. Andere Äquivalenzen erfordern dagegen eine äquivalente Nachbarschaft, d.h. Knoten, die denselben Rollen zugeordnet sind. Äquivalente Knoten müssen also nicht zu den selben Knoten verbunden sein, sondern zu rollenäquivalenten Knoten. Dies wird in [76] als *strukturelle Verwandtschaft* von Knoten bezeichnet. In [87] werden *reguläre Äquivalenzen* erstmals folgendermaßen definiert (siehe dazu auch [57]).

Definition 16 ([57]). *Sei $G = (V, E)$ ein Graph und $r : V \to W$ eine Rollenzuweisung, so ist r ausgehend regulär wenn $r(u) = r(v) \Rightarrow r(N^+(u)) = r(N^+(v))$, eingehend regulär wenn $r(u) = r(v) \Rightarrow r(N^-(u)) = r(N^-(v))$ und regulär wenn beides zutrifft, für alle $u, v \in V$.*

$r(N(u))$ ist dabei die Menge der Rollen auf welche die Nachbarknoten von u abgebildet werden. Wie oft die Rollen in der Nachbarschaft auftauchen wird ignoriert. Knoten sind gleich, wenn sie Nachbarn der gleichen Rolle haben, unabhängig von deren Kardinalität. Abbildung 5.2 zeigt eine Partitionierung aufgrund einer regulären Äquivalenz. Die Knoten sind in zwei Rollen unterteilt, gekennzeichnet durch die Schattierung schwarz und weiß. Damit ein Knoten der weißen Rolle zugeordnet werden kann, benötigt dieser mindestens einen Knoten der schwarzen Rolle als direkten Nachbarn. Knoten, die anderen Rollen zugeordnet sind, dürfen nicht in dessen Nachbarschaft vorkommen. Damit ein Knoten der schwarzen Rolle zugeordnet werden kann, werden mindestens ein weißer Knoten und ein schwarzer Knoten vorausgesetzt. Weitere Rollen dürfen in der Nachbarschaft nicht auftauchen. Die Anzahl der weißen und schwarzen Knoten muss dabei nicht gleich sein, wie bei den Knoten {1, 2} und 3 zu sehen ist.

Jede strukturelle Rollenzuweisung ist auch regulär. Da bei strukturell äquivalenten Knoten die Nachbarschaft identisch sein muss, sind folglich auch die Rollen der Nachbarschaft identisch. Die Identitäts-Abbildung wie auch die vollständige Partitionierung, in der alle Knoten auf eine Rolle abgebildet werden, sind ebenfalls regulär für alle Graphen.

Exakte Äquivalenz

Durch reguläre Äquivalenzen werden Knoten denselben Rollen zugeordnet, wenn deren Nachbarknoten auf dieselben Rollen abgebildet werden. Die Kardinalität der Rollen wird dabei nicht berücksichtigt. Durch *exakte Äquivalenzen* oder *exakte Rollenzuweisungen* werden die Anzahl an Knoten der verschiedenen Rollen berücksichtigt. Die dadurch entstehenden Partitionierungen sind auch bekannt als *gleichförmige Partitionierungen* (englisch: equitable partitions) oder

5.1. KNOTENÄQUIVALENZEN

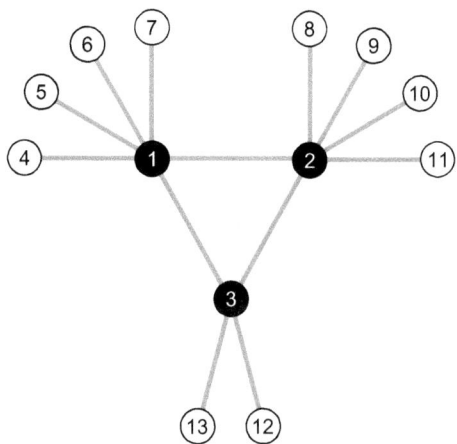

Abbildung 5.2: Eine Partitionierung der Knoten aufgrund einer regulären Äquivalenz. Knoten gehören derselben Rolle an, wenn ihre Nachbarschaft äquivalent ist. Die Rollenzugehörigkeit ist repräsentiert durch die Einfärbung der Knoten.

Divisoren von Graphen. Eine Partitionierung ist nur dann gleichförmig, wenn die damit verbundene Rollenzuweisung exakt ist. Die exakten Äquivalenzen sind eine Untermenge der regulären Äquivalenzen und wie folgt definiert.

Definition 17 ([16]). *Sei $G = (V, E)$ ein Graph und $r : V \to W$ eine Rollenzuweisung, so ist r exakt, wenn für alle $u, v \in V$, $r(u) = r(v) \Rightarrow r(N(u)) = r(N(v))$, wobei die Gleichung auf der rechten Seite eine Gleichung von Multimengen ist.*

$r(N(u))$ ist dabei sowohl die Menge der Rollen auf welche die Nachbarknoten von u abgebildet werden als auch die Anzahl, wie viele Knoten auf welche Rolle abgebildet werden. Die Partitionierung durch exakte Rollenzuweisungen sind *ausgehend gleichförmig* wenn $r(u) = r(v) \Rightarrow r(N^+(u)) = r(N^+(v))$, *eingehend gleichförmig* wenn $r(u) = r(v) \Rightarrow r(N^-(u)) = r(N^-(v))$ und *gleichförmig* wenn beides zutrifft [57]. Die Rollenzuweisung aus Abbildung 5.2 ist z.B. nicht exakt, da der Knoten 3 nur zu zwei weißen Knoten verbunden ist anstatt zu vier, wie die Knoten 1 und 2. Abbildung 5.3 zeigt eine exakte Rollenzuweisung, gekennzeichnet durch die Schattierung der Knoten. Knoten 3 ist hier einer separaten Rolle zugeordnet sowie die Knoten {12, 13}, da, um zur schwarzen Rolle zugeordnet werden zu können, ein Knoten u.a. genau vier weiße Knoten haben muss. Exakte Äquivalenzen sind also immer regulär, reguläre jedoch nicht zwangsläufig exakt.

77

KAPITEL 5. KNOTENÄHNLICHKEITEN

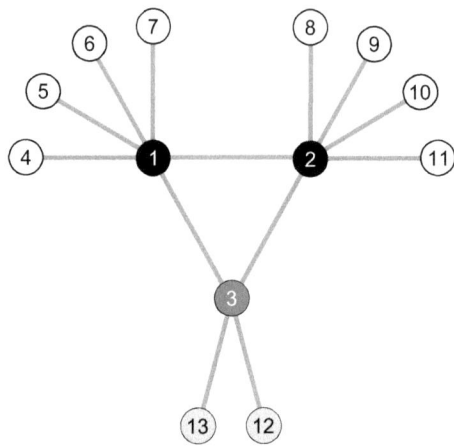

Abbildung 5.3: Eine Partitionierung der Knoten aufgrund einer exakten Äquivalenz. Die Rollenzugehörigkeit ist repräsentiert durch die Schattierung der Knoten. Die Anzahl der Knoten, die auf eine Rolle abgebildet werden, wird hier berücksichtigt.

Durch eine Partitionierung $\mathcal{P}$ der Knoten eines Graphen G kann ein *Rollengraph* R abgeleitet werden, durch welchen die Beziehungen der Rollen untereinander ausgedrückt werden. Ein Rollengraph wird auch als Quotient $G/\mathcal{P}$ von G bezüglich $\mathcal{P}$ bezeichnet.

Definition 18 ([16]). *Sei $G = (V, E, w)$ ein Graph und $r : V \to W$ eine Rollenzuweisung, so ist der Graph $R = (W, F)$ der Rollengraph bezüglich r. Die Knotenmenge W ist die Menge der Rollen und die Kantenmenge $F \subseteq W \times W$ ist definiert als $F = \{(r(u), r(v)) | \exists u, v \in V \wedge (u, v) \in E\}$.*

Rollen sind dabei adjazent wenn in G adjazente Knoten existieren, die diesen Rollen zugewiesen sind. Rollengraphen können als komprimierte Versionen der originalen Graphen verstanden werden, wobei Information durch die Kompression verloren geht. Die Rollengraphen, die durch exakte Rollenzuweisungen entstehen, haben viel mit dem originalen Graphen gemeinsam, was z.B. bei regulären Äquivalenzen nicht immer der Fall ist. Das charakteristische Polynom eines Quotienten $G/\mathcal{P}$ basierend auf einer exakten Partitionierung $\mathcal{P}$ teilt das charakteristische Polynom von G [38]. Das Spektrum des Quotienten $G/\mathcal{P}$ ist demnach eine Teilmenge des Spektrums von G. Durch exakte Rollenzuweisungen wird außerdem sichergestellt, dass Knoten, die zur selben Rolle zugeordnet werden, den gleichen Knotengrad haben.

5.1. KNOTENÄQUIVALENZEN

Verband von regulären Äquivalenzen

Es können sehr viele verschiedene reguläre Äquivalenzen für einen Graphen existieren. Deren Menge bildet einen Verband. Die Feinste ist wie auch bei strukturellen Äquivalenzen die Identität. Das Supremum des Verbands ist eine Einschränkung des Supremums des Verbands aller Äquivalenzen. Der Verband der regulären Äquivalenzen ist jedoch, im Gegensatz zu dem der strukturellen, kein Teilverband aller Äquivalenzen, da die Schnittmenge zweier regulärer Äquivalenzen nicht zwangsläufig wieder eine reguläre Äquivalenz ergibt [15]. Die Menge der exakten Äquivalenzen bildet ebenfalls einen Verband [35].

5.1.4 Automorphe und Orbit-Äquivalenz

Knoten, die durch einen Automorphismus der Automorphismengruppe eines Graphen aufeinander abgebildet werden können, sind automorphe Abbilder voneinander. Da ein Automorphismus eine Permutation der Knoten eines Graphen ist, können diese anhand der Struktur des Graphen nicht unterschieden werden. In [35] werden solche Knoten als automorph äquivalent definiert und durch eine entsprechende Rollenzuweisung auf die gleiche Rolle abgebildet.

Definition 19 ([35]). *Sei $G = (V, E, w)$ ein Graph, so sind dessen Knoten $u, v \in V$ automorph äquivalent, wenn es einen Automorphismus $\gamma \in \Gamma(G)$ aus der Automorphismengruppe $\Gamma(G)$ des Graphen G gibt, wobei $\gamma(v) = u$ gilt.*

Stark strukturell äquivalente Knoten sind demnach auch automorph äquivalent, umgekehrt ist dies jedoch nicht zwangsläufig der Fall. Eine Partitionierung der Knotenmenge durch eine automorphe Äquivalenz ist nicht notwendigerweise regulär. Abbildung 5.4 zeigt eine Rollenzuweisung aufgrund einer automorphen Äquivalenz. Verschiedene Automorphismen der Automorphismengruppe des Graphen bilden die Knoten $\{12,13\}$, $\{8,9,10,11\}$, $\{1,2\}$, $\{3\}$ sowie $\{4,5,6,7\}$ jeweils aufeinander ab. Die entsprechende Äquivalenz kann also nicht regulär sein, da Knoten 1 eine weiße, schwarze und graue Nachbarschaft hat und Knoten 2 eine dunkelgraue, schwarze, graue.

Wie in Abbildung 5.4 zu erkennen ist, müssen bei einem Vergleich zweier Knoten nicht alle Knotenabbildungen der Automorphismen berücksichtigt werden. Der Automorphismus, der z.B. die Knoten 1 und 2 aufeinander abbildet, muss auch die Knoten $\{4,5,6,7\}$ und $\{8,9,10,11\}$ aufeinander abbilden, um die Kanten des Graphen zu erhalten. Es reicht jedoch für zwei Knoten, um automorph äquivalent zu sein, wenn ein Automorphismus des Graphen existiert, der diese aufeinander abbildet. Werden alle Abbildungen eines Automorphismus bzw. einer Gruppe von

KAPITEL 5. KNOTENÄHNLICHKEITEN

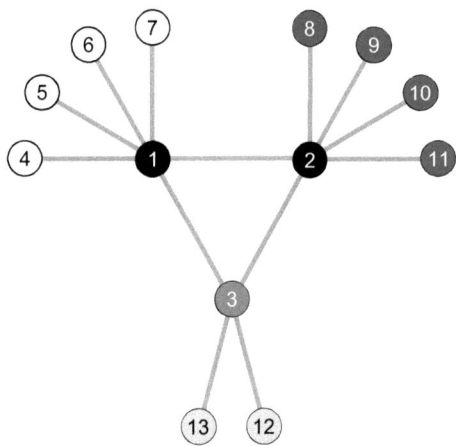

Abbildung 5.4: Eine Partitionierung der Knoten aufgrund einer automorphen Äquivalenz. Die Rollenzugehörigkeit ist repräsentiert durch die Schattierung der Knoten. Eine automorphe Äquivalenz muss nicht regulär sein.

Automorphismen beim Vergleich von Knoten berücksichtigt, ergibt sich eine Partitionierung nach den Bahnen oder Orbits des Graphen.

Definition 20. *Sei $G = (V, E, w)$ ein Graph, $\Gamma(G)$ seine Automorphismengruppe und $H \leq \Gamma(G)$ eine Untergruppe. Eine Bahn oder ein Orbit $\Omega_v(H)$ bezüglich H, eines Knotens $v \in V$, besteht aus der Menge an Knoten, welche sich durch einen Automorphismus aus H auf v abbilden lassen.*

$$\Omega_v(H) = \{\gamma(v) | \gamma \in H\}, v \in V.$$

Anhand der Definition einer Bahn kann die automorphe Äquivalenz nach [34] auf Bahnen ausgeweitet werden. In Anlehnung an den englischen Begriff „orbit partition" wird die entsprechende Partitionierung hier als Orbit-Partitionierung und die entsprechende Äquivalenz als Orbit-Äquivalenz bezeichnet.

Definition 21 ([34]). *Sei $G = (V, E, w)$ ein Graph mit der Automorphismengruppe $\Gamma(G)$ und einer Untergruppe $H \leq \Gamma(G)$. Eine Partitionierung bezüglich der Bahnen von H wird Orbit-Partitionierung und die entsprechende Äquivalenz Orbit-Äquivalenz genannt.*

Bezogen auf das Beispiel aus Abbildung 5.4, würden die Knoten $\{4, 5, 6, 7\}$ und $\{8, 9, 10, 11\}$ in eine Partition fallen, da diese durch den Automorphismus aufeinander abgebildet werden,

5.1. KNOTENÄQUIVALENZEN

welcher auch 1 und 2 aufeinander abbildet. Die gleichförmige Partitionierung in Abbildung 5.3 zeigt eine Orbit-Partitionierung.

Satz 11 ([34]). *Orbit-Partitionierungen sind gleichförmig.*

Beweis. Sei $G = (V, E, w)$ ein Graph mit der Automorphismengruppe $\Gamma(G)$ und einer Orbit-Partitionierung $\mathcal{P} = \{C_1, \cdots, C_l\}$. Gehören zwei Knoten $u, v \in C_i$ einer bestimmten Partition $C_i \in \mathcal{P}$ an, gibt es einen Automorphismus $\gamma \in \Gamma(G)$, so dass $\gamma(v) = u$ gilt. Da γ Knoten einer Partition $C_j \in \mathcal{P}$ nur auf Knoten aus C_j abbildet und der Knotengrad (ausgehend sowie eingehend) bei automorph äquivalenten Knoten gleich ist, müssen u und v die gleiche Anzahl an Nachbarn in C_j haben. □

Da Orbit-Äquivalenzen auf Automorphismengruppen basieren, sind diese auch automorphe Äquivalenzen. Weiter ist zu sehen, dass strukturell äquivalente Knoten auch automorph äquivalent sind. Automorphe Äquivalenzen sind demnach eine Generalisierung von strukturellen Äquivalenzen. Außerdem bildet die Menge der Orbit-Äquivalenzen eine echte Teilmenge aller exakter Äquivalenzen, was sie auch zu regulären Äquivalenzen macht [16].

Verband von Orbit-Äquivalenzen

Wie es verschiedene strukturelle Äquivalenzen für einen Graphen geben kann, können auch mehrere Orbit-Äquivalenzen existieren. Die feinste ist auch hier die Identität. Die Granularität der Partitionierung wird dabei durch die Automorphismen der Untergruppe $H \subseteq \Gamma(G)$ der entsprechenden Orbit-Äquivalenz festgelegt. Die Untergruppen selbst können durch Mengeninklusion partiell geordnet werden, so dass $H_1 \leq H_2$ genau dann, wenn $H_1 \subseteq H_2$, mit $H_1, H_2 \subseteq \Gamma(G)$, wodurch sich eine Halbordnung dieser ergibt. Die transitive Hülle sowie die Schnittmenge zweier Orbit-Äquivalenzen ist wiederum eine solche. Die Vereinigung zweier Orbit-Äquivalenzen $\sim_{H_1} \vee \sim_{H_2}$ ist die Äquivalenz basierend auf der Vereinigung der Untergruppen $\sim_{H_1 \cup H_2}$ der entsprechenden Bahnen, was wiederum eine Orbit-Äquivalenz ergibt, da $H_1 \cup H_2 \subseteq \Gamma(G)$. Der Durchschnitt $\sim_{H_1} \wedge \sim_{H_2}$ ist die Äquivalenz basierend auf der Schnittmenge der Abbildungen der Untergruppen der Bahnen $\sim_{H_1 \cap H_2}$, was ebenfalls eine Orbit-Äquivalenz erzeugt, da $H_1 \cap H_2 \subseteq \Gamma(G)$. Hier sei angemerkt, dass mit $H_1 \cap H_2$ nicht die Schnittmenge der Untergruppen der Automorphismen selbst gemeint ist, sondern die der Abbildungen der Automorphismen. Es existiert demnach eine maximale Orbit-Äquivalenz (MOE - maximal orbit equivalence), welche auf der vollen Automorphismengruppe $\Gamma(G)$ eines Graphen basiert.

KAPITEL 5. KNOTENÄHNLICHKEITEN

Die Berechnung von Orbit-Äquivalenzen hängt mit dem Problem zur Berechnung der Automorphismengruppen eines Graphen zusammen. Die Komplexität für diese Art von Problemen ist noch nicht geklärt. Bisher sind keine polynomial Zeit Algorithmen bekannt.

5.1.5 Nachteile von Knotenäquivalenzen

Die Vergleiche zweier Knoten aufgrund der beschriebenen Äquivalenzrelationen sind diskret. Knoten sind entweder äquivalent oder nicht. Diese strikte Betrachtung ist einerseits einfach interpretierbar, hat jedoch gegenüber kontinuierlichen, reellwertigen Ähnlichkeiten einige Nachteile [57].

Damit zwei Knoten bezüglich einer Äquivalenzrelation als äquivalent gelten, müssen alle entsprechenden Aspekte übereinstimmen. Zwei Knoten, die beispielsweise bis auf einen Knoten eine identische Nachbarschaft haben, werden anhand der MSE nicht als äquivalent betrachtet. In Netzwerken, die aus unregelmäßigen und verrauschten Daten bestehen, ist es je nach den zu vergleichenden Aspekten unwahrscheinlich, äquivalente Knoten zu finden. Eine Suche nach äquivalenten Knoten bezüglich eines Anfrageknotens wird, je nach Äquivalenzrelation, oft ergebnislos bleiben. Dies trifft besonders im Hinblick auf automorphe und Orbit-Äquivalenzen zu, da in solchen Netzwerken, bis auf die trivialen, nur sehr wenige Automorphismen existieren. Außerdem sind keine effizienten Algorithmen zur Bestimmung von Automorphismen bekannt.

Ein weiterer Nachteil ist die Zuordnung eines Knotens zu nur einer Rolle. Knoten können, durch eine Suche auf Basis von Äquivalenzen, nur gefunden werden, wenn der Anfrageknoten der selben Rolle zugeordnet wird. Es kann nur nach exakt gleichen Mustern im Netzwerk gesucht werden, was die Suche einschränkt. Außerdem kann es durchaus vorkommen, dass Knoten unterschiedliche Rollen spielen (z.B. Individuen in sozialen Netzwerken). Dies kann durch Äquivalenzrelationen nicht ausgedrückt werden. Des Weiteren kann einem Knoten durch eine Partitionierung aufgrund von Äquivalenzen keine Zugehörigkeit oder Wichtigkeit in Bezug auf eine Rolle zugeordnet werden. Knoten sind entweder gleich oder nicht und gehören somit zur selben Rolle oder nicht.

Durch eine Relaxierung der diskreten Äquivalenzen aufgrund von reellwertigen Ähnlichkeiten können diese Nachteile teilweise überwunden werden. Auf der Basis von Aktivierungsausbreitungsprozessen können zwei unterschiedliche Knotenähnlichkeiten bestimmt werden: die Aktivierungsähnlichkeit, eine Relaxierung der maximalen strukturellen Äquivalenz, und die Signaturähnlichkeit, eine Relaxierung der maximalen Orbit-Äquivalenz. Durch diese Ähnlichkeiten eröffnen sich weitere Möglichkeiten zur Durchsuchung von Netzwerken auf der Basis von Aktivierungsausbreitung. Des Weiteren stellt die Signaturähnlichkeit eine neue Art der

Relaxierung der maximalen Orbit-Äquivalenz dar. Die beschriebenen Äquivalenzen und deren Verbände sind dabei hilfreich, um die Ähnlichkeiten zu kategorisieren und deren Eigenschaften zu erkennen.

5.2 Aktivierungsähnlichkeit

Die *Aktivierungsähnlichkeit* ist eine Knotenähnlichkeit, welche über Aktivierungsausbreitungsprozesse bestimmt wird. Diese Ähnlichkeit basiert auf dem Vergleich der akkumulierten Aktivierungswerte. Knoten sind ähnlicher, wenn sie ähnliche finale Aktivierungsvektoren aufweisen.

Wie in Abschnitt 4.2.2 beschrieben wurde, entspricht der Grad der Aktivierung $\mathbf{a}_u^{(k)}(v)$ eines Knotens u zu einem Zeitpunkt k, bei normierter linearer unbeschränkter Aktivierungsausbreitung, dem Verhältnis der Summe der gewichteten Wege der Länge k von Knoten v nach u und aller gewichteter Wege der Länge k ausgehend von v. Der Aktivierungsgrad repräsentiert die relative k-Verbundenheit von v nach u. Durch eine Akkumulierung der Aktivierungsvektoren von verschiedenen Zeitpunkten k (siehe Abschnitt 4.3.1) werden Wege unterschiedlicher Länge in Betracht gezogen, was der gesamten Verbundenheit von v nach u entspricht. Durch die Wahl eines Dämpfungsfaktors α werden dabei spätere Iterationen stärker oder schwächer gewichtet und somit eine eher lokal oder global geprägte finale Aktivierung erzeugt.

Ein Vergleich der finalen akkumulierten Aktivierungsvektoren ermöglicht somit einen Vergleich der gesamten Verbundenheiten von den initial aktivierten Knoten zu allen anderen Knoten im Graphen über Wege unterschiedlicher Länge. Zwei Knoten $p \in V$ und $q \in V$ eines gerichteten Graphen $G = (V, E, w)$, die dieselbe ausgehende Nachbarschaft haben $N^+(p) = N^+(q)$, haben infolgedessen zu allen Knoten in G sowohl dieselbe absolute und relative k-Verbundenheit als auch die gleiche gesamte Verbundenheit. Zwei Aktivierungsausbreitungsprozesse ausgehend einmal von p und einmal von q werden zu allen Zeitpunkten $k > 0$ die gleichen Aktivierungsvektoren erzeugen, $\mathbf{a}^{(k)}(p) = \mathbf{a}^{(k)}(q)$.

Satz 12. *Sei $G = (V, E, w)$ ein gerichteter Graph und $p, q \in V$ wobei $N^+(p) = N^+(q)$, so gilt $\mathbf{a}^{(k)}(p) = \mathbf{a}^{(k)}(q)$ und damit auch $\mathrm{b}_{abs}^k(p,u) = \mathrm{b}_{abs}^k(q,u)$, $\mathrm{b}_{rel}^k(p,u) = \mathrm{b}_{rel}^k(q,u)$ und $\mathrm{b}^*(p,u) = \mathrm{b}^*(q,u)$, für alle $u \in V$ und $k > 0$.*

Beweis. Für zwei Knoten $p, q \in V$, eines gerichteten Graphen $G = (V, E, w)$ mit der Adjazenzmatrix A, welche dieselbe ausgehende Nachbarschaft haben, gilt $(A)_{p*} = (A)_{q*}$. Die erste Iteration eines linearen Aktivierungsausbreitungsprozesses, gestartet bei einem Knoten $u \in V$,

KAPITEL 5. KNOTENÄHNLICHKEITEN

ergibt sich durch $\mathbf{a}^{(1)}(u) = A^T \mathbf{a}^{(0)}$ mit $\mathbf{a}_i^{(0)} = \begin{cases} 1 & \text{falls } i = u \\ 0 & \text{sonst} \end{cases}$. Dies entspricht dem charakteristischen Vektor $(A)_{u*}$ des Knotens u, also der u-ten Zeile der Adjazenzmatrix. Da die charakteristischen Vektoren der Knoten p und q identisch sind, gilt $\mathbf{a}^{(1)}(p) = \mathbf{a}^{(1)}(q)$ und damit auch $\mathbf{a}^{(k)}(p) = \mathbf{a}^{(k)}(q)$. □

Ein Vergleich der finalen Aktivierungsvektoren gibt also Aufschluss über den Überlapp der direkten und indirekten Nachbarschaft zweier Knoten. Je größer der Überlapp ist, desto ähnlichere akkumulierte Aktivierungsvektoren werden aus Aktivierungsausbreitungsprozessen, gestartet bei den jeweiligen Knoten, resultieren. Die Aktivierungsähnlichkeit zwischen zwei Knoten lässt sich demnach wie folgt definieren.

Definition 22. *Sei $G = (V, E, w)$ ein Graph. Die Aktivierungsähnlichkeit $\sigma_{\text{act}}(u, v)$ zwischen zwei Knoten u, v ist definiert durch*

$$\sigma_{\text{act}}(u, v) = \cos(\mathbf{a}^*(u), \mathbf{a}^*(v)) = \frac{\sum\limits_{i=1}^{n} \mathbf{a}_i^*(u)\mathbf{a}_i^*(v)}{\|\mathbf{a}^*(u)\|_2 \|\mathbf{a}^*(v)\|_2}, \quad (5.1)$$

mit

$$\mathbf{a}^*(u) = \sum_{k=1}^{k_{max}} \alpha^k \mathbf{a}^{(k)}(u), \quad (5.2)$$

$1 \geq k \geq k_{max}$ *und* $\alpha \in [0, 1)$, *für alle* $u, v \in V$.

$\mathbf{a}^{(k)}(u)$ entspricht dem Aktivierungsvektor zum Zeitpunkt k eines normierten Aktivierungsausbreitungsprozesses gestartet bei Knoten u (siehe Gleichung 4.7). Für $k_{max} \to \infty$ entspricht $\mathbf{a}^*(u)$ der finalen akkumulierten normierten Aktivierung definiert in Gleichung 4.14. Dadurch, dass $\mathbf{a}^*(u)$ aus der Summe normierter Aktivierungsvektoren besteht kann die Berechnung des Vektors für $k_{max} \to \infty$ nicht in geschlossener Form angegeben werden. Des Weiteren müssen für die Berechnung der Signaturähnlichkeit (siehe Abschnitt 5.3) ohnehin die einzelnen Iterationen berechnet werden. Aus diesem Grund wird im Folgenden davon ausgegangen, dass die Aktivierungsausbreitungsprozesse nach einer ausreichenden Anzahl von Iterationen k_{max} abgebrochen werden. Dadurch, dass die normierten Aktivierungsausbreitungsprozesse als auch die Akkumulationen der normierten Aktivierungsvektoren konvergieren (siehe Gleichung 4.3.1), kann der maximale Fehler, der durch den Abbruch der Aktivierungsausbreitung nach k_{max} Iterationen entsteht, abgeschätzt werden, was in Abschnitt 5.2.2 beschrieben wird.

Knoten mit hohem (eingehenden) Knotengrad werden von anderen Knoten mit höherer Wahrscheinlichkeit besser erreicht. In Irrfahrten auf ungerichteten Graphen weisen diese eine

5.2. AKTIVIERUNGSÄHNLICHKEIT

höhere Wahrscheinlichkeit auf traversiert zu werden [67]. Die stationäre Verteilung hängt sogar ausschließlich vom Knotengrad ab (siehe Gleichung 4.25). In Aktivierungsausbreitungsprozessen werden diese Knoten mit höherer Wahrscheinlichkeit stärker aktiviert. Dementsprechend wirken sich die finalen Aktivierungen dieser Knoten stärker auf die Aktivierungsähnlichkeit aus. Um den Einfluss der (eingehenden) Knotengrade abzumildern, werden die finalen Aktivierungsvektoren anhand dieser, angelehnt an [67], normalisiert. Die normalisierte finale Aktivierung ergibt sich folgendermaßen:

$$\hat{\mathbf{a}}^*(u) = D^{-\frac{1}{2}}\mathbf{a}^*(u) = D^{-\frac{1}{2}}\left(\sum_{k=1}^{k_{max}} \alpha^k \mathbf{a}^{(k)}(u)\right), \quad (5.3)$$

mit D als Eingangsgradmatrix $(D)_{ii} = d^-(i)$, $(D)_{ij} = 0$ für $i \neq j$. Auf Grund von Gleichung 5.3 ist die (Knotengrad-)normalisierte Aktivierungsähnlichkeit wie folgt definiert.

Definition 23. *Sei $G = (V, E, w)$ ein Graph. Die normalisierte Aktivierungsähnlichkeit $\hat{\sigma}_{\text{act}}(u, v)$ zwischen zwei Knoten u, v ist definiert durch*

$$\hat{\sigma}_{\text{act}}(u, v) = \cos(\hat{\mathbf{a}}^*(u), \hat{\mathbf{a}}^*(v)) = \frac{\sum_{i=1}^{n} \mathbf{a}_i^*(u)\mathbf{a}_i^*(v)\frac{1}{d^-(i)}}{\|\hat{\mathbf{a}}^*(u)\|_2 \|\hat{\mathbf{a}}^*(v)\|_2}, \quad (5.4)$$

für alle $u, v \in V$.

Knoten sind ähnlich zueinander, wenn sie zu allen Knoten aus dem Graph ähnlich verbunden sind. Haben Knoten dieselbe ausgehende Nachbarschaft, so ist ihre (normalisierte) Aktivierungsähnlichkeit 1, da sich die selben finalen Aktivierungen zu allen Knoten aus dem Graphen ergeben (auch für den normalisierten Fall gilt $\hat{\mathbf{a}}^*(p) = \hat{\mathbf{a}}^*(q)$, wenn $N^+(p) = N^+(q)$).

Satz 13. *Sei $G = (V, E, w)$ ein gerichteter Graph und $p, q \in V$, mit $N^+(p) = N^+(q)$, so gilt $\sigma_{\text{act}}(p, q) = 1$ und $\hat{\sigma}_{\text{act}}(p, q) = 1$.*

Beweis. Der Beweis hierfür ist trivial. Da für p und q, $\mathbf{a}^*(p) = \mathbf{a}^*(q)$ bzw. $\hat{\mathbf{a}}^*(p) = \hat{\mathbf{a}}^*(q)$ gilt, folgt $\sigma_{\text{act}}(p, q) = 1$ bzw. $\hat{\sigma}_{\text{act}}(p, q) = 1$. □

Da die Aktivierungsähnlichkeit zweier Knoten von der Überschneidung der direkten und indirekten Nachbarschaft abhängt und diese 1 bei identischer Nachbarschaft ist, kann sie als Relaxierung einer strukturellen Äquivalenz verstanden werden (siehe Abschnitt 5.1.2). In ungerichteten Graphen gilt für alle $p, q \in V$ mit $N(p) = N(q)$, $\hat{\sigma}_{\text{act}}(p, q) = 1$ und $\sigma_{\text{act}}(p, q) = 1$, wie in Abbildung 5.5 zu sehen ist. In gerichteten Graphen reicht für zwei Knoten p, q, um gleich zu

KAPITEL 5. KNOTENÄHNLICHKEITEN

sein eine identische ausgehende Nachbarschaft. Wie schon in Abschnitt 5.1.2 beschrieben müssen zwei Knoten p, q mit identischer Nachbarschaft in schlichten Graphen eine Distanz von 2 haben. Gilt $N(p) = N(q)$ sowie $q \in N(p)$ und $p \in N(q)$ so müssen die Knoten p und q Schleifen haben. Die (normalisierte) Aktivierungsähnlichkeit ist somit eine Relaxierung der maximalen strukturellen Äquivalenz (MSE).

Die maximale Distanz äquivalenter Knoten bei strukturellen Äquivalenzen ist 2 (Kanten), da deren direkte Nachbarschaft identisch sein muss. Weit entfernte Knoten werden nicht als ähnlich bzw. gleich erkannt, auch wenn diese automorphe Abbildungen voneinander sind und anhand der Graphstruktur also nicht unterschieden werden können.

Abbildung 5.5 zeigt eine Partitionierung der Knoten eines Graphen basierend auf deren Aktivierungsähnlichkeiten (mit $k_{max} = 25$ und $\alpha = 0.3$). Knoten werden der selben Rolle

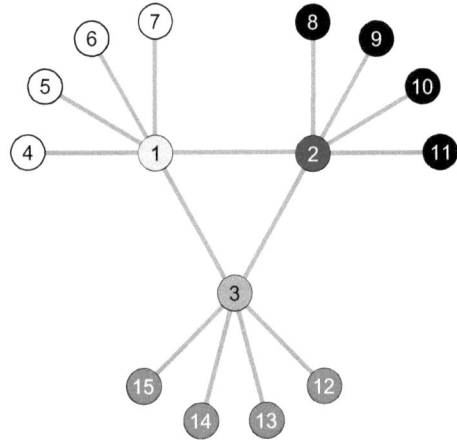

Abbildung 5.5: Eine Partitionierung der Knoten aufgrund der Aktivierungsähnlichkeiten repräsentiert durch die Schattierung der Knoten. Knoten mit einer Ähnlichkeit von 1 sind den selben Rollen zugeordnet. Die Ähnlichkeit der Schattierung reflektiert die Aktivierungsähnlichkeit der entsprechenden Knoten. Die Blätter sind in drei Partitionen unterteilt, weiß, grau und schwarz, da sie jeweils eine identische Nachbarschaft haben.

zugeordnet, wenn sie eine Ähnlichkeit von 1 aufweisen und sind entsprechend ihrer Rollen eingefärbt. Die Knoten $\{4, 5, 6, 7\}$, $\{8, 9, 10, 11\}$, $\{12, 13, 14, 15\}$ haben aufgrund ihrer jeweils identischen Nachbarschaft eine Ähnlichkeit von 1 und werden auf die selben Rollen abgebildet, was durch die weiße, schwarze und graue Schattierung repräsentiert wird. Je ähnlicher die Schattierung der Knoten, desto größer ist auch deren Aktivierungsähnlichkeit. Knoten 3 z.B.

ist ähnlicher zu $\{12, 13, 14, 15\}$ als zu 1 oder 2, da die (in)direkte Nachbarschaft von 3 mit der indirekten Nachbarschaft von z.B. $\{12, 13, 14, 15\}$ stärker überlappt als mit der von 1 oder 2. Genauer entsprechen die Knoten, die von $\{12, 13, 14, 15\}$ über Wege der Länge 2 erreicht werden können, den Knoten, die von 3 über Wege der Länge 1 erreicht werden. Die Aktivierung ausgehend von einem der Knoten aus $\{12, 13, 14, 15\}$ zu einem Zeitpunkt $k+1$ entspricht folglich der Aktivierung zum Zeitpunkt k ausgehend von 3.

5.2.1 Eigenschaften

Im Folgenden werden Eigenschaften der Aktivierungsähnlichkeit in Bezug auf Automorphismen und spektrale Merkmale der Adjazenzmatrix des unterliegenden Graphen erläutert.

Knoten, die durch einen Automorphismus aufeinander abbildbar sind, sind automorph äquivalent und anhand der Graphstruktur nicht unterscheidbar. Knotenähnlichkeiten basieren demnach nur dann auf der Graphstruktur, wenn sie invariant unter Automorphismen der Automorphismengruppen der Graphen sind.

Definition 24. *Eine Knotenähnlichkeit* $\sigma : V \times V \to \mathbb{R}$ *ist automorphismeninvariant für einen Graph* $G = (V, E, w)$, *wenn für jedes Knotenpaar* $u, v \in V$ *und jeden Automorphismus* $\gamma \in \Gamma(G)$ *der Automorphismengruppe* $\Gamma(G)$ *des Graphen,* $\sigma(u, v) = \sigma(\gamma(u), \gamma(v))$ *gilt.*

Dies bedeutet, dass die Ähnlichkeit aller Knotenpaare u und v gleich der Ähnlichkeit der Abbildungen der Knoten $\gamma(u)$ und $\gamma(v)$ durch einen Automorphismus γ sind. Die Anwendung von Automorphismen eines Graphen auf diesen, also die Permutation von Knoten ändert demnach nichts an den Ähnlichkeiten der Knoten. Die Reihenfolge der Knoten aufgrund der Sortierung bezüglich der Ähnlichkeit zu einem bestimmten Anfrageknoten ist demnach ebenfalls invariant unter den Automorphismen des Graphen.

Satz 14. *Die (normalisierte) Aktivierungsähnlichkeit* $\sigma_{\text{act}} : V \times V \to \mathbb{R}$ *ist automorphismeninvariant.*

Beweis. Sei $G = (V, E, w)$ ein Graph mit der Automorphismengruppe $\Gamma(G)$ und $u, v \in V$ zwei Knoten. Die Aktivierung des Knotens v in Iteration 0 wird durch den Aktivierungsvektor $\mathbf{a}^{(0)}(v)$ repräsentiert, welcher an der Stelle v den Wert 1 hat und überall sonst den Wert 0. Da ein Automorphismus $\gamma \in \Gamma(G)$ eine Permutation der Knoten von G ist, kann er durch eine Permutationsmatrix P realisiert werden (siehe Gleichung 2.1). Eine Permutation des Vektors $\mathbf{a}^{(0)}(v)$ durch P ergibt folglich den Aktivierungsvektor eines Aktivierungsausbreitungsprozesses,

KAPITEL 5. KNOTENÄHNLICHKEITEN

gestartet bei u, zum Zeitpunkt 0:

$$\mathbf{a}^{(0)}(u) = P\mathbf{a}^{(0)}(v). \tag{5.5}$$

Der Aktivierungsvektor eines nicht normierten linearen Aktivierungsausbreitungsprozesses, gestartet von u, zum Zeitpunkt k ist $\mathbf{a}^{(k)}(u) = A^k \mathbf{a}^{(0)}(u)$. Zusammen mit Gleichung 5.5 ergibt sich:

$$\mathbf{a}^{(k)}(u) = P\mathbf{a}^{(k)}(v). \tag{5.6}$$

Eingesetzt in Gleichung 5.3 mit ebenfalls permutierter Gradmatrix D folgt:

$$\hat{\mathbf{a}}^*(u) = PD^{-\frac{1}{2}} \left(\sum_{k=1}^{k_{max}} P\alpha^k \mathbf{a}^{(k)}(v) \right) = P \left(D^{-\frac{1}{2}} \sum_{k=1}^{k_{max}} \alpha^k \mathbf{a}^{(k)}(v) \right) = P\hat{\mathbf{a}}^*(v). \tag{5.7}$$

Da P eine Permutationsmatrix ist, werden bei einer Multiplikation p-Normen, Skalarprodukte und damit auch Winkel erhalten. Für jeden Vektor $\mathbf{x} \in \mathbb{R}^n$ gilt $\|P\mathbf{x}\|_p = \|\mathbf{x}\|_p$, $\langle P\mathbf{x}, P\mathbf{y} \rangle = \langle \mathbf{x}, \mathbf{y} \rangle$, mit $\mathbf{y} \in \mathbb{R}^n$ und damit auch $\cos(P\mathbf{x}, P\mathbf{y}) = \cos(\mathbf{x}, \mathbf{y})$ (siehe z.B. [85]). In Verbindung mit Gleichung 5.7 folgt daraus:

$$\sigma_{\text{act}}(u,v) = \cos(\hat{\mathbf{a}}^*(u), \hat{\mathbf{a}}^*(v)) = \cos(P\hat{\mathbf{a}}^*(u), P\hat{\mathbf{a}}^*(v)) = \sigma_{\text{act}}(\gamma(u), \gamma(v)).$$

Dies gilt auch für den nicht normalisierten Fall, da lediglich der Normalisierungsfaktor weggelassen wird. □

Da die Aktivierungsähnlichkeit automorphismeninvariant ist, basiert diese ausschließlich auf der Struktur des Graphen. Außerdem ist auch die Reihenfolge der Knoten basierend auf der Sortierung nach deren Ähnlichkeiten zu einem Anfrageknoten automorphismeninvariant. Eine Permutation der Knoten durch einen Automorphismus ändert folglich nichts an der Reihenfolge.

Durch das Aufzeigen der Beziehung zwischen (finalen) Aktivierungsvektoren und den spektralen Eigenschaften der Adjazenzmatrix des unterliegenden Graphen können Ähnlichkeiten zu bestehenden Ansätzen basierend auf Irrfahrten oder Spektralzerlegungen deutlich gemacht werden. Außerdem kann so ein weiterer Einblick in Bezug darauf, warum Knoten als ähnlich eingestuft werden, gewonnen werden.

Satz 15. *Sei $G = (V, E, w)$ ein ungerichteter Graph, A dessen Adjazenzmatrix und $\hat{\mathbf{a}}^*(u) \in \mathbb{R}^n$ der finale normalisierte Aktivierungsvektor des Knotens $u \in V$. Die Werte $\hat{a}_i^*(u)$, mit $1 \leq i \leq n$, des finalen Aktivierungsvektors stehen mit den spektralen Eigenschaften von A wie folgt in*

5.2. AKTIVIERUNGSÄHNLICHKEIT

Beziehung:

$$\hat{\mathbf{a}}^*(u) = \sum_{k=1}^{k_{max}} \alpha^k \frac{\sum_{i=1}^{n} \lambda_i^k \mathbf{v}_i (\mathbf{v}_i)_u (\sqrt{d(i)})^{-1}}{\left\| \sum_{i=1}^{n} \lambda_i^k \mathbf{v}_i (\mathbf{v}_i)_u \right\|_p}, \tag{5.8}$$

mit λ_i als der i-te Eigenwert, $\mathbf{v}_i$ als der zugehörige Eigenvektor und $(\mathbf{v}_i)_u$ als der Wert an der Stelle u des i-ten Eigenvektors.

Beweis. Die Eigenwertzerlegung der Adjazenzmatrix A eines ungerichteten Graphen $G = (V, E, w)$ ergibt:

$$A = \sum_{i=1}^{n} \lambda_i \mathbf{v}_i \mathbf{v}_i^T.$$

Analog dazu gilt für die Potenzen von A:

$$A^k = \sum_{i=1}^{n} \lambda_i^k \mathbf{v}_i \mathbf{v}_i^T.$$

Weiter gilt $A\mathbf{a}^{(0)}(u) = (A)_{*u}$, mit $u \in V$. Gleichung 4.7 kann somit umformuliert werden, so dass $\mathbf{a}^{(k)}(u) = \frac{(A^k)_{*u}}{\left\| (A^k)_{*u} \right\|_p}$, woraus

$$\mathbf{a}^{(k)}(u) = \frac{\sum_{i=1}^{n} \lambda_i^k \mathbf{v}_i (\mathbf{v}_i)_u}{\left\| \sum_{i=1}^{n} \lambda_i^k \mathbf{v}_i (\mathbf{v}_i)_u \right\|_p} \tag{5.9}$$

folgt und in Gleichung 5.3 eingesetzt werden kann. □

Der Zusammenhang des nicht normalisierten finalen Aktivierungsvektors eines Knotens u zeigt sich, indem der Normalisierungsfaktor $(\sqrt{d(i)})^{-1}$ weggelassen wird. Durch die spektrale Betrachtung ist erkennbar, dass sich die finalen Aktivierungsvektoren $\mathbf{a}^{(k)}(u)$ und $\mathbf{a}^{(k)}(v)$ zweier Knoten u und v nur durch die entsprechenden Werte $(\mathbf{v}_i)_u$, bzw. $(\mathbf{v}_i)_v$ der Eigenvektoren unterscheiden. Damit zwei Knoten aufgrund der (normalisierten) Aktivierungsähnlichkeit einen hohen Grad an Ähnlichkeit aufweisen, müssen ihre entsprechenden Werte in allen Eigenvektoren ähnlich sein. Für $|\lambda_1| > |\lambda_2| \geq \cdots |\lambda_n|$ werden die Werte der Eigenvektoren bezüglich der absolut größeren Eigenwerte stärker gewichtet als die der kleineren, was zusätzlich durch fortschreitende Iterationen k verstärkt wird. Für einen hohen Grad an Ähnlichkeit zweier Knoten reicht es demnach aus, wenn die entsprechenden Werte in diesen Eigenvektoren sehr ähnlich sind. Durch die normalisierte Aktivierungsähnlichkeit wird außerdem der Knotengrad berücksichtigt.

Hier zeigt sich die Verbindung der Aktivierungsähnlichkeit zu Methoden basierend auf Irrfahrten auf Graphen bzw. spektralen Ansätzen. Auf einige dieser verwandten Ähnlichkeiten wird in Abschnitt 5.2.4 eingegangen. In [80] wird angemerkt, dass sich die modulare Struktur eines Graphen in den ersten Eigenvektoren der Übergangsmatrix T (siehe Abschnitt 4.4) ausdrückt. Wenn sich zwei Knoten im selben dichten Teilgraph bzw. in der selben Knotengemeinschaft befinden, dann sind die entsprechenden Werte in diesen Eigenvektoren ähnlich. Spektrale Methoden bauen ebenfalls auf diesem Zusammenhang auf. Dabei werden die charakteristischen Vektoren der Knoten in der Regel auf die ersten Eigenvektoren der Laplace-Matrix $L = D - A$ projiziert. Knoten mit ähnlichen Werten in diesen Vektoren werden demnach als ähnlich eingestuft. In [57] wird gezeigt, dass Knoten mit einem hohen Grad an Ähnlichkeit, basierend auf herkömmlichen spektralen Ansätzen, einen großen Überlapp an direkter und indirekter Nachbarschaft haben müssen. Ein Überblick an spektralen Cluster-Methoden ist z.B. in [62] zu finden.

Die finalen Aktivierungsvektoren können basierend auf der Eigenwertzerlegung von A bestimmt werden, ohne dass explizit die Aktivierungsausbreitungsprozesse berechnet werden müssen. Eine Eigenwertzerlegung lässt sich unter bestimmten Bedingungen schneller berechnen z.B. wenn die Konvergenzrate, also das Verhältnis der ersten beiden Eigenwerte, fast 1 ist, $\frac{|\lambda_2|}{|\lambda_1|} \approx 1$ und somit sehr viele Iterationen nötig sind bis die Prozesse konvergieren.

5.2.2 Iterationen

Zur Bestimmung der finalen akkumulierten normalisierten Aktivierungsvektoren und damit der Aktivierungsähnlichkeit ist die Berechnung von ausreichend vielen Iterationen nötig. Die Aktivierungsausbreitungsprozesse werden nach einer bestimmten Anzahl k_{max} an Iterationen abgebrochen. Nur die bis zum Zeitpunkt k_{max} berechneten Iterationen fließen in die Bestimmung des finalen akkumulierten Aktivierungsvektors mit ein, weitere potenzielle Iterationen werden nicht berechnet und fließen daher auch nicht in dessen Bestimmung ein. Dies hat sowohl auf die finalen Aktivierungsvektoren als auch auf die Ähnlichkeit zwischen diesen Einfluss. Je mehr Iterationen berechnet werden, desto mehr Information fließt in die Berechnung des finalen Aktivierungsvektors mit ein, aber desto länger dauert der Prozess und umgekehrt. Wie viel Information bei einer bestimmten Anzahl zu berechnender Iterationen k_{max} maximal verloren gehen kann wird im Folgenden abgeschätzt.

Je nach Dämpfungsfaktor α ist der Einfluss der Iterationen dabei unterschiedlich stark. Sei $\mathbf{a}^\infty$ ein finaler Aktivierungsvektor, zusammengesetzt aus unendlich vielen Aktivierungsvektoren,

5.2. AKTIVIERUNGSÄHNLICHKEIT

und $\mathbf{a}^*$ der finale Aktivierungsvektor bestehend aus den ersten k_{max} Aktivierungsvektoren

$$\mathbf{a}^\infty = \underbrace{\sum_{k=1}^{k_{max}} \alpha^k \mathbf{a}^{(k)}}_{\mathbf{a}^*} + \underbrace{\sum_{l=k_{max}+1}^{\infty} \alpha^l \mathbf{a}^{(l)}}_{\mathbf{r}}.$$

Aus den übrigen Aktivierungsvektoren lässt sich somit ein Restvektor $\mathbf{r}$ bestimmen. Da $\left\|\mathbf{a}^{(l)}\right\|_p = 1$ und $\alpha \in (0,1)$, gilt für diesen:

$$\mathbf{r} \in [-\alpha^l(1-\alpha)^{-1}, \alpha^l(1-\alpha)^{-1}]^n,$$

da dessen Werte durch die geometrischen Reihen

$$\mathbf{r}_i \leq \sum_{l=k_{max}+1}^{\infty} \alpha^l = \alpha^l(1-\alpha)^{-1}$$

und

$$\mathbf{r}_i \geq -\sum_{l=k_{max}+1}^{\infty} \alpha^l = -\alpha^l(1-\alpha)^{-1}$$

begrenzt sind, $\forall i \in V$. Analog gilt für die p-Normen des Restvektors:

$$\|\mathbf{r}\|_p = \left\|\sum_{l=k_{max}+1}^{\infty} \alpha^l \mathbf{a}^{(l)}\right\|_p \leq \sum_{l=k_{max}+1}^{\infty} |\alpha^l| = \alpha^l(1-\alpha)^{-1}. \tag{5.10}$$

Die Länge des Restvektors kann als maximaler Fehler durch frühzeitiges Abbrechen der Aktivierungsausbreitung interpretiert werden. Da in Gleichung 5.10 die maximale Länge des Restvektors durch Anwendung der Dreiecksungleichung und Nichtberücksichtigung der Konvergenz der Aktivierungsvektoren bestimmt wird, wird der maximale Fehler allerdings zu hoch eingeschätzt und hängt lediglich vom Dämpfungsfaktor α ab. Auch wenn die Abschätzung zu hoch ist liefert sie dennoch eine Vorstellung davon, wie viele Iterationen bei einem bestimmten α sinnvoll sind und wann die Aktivierungsausbreitung abgebrochen werden kann, ohne zu viel Information zu verlieren.

5.2.3 Aufwand

Zur Berechnung des normalisierten finalen Aktivierungsvektors $\hat{\mathbf{a}}^*(u)$ eines Knotens $u \in V$, ohne Verwendung der in Abschnitt 4.3.1 beschriebenen geschlossenen Form sind eine Reihe (k_{max}) von Matrix-Vektormultiplikationen, Vektornormierungen, -skalierungen und -additionen notwendig.

Der Aufwand für dessen Berechnung wird vom Aufwand der Matrix-Vektormultiplikation dominiert, welcher nach der O-Notation in $\mathcal{O}(n^2)$ liegt. Für dünn besetzte Matrizen können diese Berechnungen durch Verwendung bestimmter Datenstrukturen und Algorithmen beschleunigt werden, siehe dazu z.B. [75]. Da die Aktivierungsvektoren eine Dimensionalität von n haben liegt der Aufwand der Berechnung der Ähnlichkeit zweier Aktivierungsvektoren in $\mathcal{O}(n)$. Die Bestimmung eines normalisierten finalen Aktivierungsvektors und die Berechnung der Ähnlichkeiten zu den Aktivierungsvektoren aller anderer Knoten liegt demnach ebenfalls in $\mathcal{O}(n^2)$. Die Bestimmung der normalisierten finalen Aktivierungsvektoren aller Knoten eines Graphen und die Berechnung aller paarweisen Ähnlichkeiten liegt folglich in $\mathcal{O}(n^3)$.

5.2.4 Verwandte Ähnlichkeiten

Die Überschneidung der Nachbarschaft wird auch in anderen Maßen zur Bestimmung der Ähnlichkeit zwischen Knoten verwendet, wie z.b. dem Jaccardindex [47]

$$\sigma_{\text{jaccard}}(u, v) = \frac{|N(u) \cap N(v)|}{|N(u) \cup N(v)|},$$

oder dem Kosinusmaß

$$\sigma_{\cos}(u, v) = \frac{|N(u) \cap N(v)|}{\sqrt{|N(u)| \, |N(v)|}}.$$

Allerdings wird bei diesen Maßen nur die direkte Nachbarschaft verglichen. Die indirekte Nachbarschaft wird nicht in Betracht gezogen. Teilen zwei Knoten u und v keine direkten Nachbarn, ist deren Kosinusmaß bzw. Jaccardindex 0, egal wie stark oder schwach diese indirekt miteinander verbunden sind. Durch die Aktivierungsähnlichkeit wird dieser Nachteil überwunden.

Der Unterschied der Sortierung der Knoten bezüglich einer Anfrage aufgrund der Aktivierungsähnlichkeit der akkumulierten Aktivierung und der Kosinusähnlichkeit ist in Abbildung 5.6 zu sehen. Zur Berechnung der Aktivierungsähnlichkeit wurde von jedem Knoten ein Aktivierungsausbreitungsprozess mit je 25 Iterationen gestartet und ein Dämpfungsfaktor von $\alpha = 0.3$ verwendet. Abbildung 5.6a zeigt die normalisierten Aktivierungsähnlichkeiten zu Knoten 1, dem Anfrageknoten. Je dunkler die Einfärbung der Knoten, desto ähnlicher sind diese zu 1. In Abbildung 4.1b sind die Knoten abhängig von den Aktivierungsgraden selbst eingefärbt. Je stärker die akkumulierte Aktivierung, desto dunkler die Schattierung. In Abbildung 5.6c sind die Knoten bezüglich der Kosinusähnlichkeit eingefärbt.

Die Sortierung der Knoten nach der entsprechenden Ähnlichkeit bzw. dem Aktivierungsgrad bezüglich des Anfrageknotens 1 liefert folgendes Ergebnis:

5.2. AKTIVIERUNGSÄHNLICHKEIT

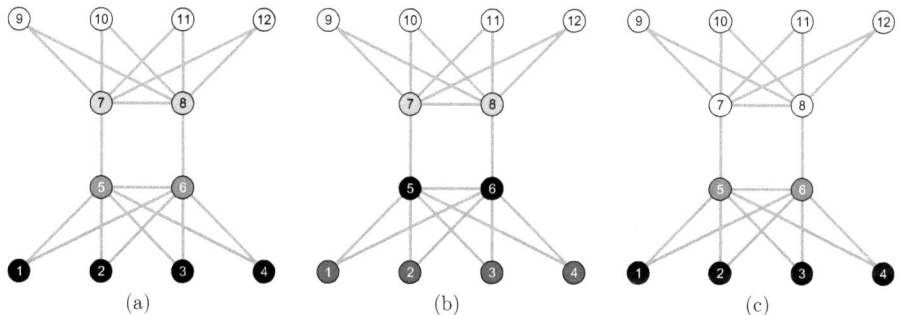

(a)　　　　　　　　　(b)　　　　　　　　　(c)

Abbildung 5.6: Der Unterschied zwischen der Aktivierungsähnlichkeit, dem finalen Aktivierungsgrad und der Kosinusähnlichkeit. Die Knoten sind in 5.6a nach ihrer normalisierten Aktivierungsähnlichkeit zu Knoten 1, in 5.6b nach dem finalen Grad der Aktivierung mit 1 als Anfrageknoten und in 5.6c nach der Kosinusähnlichkeit zu 1 eingefärbt. Je dunkler, desto größer die Ähnlichkeit bzw. höher der Aktivierungsgrad.

1. $\{1,2,3,4\}, \{5,6\}, \{7,8\}, \{9,10,11,12\}$

2. $\{5,6\}, \{1,2,3,4\}, \{7,8\}, \{9,10,11,12\}$

3. $\{1,2,3,4\}, \{5,6\}, \{7,8,9,10,11,12\}$

Zum einen ist deutlich zu erkennen, dass durch die Kosinusähnlichkeit die Knoten $\{7,8\}$ und $\{9,10,11,12\}$ in Bezug auf die Anfrage (Knoten 1) nicht mehr unterschieden werden können. Sie haben alle eine Ähnlichkeit 0, da sie mit 1 keine direkten Nachbarn teilen. Die Aktivierungsähnlichkeit unterscheidet durch die Berücksichtigung der indirekten Nachbarschaften zwischen diesen Knoten. Die Knoten $\{1,2,3,4\}$ haben eine identische Nachbarschaft und werden deswegen sowohl durch die Kosinusähnlichkeit als auch durch die Aktivierungsähnlichkeit und die Aktivierung selbst nicht unterschieden. Eine Sortierung nach der Aktivierungsähnlichkeit fördert also Knoten, die zu den restlichen Knoten gleich stark verbunden sind wie der Anfrageknoten. Der Grad der finalen Aktivierung dagegen fördert die Knoten, die zum Anfrageknoten stark verbunden sind.

In [67] wird eine Knotendistanz (bzw. Knotenähnlichkeit) basierend auf Irrfahrten beschrieben, wobei ebenfalls Wege der Länge $k > 2$ berücksichtigt werden. Dabei sind zwei Knoten ähnlich, wenn die Wahrscheinlichkeiten, durch eine Irrfahrt der Länge k zu anderen Knoten zu gelangen, ähnlich sind. Die Annahme ist, dass die Wahrscheinlichkeit, im Zuge einer Irrfahrt der Länge k gestartet bei einem Knoten v, höher ist zu Knoten zu gelangen, die in der selben

KAPITEL 5. KNOTENÄHNLICHKEITEN

Knotengemeinschaft bzw. im selben dichten Teilgraphen liegen, als zu Knoten, bei denen dies nicht der Fall ist. Knoten, von welchen andere Knoten ähnlich gut bzw. schlecht erreicht werden können, sind demnach ähnlich. Ein Nachteil dieser Knotendistanz ist, dass nur Wege der Länge k berücksichtigt werden und k im Vorfeld festgelegt werden muss. Es sollte nicht zu groß gewählt werden, um das Erreichen der stationären Verteilung zu vermeiden, welche lediglich vom Knotengrad abhängt (siehe Abschnitt 4.4.2). Es sollte auch nicht zu klein gewählt werden, um zu vermeiden, dass ausschließlich die nahe Nachbarschaft der Knoten mit in die Ähnlichkeit einfließt und somit, ähnlich wie beim Jaccardindex oder dem Kosinusmaß, ein sehr lokaler Vergleich der Knoten entsteht. Eine generalisierte Variante der Distanzberechnung erlaubt jedoch auch die Berücksichtigung von Wegen unterschiedlicher Längen.

Zwei weitere Distanzen bzw. Ähnlichkeiten basierend auf Irrfahrten sind in [41, 88] beschrieben. Die grundlegende Annahme, dass die Wahrscheinlichkeit höher ist, bei einer Irrfahrt gestartet von einem Knoten u bei einem Knoten v zu enden, wenn sich v in der gleichen Knotengemeinschaft befindet, als wenn dies nicht der Fall ist, ist in beiden Ansätzen ähnlich zu der aus [67]. Die maximale Länge k_{max} der zu berücksichtigenden Wege muss in [41] vorher festgelegt werden, wobei sie sehr klein gewählt wird z.B. $k_{max} = 3$. In [88] basiert die Distanz eines Knotens u zu einem anderen Knoten v auf der durchschnittlichen Anzahl an Iterationen, einer Irrfahrt gestartet bei u, bis zum ersten Besuch von v bzw. bis zum Besuch von v und zur anschließenden Rückkehr zu u (ECT - Euclidean Commute Time distance). In [31] werden verschiedene Cluster- und Partitionierungsverfahren für Graphen vorgestellt, die auf Flusssimulationsprozessen basieren. Diese Verfahren werden Markoff-Cluster-Prozesse (MCL) genannt und sind den Partitionierungsmethoden basierend auf Irrfahrten sehr ähnlich. Der Unterschied zwischen Aktivierungsausbreitung und Irrfahrten auf Graphen ist in Abschnitt 4.4.1 erläutert.

In [90] wird eine Knotenähnlichkeit, ebenfalls basierend auf Irrfahrten vorgestellt, welche neben der Struktur des Netzwerks, zusätzlich den Knoten zugeordnete Attribute berücksichtigt. Das Ziel ist, das Netzwerk in k Partitionen oder Cluster zu unterteilen, wobei die Knoten in jedem Cluster zum einen stark verbunden sind und zum anderen homogene Attributausprägungen haben. Die Attributausprägungen werden dabei als Attributknoten in den ursprünglichen Graphen eingebracht und zu den Knoten, die diese Ausprägungen haben, durch speziell gewichtete Attributkanten verbunden. Der resultierende Graph wird Attribut erweiterter Graph (engl. attribute augmented graph) genannt. Die Ähnlichkeit zwischen Knoten, die schließlich auf dem erweiterten Graph bestimmt wird, basiert wiederum auf Irrfahrten auf diesem. Dazu werden verschiedene Potenzen (1 bis k_{max}) der Übergangsmatrix (siehe Abschnitt 4.4) unter Verwendung einer Wiederanfangswahrscheinlichkeit, die als Dämpfungsfaktor interpretiert

5.2. AKTIVIERUNGSÄHNLICHKEIT

werden kann addiert. Das Verfahren gleicht dem der Akkumulierung von Aktivierungen unter Verwendung eines Dämpfungsfaktors, bei welchem allerdings anstatt der Übergangsmatrix die Adjazenzmatrix des Graphen verwendet wird. Es werden also die Wahrscheinlichkeiten aller Wege unterschiedlicher Länge (1 bis k_{max}), von einem Knoten zum anderen in Betracht gezogen, um die entsprechende Knotenähnlichkeit zu bestimmen. Die maximale Länge k_{max} der Wege muss vorher festgelegt werden. Wie diese basierend auf der Struktur des Graphen sinnvoll abgeschätzt werden kann wird in [90] nicht erwähnt. Da die akkumulierten Wahrscheinlichkeiten, auf Basis der Übergangsmatrix, selbst als Ähnlichkeiten verwendet werden, sind diese nicht notwendigerweise symmetrisch, was ein Nachteil gegenüber der Aktivierungsähnlichkeit ist. Eine Übergangsmatrix eines Graphen ist nur symmetrisch wenn dieser regulär ist [61].

Eine weitere Knotenähnlichkeit aufbauend auf der Struktur des Graphen ist SimRank [48]. Diese Ähnlichkeit basiert nicht auf der Übergangsmatrix des Graphen, wie die Knotenähnlichkeiten, welche durch Irrfahrten bestimmt werden, sondern auf der Adjazenzmatrix, wie auch die Aktivierungsähnlichkeit. Die Grundidee von SimRank ist: „Knoten sind ähnlich, wenn sie zu ähnlichen Knoten verbunden sind", wodurch sich die rekursive Natur der Methode offenbart. Zur Berechnung von SimRank, also der Ähnlichkeit aller Knotenpaare, wird aus dem ursprünglichen Graphen ein Knotenpaargraph erstellt. Für jedes Knotenpaar des original Graphen wird ein Knotenpaarknoten im Knotenpaargraph erstellt. Zwischen zwei Knotenpaarknoten wird eine Kante eingeführt, wenn zwischen deren ersten beiden Knoten und zweiten beiden Knoten im original Graph eine Kante existiert. Für jeden Knoten im Knotenpaargraph wird nun ein Wert (engl. score) berechnet, der die Ähnlichkeit zwischen den entsprechenden Knoten des original Graphen repräsentiert. Die Berechnung dieser Werte bzw. Ähnlichkeiten ist ein iterativer Prozess. Dabei werden in jeder Iteration die Werte von Knotenpaarknoten zu adjazenten Knotenpaarknoten im Knotenpaargraph propagiert, bis der Prozess konvergiert. Dies kann auch als Aktivierungsausbreitung interpretiert werden, wobei die Werte dann die Aktivierung repräsentieren. Da in jeder Iteration die Werte von Knotenpaar zu Knotenpaar propagiert werden, im Gegensatz zur Aktivierungsausbreitung in welcher die Aktivierung von Knoten zu Knoten verbreitet wird, fließen nur Wege gerader Länge in die Berechnung der Werte mit ein. Der Wert eines Knotenpaarknotens repräsentiert die Ähnlichkeit der entsprechenden Knoten, in welche dadurch ebenfalls nur Wege gerader Länge mit einfließen. Dies ist ein Nachteil im Vergleich zur Aktivierungsähnlichkeit, in welche Wege gerader und ungerader Länge mit einfließen. Eine schnellere Berechnung der SimRank Werte zwischen Knoten, im Vergleich zur iterativen Methode aus [48], ist in [58] beschrieben. Die SimRank Gleichung wird dabei unter Anwendung des Kronecker Produktes und spaltenweiser Vektorisierung der Ähnlichkeitsmatrizen in eine geschlossene Form gebracht. Es werden eine Reihe von schnelleren Algorithmen zur Approxi-

KAPITEL 5. KNOTENÄHNLICHKEITEN

mation von SimRank Werten vorgestellt, welche sowohl auf statischen als auch auf dynamischen Netzwerken eingesetzt werden können.

Die Knotenähnlichkeit, beschrieben in [56], ist der akkumulierten Aktivierung sehr ähnlich. Dabei werden, wie auch bei der Aktivierungsausbreitung, Wege unterschiedlicher Länge berücksichtigt. Durch Potenziterationen der Adjazenzmatrix werden die k-Verbundenheiten aller Knoten berechnet bis $k \rightarrow \infty$ und unter Verwendung eines Dämpfungsfaktors akkumuliert, was der gesamten Verbundenheit aller Knotenpaare entspricht. Des Weiteren wird die gesamte Verbundenheit unter anderem anhand des Knotengrades der Knoten normalisiert. Die normalisierte Verbundenheit zweier Knoten repräsentiert deren Ähnlichkeit. Übertragen auf Aktivierungsausbreitungsprozesse ist die Ähnlichkeit zwischen zwei Knoten demnach die akkumulierte und normalisierte Aktivierung eines Knotens, erzeugt durch einen Aktivierungsausbreitungsprozess, gestartet bei dem anderen Knoten. Der Unterschied zur Aktivierungsähnlichkeit ist, dass bei dieser die Knotenähnlichkeit durch die Ähnlichkeit der entsprechenden akkumulierten und normalisierten Aktivierungsmuster bestimmt wird. Ein Nachteil dieses Verfahrens ist, dass in gerichteten Graphen die Verbundenheit asymmetrisch sein kann. Somit kann dieses Ähnlichkeitsmaß, wie auch in [56] beschrieben, nur für ungerichtete Graphen sinnvoll eingesetzt werden. Diese Art von Ähnlichkeiten, die auf der Verbundenheit zwischen Knoten über Wege unterschiedlicher Länge basieren, werden in [57] *closeness similarities*, also dichte basierte Ähnlichkeiten, genannt. Wie auch bei strukturellen Äquivalenzen müssen Knoten, um ähnlich zu sein, nah zusammenliegen.

5.3 Signaturähnlichkeit

Die *Signaturähnlichkeit* ist eine Knotenähnlichkeit, die ebenfalls aufgrund von Aktivierungsausbreitungsprozessen bestimmt werden kann. Im Gegensatz zur Aktivierungsähnlichkeit werden dabei jedoch nicht die finalen Aktivierungsvektoren verglichen, sondern die Veränderung der Aktivierungen von jeder Iteration zur nächsten, wodurch *Signaturvektoren* bestimmt werden können. Ein solcher Vektor stellt eine Repräsentation des Knotens dar, von dem der Aktivierungsprozess gestartet wurde. Die Signaturähnlichkeit berechnet sich aus dem Vergleich der Signaturvektoren. Somit werden Knoten nicht mehr anhand ihrer Position bzw. Nachbarschaft im Graphen verglichen, sondern anhand der Struktur und Dichte ihrer Nachbarschaft. Ist diese gleich, wie bei automorph äquivalenten Knoten, so ist deren Signaturähnlichkeit maximal (siehe Satz 17), auch wenn deren direkte Nachbarschaft disjunkt ist. Demnach lassen sich Graphen bezüglich bestimmter Anfrageknoten anhand der Signaturähnlichkeit nach strukturell ähnlichen

5.3. SIGNATURÄHNLICHKEIT

Knoten durchsuchen, die in anderen Bereichen des Graphen lokalisiert sind. Die Signaturähnlichkeit ist folglich keine räumliche Ähnliche, basierend auf der Position eines Knotens im Graphen, sondern eine strukturelle, basierend auf der Struktur und Dichte der direkten und indirekten Nachbarschaft von Knoten.

Nach der Aktivierungsähnlichkeit sind Knoten dann ähnlich, wenn sie eine ähnliche gesamte Verbundenheit zu den anderen Knoten aufweisen, was mit einem starken Überlapp der direkten und indirekten Nachbarschaft sowie einem kurzen Abstand einhergeht. Knoten, die weiter voneinander entfernt liegen, jedoch automorph äquivalent sind, wie z.B. die Knoten $\{4,5,6,7\}$ und $\{8,9,10,11\}$ in Abbildung 5.5 werden auf Basis der Aktivierungsähnlichkeit nicht als ähnlich eingestuft. Ein Weg, diese Knoten als ähnlich bzw. gleich zu identifizieren ist, nicht die (finale) Aktivierung an sich zu vergleichen, sondern die Änderung der Aktivierung von einer Iteration auf die nächste. Für zwei automorph äquivalente Knoten $p, q \in V$ mit $\gamma(p) = q$ eines Graphen $G = (V, E, w)$ mit der Automorphismengruppe $\Gamma(G)$ gilt $(p, q) \in E \Leftrightarrow (\gamma(p), \gamma(q)) \in E$, wobei $\gamma \in \Gamma(G)$. Die Aktivierung von Aktivierungsausbreitungen, gestartet einmal bei p und einmal bei q, wird folglich in jeder Iteration über gleich viele Kanten propagiert und aktiviert somit gleich viele Knoten zu gleichen Aktivierungsgraden. Aus diesem Grund werden sich die Änderungen der Aktivierungen pro Iteration gleich verhalten.

Das Konvergenzverhalten der linearen unbeschränkten Aktivierungsausbreitung (siehe Satz 1) führt zu anfrageunabhängigen Ergebnissen. Von jeder Iteration auf die nächste ändert sich das Aktivierungsmuster, bis es nach ausreichend vielen Iterationen gleich wird, egal von welchen Knoten der Prozess gestartet wurde. Dabei ändert ein (normierter) Aktivierungsvektor $\mathbf{a}^{(k)}$ in jeder Iteration (nur) seine Richtung in die des dominanten Eigenvektors der Adjazenzmatrix des unterliegenden Graphen (siehe Abschnitt 4.2.2). Die Änderung des Aktivierungsvektors kann ebenfalls durch einen Vektor repräsentiert werden, der *Geschwindigkeitsvektor (velocity vector)* genannt wird und die Richtung sowie den Grad der Änderung angibt. Die Geschwindigkeitsvektoren eines Aktivierungsausbreitungsprozesses sind abhängig von der initialen Anfrage und sind folgendermaßen definiert.

Definition 25 ([82]). *Sei $G = (V, E, w)$ ein Graph und A seine Adjazenzmatrix. Der Geschwindigkeitsvektor $\delta^{(k)} \in \mathbb{R}^n$ der k-ten Iteration eines normierten linearen unbeschränkten Aktivierungsausbreitungsprozesses auf G ist definiert als*

$$\delta^{(k)} = \begin{cases} \mathbf{0} & \text{falls } k = 0, \\ \mathbf{a}^{(k)} - \mathbf{a}^{(k-1)} & \text{sonst} \end{cases} \quad (5.11)$$

KAPITEL 5. KNOTENÄHNLICHKEITEN

mit
$$\mathbf{a}^{(k)} = \frac{A^k \mathbf{a}^{(0)}}{\|A^k \mathbf{a}^{(0)}\|_p},$$
und **0** *als Nullvektor.*

Analog zur Bezeichnung des Aktivierungsvektors $\mathbf{a}^{(k)}(u)$ zu einem Zeitpunkt k mit einem Knoten $u \in V$ als Anfrageknoten, repräsentiert $\delta^{(k)}(u)$ den entsprechenden Geschwindigkeitsvektor. Der Wert $\delta_v^{(k)}(u)$ entspricht der Änderung der Aktivierung des Knotens $v \in V$ von Zeitpunkt $k-1$ zu k, also dem Unterschied der relativen $k-1$-Verbundenheit und k-Verbundenheit von u nach v. Eine p-Norm des Geschwindigkeitsvektors repräsentiert den Grad der Veränderung. Ändern sich die Verbundenheiten bei vielen Knoten stark, so wird die entsprechende Norm größer ausfallen und vice versa. Da der Aktivierungsausbreitungsprozess gegen den dominanten Eigenvektor $\mathbf{v}_1$ der Adjazenzmatrix des Graphen konvergiert, kann eine p-Norm des Geschwindigkeitsvektors als die Schrittweite eines Schrittes in Richtung $\mathbf{v}_1$ interpretiert werden. Aufgrund der Konvergenz des Verfahrens werden die Werte eines Geschwindigkeitsvektors $\delta^{(k)}$ bei normierter Aktivierungsausbreitung mit wachsendem k kleiner und dadurch auch seine p-Normen. Daraus lässt sich folgender Satz ableiten:

Satz 16. *Sei $G = (V, E, w)$ ein stark zusammenhängender und nicht bipartiter Graph mit $n = |V|$, A dessen Adjazenzmatrix mit dominantem Eigenvektor $\mathbf{v}_1$ und einer Anfrage $\mathbf{a}^{(0)}$, wobei $\langle \mathbf{v}_1, \mathbf{a}^{(0)} \rangle > 0$, so gilt für p-Normen der Geschwindigkeitsvektoren:*

$$\lim_{k \to \infty} \left\| \delta^{(k)} \right\|_p = 0. \tag{5.12}$$

Beweis. Ein normierter linearer unbeschränkter Aktivierungsausbreitungsprozess auf einem stark zusammenhängenden und nicht bipartiten Graph $G = (V, E, w)$ konvergiert, so dass $\lim_{k \to \infty} \mathbf{a}^{(k)} = \frac{\mathbf{v}_1}{\|\mathbf{v}_1\|_p}$ gilt. Dies impliziert $\lim_{k \to \infty} \left\| \mathbf{a}^{(k)} - \mathbf{a}^{(k+1)} \right\|_p = 0$ und damit $\lim_{k \to \infty} \left\| \delta^{(k+1)} \right\|_p = 0$, was den Beweis abschließt. □

Nach genügend Iterationen verschwindet also die Schrittweite eines Aktivierungsausbreitungsprozesses. Wird dieser nach genügend Iterationen k_{max} abgebrochen, kann aus den einzelnen Schrittweiten jeder Iteration bis k_{max} ein Vektor erzeugt werden, der die *Signatur* des Knotens, von dem der Prozess gestartet wurde, repräsentiert. Dementsprechend heißt der Vektor *Signaturvektor* und ist folgendermaßen definiert:

Definition 26 ([82]). *Sei $G = (V, E, w)$ ein Graph und A seine Adjazenzmatrix. Der Signa-*

5.3. SIGNATURÄHNLICHKEIT

turvektor $\tau(u) \in \mathbb{R}^{k_{max}}$ eines Knotens $u \in V$ an der Stelle k ist definiert als

$$\tau_k(u) = \left\| \delta^{(k)}(u) \right\|_2. \tag{5.13}$$

mit $k_{max} > 0$ als maximale Anzahl an Iterationen im entsprechenden Aktivierungsausbreitungsprozess.

Die Konvergenz der Aktivierungsausbreitung (siehe Abschnitt 4.2) ist ein wichtiges Kriterium zur Erzeugung der Signaturvektoren. Nur dadurch ist gewährleistet, dass die Schrittweiten und damit die Werte der erzeugten Signaturvektoren mit steigendem k gegen 0 gehen, weswegen die Aktivierungsausbreitungsprozesse nach genügend Iterationen k_{max} abgebrochen werden können. Die Dimensionalität der Signaturvektoren kann somit begrenzt werden. Würden die Aktivierungsausbreitungsprozesse nicht konvergieren, würden die Schrittweiten der einzelnen Iterationen nicht verschwinden, weswegen die Prozesse nicht nach einer ausreichenden Anzahl an Iterationen gestoppt werden könnten. Die dadurch entstehenden Signaturvektoren wären demnach von unendlicher Dimensionalität. Die Abschätzung einer ausreichende Anzahl an Iterationen k_{max} wird im Abschnitt 5.3.2 behandelt.

Wie bereits erwähnt wird die Aktivierung zweier automorph äquivalenter Knoten in jeder Iteration über die gleiche Anzahl Kanten propagiert, und es werden gleich viele Knoten zum gleichen Grad aktiviert. Die Richtung der Geschwindigkeitsvektoren der beiden Aktivierungsausbreitungsprozesse kann sich unterscheiden, die Schrittweite, also die Länge des Vektors, jedoch nicht. Daraus lässt sich folgender Satz formulieren:

Satz 17. *Sei $G = (V, E, w)$ ein Graph mit der Automorphismengruppe $\Gamma(G)$. Sind zwei Knoten $u, v \in V$ automorph äquivalent, so haben sie die gleichen Signaturvektoren $\tau(u) = \tau(v)$.*

Beweis. Sei $G = (V, E, w)$ ein Graph mit der Automorphismengruppe $\Gamma(G)$, der Adjazenzmatrix A und zwei automorph äquivalenten Knoten $u, v \in V$, $\gamma(v) = u$, mit $\gamma \in \Gamma(G)$. Jeder Automorphismus der Automorphismengruppe kann durch eine Permutationsmatrix P realisiert werden. Es wird zuerst der nicht normierte Fall betrachtet, wobei sich der Wert des Signaturvektors des Knotens u an der Stelle k folgendermaßen ergibt:

$$\tau_k(u) = \left\| \mathbf{a}^{(k)}(u) - \mathbf{a}^{(k-1)}(u) \right\|_2 = \left\| A^k \mathbf{a}^{(0)}(u) - A^{k-1} \mathbf{a}^{(0)}(u) \right\|_2.$$

Der initiale Aktivierungsvektor $\mathbf{a}^{(0)}(u)$ kann durch eine Permutation des Aktivierungsvektors $\mathbf{a}^{(0)}(v)$ dargestellt werden, so dass $\mathbf{a}^{(0)}(u) = P\mathbf{a}^{(0)}(v)$. Außerdem ist bekannt, dass Permutati-

KAPITEL 5. KNOTENÄHNLICHKEITEN

onsmatrizen Winkel erhaltend sind. Dies zusammen mit Gleichung 2.1 ergibt:

$$\begin{aligned}\tau_k(u) &= \left\|A^k\mathbf{a}^{(0)}(u) - A^{k-1}\mathbf{a}^{(0)}(u)\right\|_2 = \left\|A^k P\mathbf{a}^{(0)}(v) - A^{k-1}P\mathbf{a}^{(0)}(v)\right\|_2 \\ &= \left\|A^k\mathbf{a}^{(0)}(v) - A^{k-1}\mathbf{a}^{(0)}(v)\right\|_2 = \left\|\mathbf{a}^{(k)}(v) - \mathbf{a}^{(k-1)}(v)\right\|_2 = \tau_k(v).\end{aligned}$$

Im nicht normierten Fall sind die Signaturvektoren der automorph äquivalenten Knoten u und v gleich, $\tau(u) = \tau(v)$. Für normalisierte Prozesse gilt $\mathbf{a}^{(k)}(u) = \frac{A^k\mathbf{a}^{(0)}(u)}{\|A^k\mathbf{a}^{(0)}(u)\|_p}$. Der Wert des Signaturvektors von Knoten u an der Stelle k ist also

$$\tau_k(u) = \left\|\frac{A^k\mathbf{a}^{(0)}(u)}{\|A^k\mathbf{a}^{(0)}(u)\|_p} - \frac{A^{k-1}\mathbf{a}^{(0)}(u)}{\|A^{k-1}\mathbf{a}^{(0)}(u)\|_p}\right\|_2.$$

P ist Norm erhaltend, so dass

$$\left\|A^k\mathbf{a}^{(0)}(u)\right\|_p = \left\|A^k P\mathbf{a}^{(0)}(v)\right\|_p = \left\|A^k\mathbf{a}^{(0)}(v)\right\|_p.$$

Die Aktivierungsvektoren werden demnach durch die Normierung in jeder Iteration mit dem gleichen Faktor skaliert, unabhängig von P. Dies bedeutet, dass auch im normierten Fall $\tau(u) = \tau(v)$ gilt. □

Aufgrund der Signaturvektoren kann analog zur Aktivierungsähnlichkeit die *Signaturähnlichkeit* zweier Knoten bestimmt werden.

Definition 27. *Sei $G = (V, E, w)$ ein Graph. Die Signaturähnlichkeit $\sigma_{\text{sig}}(u,v)$ zwischen zwei Knoten $u, v \in V$ ist definiert durch*

$$\sigma_{\text{sig}}(u,v) = \cos(\tau(u), \tau(v)), \tag{5.14}$$

für alle $u, v \in V$.

Korollar 3. *Sei $G = (V, E, w)$ ein Graph mit der Automorphismengruppe $\Gamma(G)$. Sind zwei Knoten $u, v \in V$ automorph äquivalent, so haben sie eine Signaturähnlichkeit von 1.*

Beweis. Sei $G = (V, E, w)$ ein Graph mit der Automorphismengruppe $\Gamma(G)$. Zwei automorph äquivalente Knoten $u, v \in V$ haben die gleichen Signaturvektoren $\tau(u) = \tau(v)$, egal durch welchen Automorphismus sie aufeinander abgebildet werden (siehe Satz 17). Damit ist die Signaturähnlichkeit stets 1, da $\sigma_{\text{sig}}(u,v) = \cos(\tau(u), \tau(v)) = 1$. □

Da dies für alle $P \in \Gamma(G)$ gilt, werden stets alle Automorphismen der vollen Automorphismengruppe des Graphen berücksichtigt. Alle automorph äquivalenten Knoten werden demnach

5.3. SIGNATURÄHNLICHKEIT

durch die Signaturähnlichkeit als gleich erkannt. Diese ist also eine Relaxierung der maximalen Orbit-Äquivalenz (MOE) (siehe Abschnitt 5.1.4). Eine Überlappung der direkten und indirekten Nachbarschaft wie bei der Aktivierungsähnlichkeit ist damit nicht mehr erforderlich. Da durch einen Vergleich zweier Knoten anhand deren Signaturvektoren nur die ausgehenden Kanten berücksichtigt werden, müssen in gerichteten Graphen Knoten mit einer Signaturähnlichkeit von 1 nicht unbedingt automorph äquivalent sein (in ungerichteten auch nicht notwendigerweise). Für zwei Knoten reicht es aus, wenn sie entsprechende ausgehende Kanten haben, um eine Signaturähnlichkeit von 1 zu erhalten. Knoten werden nicht aufgrund von eingehenden Kanten unterschieden. Da die Signaturähnlichkeit eine Relaxierung der MOE ist, ist sie damit auch eine Relaxierung der maximalen exakten Äquivalenz und eine Relaxierung einer regulären Äquivalenz.

Abbildung 5.7 zeigt eine Partitionierung der Knoten eines Graphen auf Basis der Signaturähnlichkeit. Knoten werden der selben Rolle zugeordnet, wenn sie eine Ähnlichkeit von 1 haben, also anhand ihres Signaturvektors nicht unterscheidbar sind und sind entsprechend ihrer Rolle eingefärbt. Es ist zu sehen, dass alle Blätter auf die selbe Rolle (weiß) abgebildet werden, wie auch die mittleren Knoten $\{1, 2, 3\}$ (schwarz); während die Aktivierungsähnlichkeit aufgrund der unterschiedlichen Nachbarschaft die Blätter in drei Rollen unterteilt (siehe Abbildung 5.5). Die Distanz der Knoten spielt also bei der Signaturähnlichkeit keine Rolle.

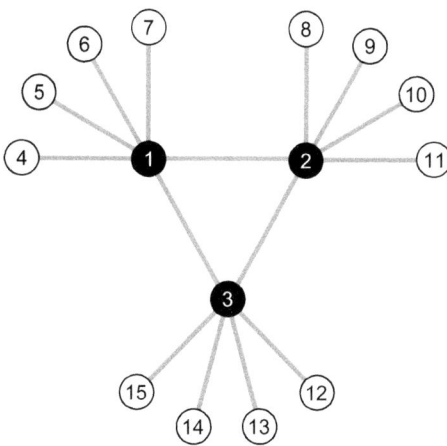

Abbildung 5.7: Eine Partitionierung der Knoten aufgrund der Signaturähnlichkeiten repräsentiert durch die Einfärbung der Knoten. Alle Blätter werden dabei einer Rolle zugeordnet (weiß) und die Knoten $\{1, 2, 3\}$ einer anderen Rolle (schwarz).

KAPITEL 5. KNOTENÄHNLICHKEITEN

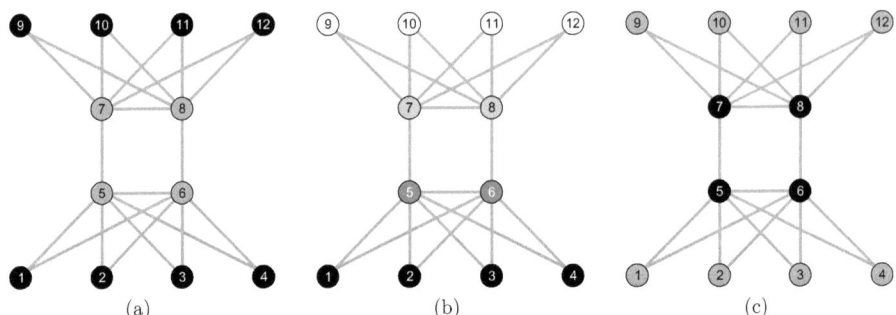

(a) (b) (c)

Abbildung 5.8: Der Unterschied zwischen der Signaturähnlichkeit (5.8a), der Aktivierungsähnlichkeit (5.8b) der Knoten in Bezug auf Knoten 1 und der finalen Aktivierung (5.8c). Die Ähnlichkeit sowie der Grad der Aktivierung wird durch die Einfärbung ausgedrückt. Je dunkler, desto größer die Ähnlichkeit bzw. höher der Aktivierungsgrad.

In Abbildung 5.8 wird die Signatur- (Abbildung 5.8a) und Aktivierungsähnlichkeit (Abbildung 5.8b) der Knoten eines Graphen bezüglich einer Anfrage sowie der Grad der Aktivierung der Knoten in der letzten Iteration (Abbildung 5.8c) gezeigt. Es wurde, zur Berechnung der finalen Aktivierungs- und Signaturvektoren, von jedem Knoten ein normierter Aktivierungsausbreitungsprozess mit 25 Iterationen gestartet. Als Dämpfungsfaktor wurde $\alpha = 0.3$ verwendet. Die Anfrage wird in beiden Fällen durch Knoten 1 repräsentiert. Je dunkler die Knoten eingefärbt sind, desto ähnlicher sind diese der Anfrage. Im dritten Fall repräsentiert die Einfärbung den Grad der Aktivierung in der 25-ten Iteration, gestartet bei Knoten 1. Je dunkler, desto höher die Aktivierung. Eine Sortierung nach den entsprechenden Ähnlichkeiten bzw. Aktivierungsgraden liefert folgendes Ergebnis:

1. $\{1,2,3,4,9,10,11,12\}$, $\{5,6,7,8\}$

2. $\{1,2,3,4\}$, $\{5,6\}$, $\{7,8\}$, $\{9,10,11,12\}$

3. $\{5,6,7,8\}$,$\{1,2,3,4,9,10,11,12\}$

Es ist zu sehen, dass in Abbildung 5.8a aufgrund der Signaturähnlichkeit der Knoten, alle Blätter sowie alle mittleren Knoten dieselbe Ähnlichkeit zu 1 haben, da sie sich in denselben Bahnen aufgrund der vollen Automorphismengruppe des Graphen befinden. Außerdem ist zu sehen, dass die Sortierung anhand der Aktivierung der letzten Iteration (Abbildung 5.8c), der umgekehrten Reihenfolge, der Sortierung aufgrund der Signaturähnlichkeit entspricht, da hier

5.3. SIGNATURÄHNLICHKEIT

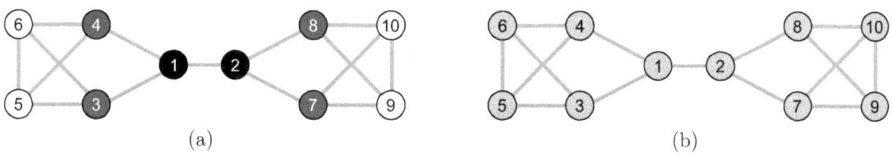

(a)　　　　　　　　　　(b)

Abbildung 5.9: Der Unterschied zwischen der Signaturähnlichkeit (5.9a) und der finalen Aktivierung (5.9b) nach 100 Iterationen (Eigenvektorzentralität). Die Ähnlichkeit zu Knoten 1 sowie der Grad der Aktivierung wird durch die Einfärbung ausgedrückt. Je dunkler, desto größer die Ähnlichkeit bzw. höher der Aktivierungsgrad.

alle automorph äquivalenten Knoten auf denselben Wert im dominanten Eigenvektor abgebildet werden, welcher durch die letzte Iteration angenähert wird. Diese Sortierung ist jedoch anfrageunabhängig und repräsentiert eine globale Wichtigkeit (die Eigenvektorzentralität) der Knoten. Die Sortierung im ersten Fall dagegen ist anfrageabhängig. Eine Sortierung aufgrund der Signaturähnlichkeit z.B. zu Knoten 4 würde zu einer selben Einfärbung wie im dritten Fall führen. Da jedoch nur zwei unterschiedliche Bahnen auf Basis der vollen Automorphismengruppe existieren, sind dies die zwei einzig möglichen Sortierungen bzw. Einfärbungen.

In Abbildung 5.9 zeigt sich deutlich der Unterschied zwischen einer Einfärbung aufgrund der Aktivierung, der Eigenvektorzentralität und der Signaturähnlichkeit. Im ersten Fall (Abbildung 5.9a) sind die Knoten nach der Signaturähnlichkeit bezüglich Knoten 1 eingefärbt. Je dunkler, desto ähnlicher. Die Knoten sowie deren Bahnen lassen sich aufgrund der Signaturähnlichkeit unterscheiden. Im zweiten Fall sind die Knoten aufgrund ihres Eigenvektorzentralitätswertes eingefärbt. Sie werden im ersten Eigenvektor alle auf die gleichen Werte abgebildet, können also aufgrund dessen nicht mehr unterschieden werden.

5.3.1 Eigenschaften

Im Folgenden werden analog zur Aktivierungsähnlichkeit einige Eigenschaften der Signaturähnlichkeit in Bezug auf Automorphismen, spektrale Merkmale des Adjazenzmatrix des unterliegenden Graphen und Signaturwerte erläutert.

Die Signaturähnlichkeit basiert, wie auch die Aktivierungsähnlichkeit auf der Struktur des Graphen. Die Signaturähnlichkeit zweier Knoten $u, v \in V$ ist die gleiche wie die ihrer Abbildungen $\gamma(u)$ und $\gamma(v)$ durch einen Automorphismus γ, so dass $\sigma_{\text{sig}}(u, v) = \sigma_{\text{sig}}(\gamma(u), \gamma(v))$. Dementsprechend ist die Reihenfolge der Knoten, sortiert nach deren Signaturähnlichkeit bezüglich eines Anfrageknotens, durch Anwendung eines Automorphismus des Graphen nicht

KAPITEL 5. KNOTENÄHNLICHKEITEN

veränderbar.

Satz 18. *Die Signaturähnlichkeit* $\sigma_{\text{sig}} : V \times V \to \mathbb{R}$ *ist automorphismeninvariant.*

Beweis. Sei $G = (V, E, w)$ ein Graph mit der Automorphismengruppe $\Gamma(G)$ und $u, v \in V$ zwei Knoten. Alle Knoten einer Bahn der Automorphismengruppe eines Graphen haben den selben Signaturvektor, da diese automorph äquivalent sind (siehe Satz 17), so dass $\tau(u) = \tau(\gamma(u))$ und $\tau(v) = \tau(\gamma(v))$ für alle $\gamma \in \Gamma(G)$. Demnach gilt $\sigma_{\text{sig}}(u,v) = \sigma_{\text{sig}}(\gamma(u), \gamma(v))$ für alle $u, v \in V$ und alle $\gamma \in \Gamma(G)$. □

Der Zusammenhang zwischen den Werten der Signaturvektoren und den spektralen Eigenschaften der Adjazenzmatrix A ermöglicht eine andere Sichtweise auf den Unterschied zwischen Signaturvektoren und finalen Aktivierungsvektoren.

Satz 19. *Sei* $G = (V, E, w)$ *ein ungerichteter Graph, A dessen Adjazenzmatrix und $\tau(u) \in \mathbb{R}^{k_{max}}$ der Signaturvektor der Knoten $u \in V$. Die Werte $\tau_k(u)$, mit $1 \leq k \leq k_{max}$ des Signaturvektors stehen mit den spektralen Eigenschaften von A wie folgt in Beziehung:*

$$\tau_k(u) = \left\| \sum_{i=1}^{n} \left(\frac{\lambda_i}{\left\| \sum_{j=1}^{n} \lambda_j^k \mathbf{v}_j(\mathbf{v}_j)_u \right\|_p} - \frac{1}{\left\| \sum_{j=1}^{n} \lambda_j^{k-1} \mathbf{v}_j(\mathbf{v}_j)_u \right\|_p} \right) \lambda_i^{k-1}(\mathbf{v}_i)_u \mathbf{v}_i \right\|_2, \quad (5.15)$$

mit $k > 0$, λ_i als der i-te Eigenwert, $\mathbf{v}_i$ der zugehörige Eigenvektor und $(\mathbf{v}_i)_u$ als der Wert an der Stelle u des i-ten Eigenvektors.

Beweis. Gleichung 5.9 zeigt, dass die Berechnung des Aktivierungsvektors für Knoten u zum Zeitpunkt k als Linearkombination der Eigenvektoren von A dargestellt werden kann. Eingesetzt in Gleichung 5.11 zur Berechnung der Geschwindigkeitsvektoren und Gleichung 5.13 zur Berechnung der Werte der Signaturvektoren an der Stelle k ergibt sich:

$$\tau_k(u) = \left\| \frac{\sum_{i=1}^{n} \lambda_i^k \mathbf{v}_i(\mathbf{v}_i)_u}{\left\|(A^k)_{*u}\right\|_p} - \frac{\sum_{i=1}^{n} \lambda_i^{k-1} \mathbf{v}_i(\mathbf{v}_i)_u}{\left\|(A^{k-1})_{*u}\right\|_p} \right\|_2$$

$$= \left\| \sum_{i=1}^{n} \frac{\lambda_i^k \mathbf{v}_i(\mathbf{v}_i)_u}{\left\|\sum_{j=1}^{n} \lambda_j^k \mathbf{v}_j(\mathbf{v}_j)_u\right\|_p} - \frac{\lambda_i^{k-1} \mathbf{v}_i(\mathbf{v}_i)_u}{\left\|\sum_{j=1}^{n} \lambda_j^{k-1} \mathbf{v}_j(\mathbf{v}_j)_u\right\|_p} \right\|_2$$

5.3. SIGNATURÄHNLICHKEIT

$\lambda_i^{k-1}\mathbf{v}_i(\mathbf{v}_i)_u$ kann ausgeklammert werden, woraus sich Gleichung 5.15 ergibt. □

Die spektrale Betrachtung zeigt, dass die Signaturwerte eines Knotens u von den entsprechenden Werten der Eigenvektoren $(\mathbf{v}_i)_u$ und dem Wachstum der Länge dessen Aktivierungsvektoren pro Iteration im Verhältnis zu den Eigenwerten abhängt. Das Wachstum der Länge von Aktivierungsvektoren hängt wiederum von den Werten $(\mathbf{v}_i)_u$ sowie vom Verhältnis der Eigenwerte bzw. deren Potenzen untereinander ab. Die Linearkombination der skalierten Eigenvektoren $\sum_{i=1}^{n} \lambda_i^{k-1}\mathbf{v}_i(\mathbf{v}_i)_u$ ergibt den nicht normierten Aktivierungsvektor $\mathbf{a}^{(k-1)}(u)$ (siehe Gleichung 5.9). Der Geschwindigkeitsvektor $\delta^{(k)}(u)$ ergibt sich folglich aus der zusätzlichen Skalierung der einzelnen Eigenvektoren durch den entsprechenden Faktor

$$\left(\frac{\lambda_i}{\left\| \sum_{j=1}^{n} \lambda_j^k \mathbf{v}_j(\mathbf{v}_j)_u \right\|_p} - \frac{1}{\left\| \sum_{j=1}^{n} \lambda_j^{k-1} \mathbf{v}_j(\mathbf{v}_j)_u \right\|_p} \right).$$

Da, unter Voraussetzung der Konvergenz der Aktivierungsausbreitung, die Längen der Geschwindigkeitsvektoren nach genügend Iterationen verschwinden (siehe Satz 16) muss demnach der Faktor gegen 0 gehen.

Zwei Knoten $u, v \in V$ haben aufgrund der Signaturähnlichkeit wie auch bei der Aktivierungsähnlichkeit einen hohen Grad an Ähnlichkeit, wenn ihre entsprechenden Werte in den Eigenvektoren $(\mathbf{v}_i)_u$, bzw. $(\mathbf{v}_i)_v$ ähnlich sind. Nicht triviale Automorphismen eines Graphen können sich zum einen durch das mehrfache Auftreten eines Eigenwertes ausdrücken oder durch eine Veränderung der Vorzeichen der Werte eines Eigenvektors [30]. Da die Vektoren, bestehend aus den gewichteten Linearkombinationen der Eigenvektoren, nicht direkt verglichen werden, sondern deren euklidische Längen, können zwei Knoten auch eine hohe Signaturähnlichkeit aufweisen, wenn sich die Vorzeichen der entsprechenden Werte der Eigenvektoren unterscheiden. Dies ist bei der Aktivierungsähnlichkeit nicht der Fall.

Wie auch die finalen Aktivierungsvektoren können die Signaturvektoren basierend auf der Eigenwertzerlegung von A bestimmt werden, ohne dass die Aktivierungsausbreitungsprozesse berechnet werden müssen, was bei langsamer Konvergenz von Vorteil ist.

Die Signaturähnlichkeit ist im Gegensatz zur Aktivierungsähnlichkeit immer positiv oder 0. Durch negative Kantengewichte oder initiale Aktivierungswerte ist es möglich, dass Knoten negativ aktiviert werden. Dadurch kann auch die finale akkumulierte Aktivierung eines Knotens negativ ausfallen. Der Kosinus zweier finaler Aktivierungsvektoren kann demnach ebenfalls negativ werden. Da die Werte eines Signaturvektors aus euklidischen Längen von Geschwindig-

KAPITEL 5. KNOTENÄHNLICHKEITEN

keitsvektoren bestehen, sind diese stets positiv, womit auch der Kosinus zweier Signaturvektoren immer positiv oder 0 ist.

Satz 20. *Sei $G = (V, E, w)$ ein Graph. Für die Signaturähnlichkeit zwischen Knoten eines Graphen gilt $\sigma_{\text{sig}}(u, v) \in [0, 1] \subseteq \mathbb{R}$ für alle $u, v \in V$.*

Beweis. Der Wert eines Signaturvektors $\tau(u)$ eines Knotens $u \in V$ an der Stelle k ist 0, falls $k = 0$ und ansonsten $\left\|\delta^{(k)}(u)\right\|_2$. D.h. für die Werte des Signaturvektor $\tau(u)$ eines Knotens $u \in V$ gilt $\tau_k(u) \geq 0$ für alle k. Somit gilt $\cos(\tau(u), \tau(v)) \in [0, 1]$. □

Dadurch, dass die Aktivierungsähnlichkeit auch negativ werden kann, ist es möglich durch diese positive sowie negative Korrelationen auszudrücken bzw. die Ähnlichkeit als solche zu interpretieren. Dies ist bei der Signaturähnlichkeit nicht möglich. Da die Werte nur positiv oder 0 sein können, kann diese nur als positive Korrelation unterschiedlichen Grades interpretiert werden.

In schlichten Graphen ist der erste Wert der Signaturvektoren für alle Knoten gleich.

Satz 21. *Sei $G = (V, E, w)$ ein schlichter Graph und $\tau(u)$ der Signaturvektor des Knotens u, bestimmt durch einen $p = 2$ normierten Aktivierungsausbreitungsprozess. Es gilt $\tau_1(u) = \sqrt{2}$ für alle $u \in V$.*

Beweis. Der erste Eintrag eines Signaturvektors, eines Knotens $u \in V$, ist die euklidische Distanz der ersten beiden normierten Aktivierungsvektoren $\tau_1(u) = \left\|\mathbf{a}^{(1)}(u) - \mathbf{a}^{(0)}(u)\right\|_2$. Da beide Aktivierungsvektoren mit ihrer euklidischen Länge normiert sind, ist für deren euklidische Distanz nur der Winkel zwischen beiden ausschlaggebend, nicht deren Länge. Für $p = 2$ normierte Aktivierungsvektoren gilt:

$$\left\|\mathbf{a}^{(1)}(u) - \mathbf{a}^{(0)}(u)\right\|_2 = \sqrt{2(1 - \cos(\mathbf{a}^{(1)}(u), \mathbf{a}^{(0)}(u)))}.$$

Da der Graph G keine Schleifen hat sind $\mathbf{a}^{(1)}(u)$ und $\mathbf{a}^{(0)}(u)$ orthogonal, woraus $\cos(\mathbf{a}^{(1)}(u), \mathbf{a}^{(0)}(u)) = 0$ und dadurch $\tau_0(u) = \sqrt{2}$ folgt. □

Obwohl der erste Wert der Signaturvektoren aller Knoten in schlichten Graphen gleich ist ($\sqrt{2}$) darf dieser zur Berechnung der Signaturähnlichkeiten nicht ignoriert werden. Die Signaturähnlichkeit entspricht dem Kosinus der Signaturvektoren, was wiederum dem Skalarprodukt der normierten ($p = 2$) Signaturvektoren entspricht. Da jeder Wert eines Signaturvektors Einfluss auf dessen euklidische Länge und dadurch auf dessen Normierung hat, kann der erste

5.3. SIGNATURÄHNLICHKEIT

Wert, auch wenn dieser in allen Signaturvektoren gleich ist, nicht ignoriert werden ohne eine Veränderung der Signaturähnlichkeiten.

5.3.2 Iterationen

Um die Signaturvektoren zweier Knoten anhand des Kosinus ihres Winkels vergleichen zu können müssen diese von gleicher Dimensionalität sein. Dazu müssen in den jeweiligen Aktivierungsausbreitungsprozessen gleich viele Iterationen berechnet werden. Aus Satz 16 geht hervor, dass die Länge der Geschwindigkeitsvektoren und somit die Werte in den Signaturvektoren mit zunehmendem k gegen 0 konvergieren. Werden zu viele Iterationen berechnet so bestehen die Signaturvektoren der Knoten zu einem gewissen Teil aus sehr kleinen bzw. 0-Werten. Diese Werte haben keinen signifikanten Einfluss auf die entsprechenden Signaturähnlichkeiten der Knoten. Des Weiteren können die Signaturähnlichkeiten schneller bestimmt werden, wenn die Iterationen, in denen die Konvergenz der Aktivierungsausbreitungsprozesse bereits weit fortgeschritten ist, nicht mehr berechnet werden. Werden die Aktivierungsausbreitungsprozesse allerdings zu früh abgebrochen, so werden Iterationen, die einen signifikanten Beitrag zum Signaturvektor bzw. -ähnlichkeit leisten, nicht berechnet und Information geht verloren. Die Bestimmung der maximalen Anzahl an Iterationen ist demnach wichtig, jedoch auch nicht einfach, da im Vorhinein nur wenig über das exakte Konvergenzverhalten gesagt werden kann.

Im Folgenden wird ein Ansatz vorgestellt bei dem keine maximale Anzahl an Iterationen im Vorfeld bestimmt wird, sondern die Berechnung der Iterationen aller Aktivierungsausbreitungsprozesse abgebrochen wird, wenn die maximale Änderung der Aktivierung einen vorher festgelegten Schwellwert unterschreitet. Aufgrund dieses Schwellwertes kann ein maximaler Fehler in Bezug auf die Signaturähnlichkeit zweier Knoten abgeschätzt werden.

In jeder Iteration $k+1$ wird durch die euklidische Norm des Geschwindigkeitsvektors $\delta^{(k+1)}(u)$ der Wert des Signaturvektors von Knoten u an der Stelle $k+1$ bestimmt (siehe Gleichung 5.13). Fällt der maximale Wert aller Signaturvektoren an der Stelle $k+1$ unter einen Schwellwert $\epsilon \ll 1$, so dass $\max_{u \in V}\{\tau_{k+1}(u)\} < \epsilon$, werden alle Aktivierungsausbreitungsprozesse zu Beginn der nächsten Iteration gestoppt. Die aktuelle Iteration $k+1$ ist die letzte zu berechnende Iteration. Die Signaturwerte der Iteration $k+1$ gehen nicht mehr in die Signaturvektoren mit ein, die somit eine Dimensionalität von k haben. Diese Methode erlaubt es, ohne eine direkte Bestimmung der maximalen Anzahl an Iterationen die Aktivierungsausbreitungen abzubrechen, wenn deren Konvergenz bereits zu einem festgelegten Maße fortgeschritten ist.

Der maximale Fehler der Signaturähnlichkeit aller Knotenpaare, der dadurch entsteht, dass weitere Iterationen nicht mehr berechnet werden, kann anhand des Schwellwertes ϵ abgeschätzt

KAPITEL 5. KNOTENÄHNLICHKEITEN

werden. Die Signaturähnlichkeit zweier Knoten $u, v \in V$ berechnet sich aus dem Kosinus ihrer Signaturvektoren $\tau(u), \tau(v) \in \mathbb{R}^k$. Angenommen, beide k-dimensionalen Signaturvektoren sind durch Aktivierungsausbreitungsprozesse erzeugt worden, welche der eben beschriebenen Methode zufolge, nach der $k+1$-ten Iteration, beendet wurden. Somit sind die maximalen Werte an jeder Stelle i größer als ϵ, $\max(\tau_i(u), \tau_i(v)) > \epsilon$ mit $1 \leq i \leq k$. Die Normen $\left\|\delta^{(k+1)}(u)\right\|_2$ und $\left\|\delta^{(k+1)}(v)\right\|_2$ der Geschwindigkeitsvektoren der Iteration $k+1$ sind kleiner oder gleich dem Schwellwert, da sie ansonsten noch in den Signaturvektor mit aufgenommen worden wären und es wäre noch eine weitere Iteration berechnet worden. Wird weiter angenommen $\tau'(u) \in \mathbb{R}^{k+1}$ und $\tau'(v) \in \mathbb{R}^{k+1}$ entsprechen den Signaturvektoren $\tau'(u)$ und $\tau'(v)$, erweitert um eine zusätzliche Dimension. Die Werte an der Stelle $k+1$ entsprechen dabei den Normen der Geschwindigkeitsvektoren zum Zeitpunkt $k+1$. Es kann die Differenz des Kosinus $\Delta \cos$ bezüglich beider Vektorpaare bestimmt werden:

$$\Delta \cos_{uv}^{k+1} = \cos(\tau'(u), \tau'(v)) - \cos(\tau(u), \tau(v)) = \frac{\sum\limits_{i=1}^{k+1} \tau'_i(u)\tau'_i(v)}{\|\tau'(u)\|_2 \|\tau'(v)\|_2} - \frac{\sum\limits_{i=1}^{k} \tau_i(u)\tau_i(v)}{\|\tau(u)\|_2 \|\tau(v)\|_2}.$$

Diese Differenz repräsentiert den Beitrag der $k+1$-ten Iteration zur Signaturähnlichkeit zwischen den Knoten u und v. Da die zusätzlichen Werte an der Stelle $k+1$ besonders klein sind, wird zur Vereinfachung angenommen, dass sie keinen wesentlichen Einfluss auf die euklidische Länge der Vektoren $\tau'(v)$ und $\tau'(u)$ haben, woraus folgt:

$$\Delta \cos_{uv}^{k+1} = \left(\sum_{i=1}^{k+1} \tau'_i(u)\tau'_i(v) - \sum_{i=1}^{k} \tau_i(u)\tau_i(v) \right) \frac{1}{\|\tau(u)\|_2 \|\tau(v)\|_2}$$

$$= \frac{\tau'_{k+1}(u)\tau'_{k+1}(v)}{\|\tau(u)\|_2 \|\tau(v)\|_2}.$$

Die Differenz ist maximal, wenn die Werte der Vektoren an der Stelle $k+1$ maximal sind, also beide dem Schwellwert ϵ entsprechen (größer können sie nicht sein). Weiter wird angenommen, dass die Längen von $\tau(v)$ und $\tau(u)$ größer als 1 sind, was in schlichten Graphen immer der Fall ist (siehe Satz 21). Für die Differenz gilt folglich $\Delta \cos_{uv}^{k+1} \leq \epsilon^2$. Der maximale Beitrag der $k+1$ Iteration zur Signaturähnlichkeit zwischen zwei Knoten ist demnach ϵ^2. An dieser Stelle wird jedoch deutlich gemacht, dass ϵ^2 als maximaler Beitrag bzw. Fehler deutlich zu hoch abgeschätzt wird, da die Längen der Signaturvektoren nicht beachtet werden.

Um die Beiträge $\left\|\delta_u^{(k+l)}\right\|_2$ aller weiteren Iterationen $k+l$, mit $1 \leq l \leq \infty$ ebenfalls in die Abschätzung mit einzubeziehen, kann die Konvergenzrate der Aktivierungsausbreitung verwendet werden, welche in Abschnitt 4.2.1 bestimmt wurde ($r = \left|\frac{\lambda_2}{\lambda_1}\right|$ für $k \to \infty$). Die Konvergenzrate ist der Faktor, um den die euklidische Länge des Differenzvektors von Aktivierungs- und dominantem Eigenvektor, auch Fehler genannt, ungefähr pro Iteration abnimmt. Der anhand der Konvergenzrate abgeschätzte Fehler ist die Obergrenze des tatsächlichen Fehlers (siehe Gleichung 4.6). Die Abnahme des Fehlers in einer Iteration k entspricht der Länge des Geschwindigkeitsvektors $\left\|\delta^{(k)}\right\|_2$. Da durch die Konvergenzrate die Obergrenze des Fehlers abgeschätzt wird entspricht dies dem minimalen Schritt in Richtung des dominanten Eigenvektors, also der minimalen Länge des Geschwindigkeitsvektors. D.h. die Norm der Geschwindigkeitsvektoren kann pro Iteration minimal um diesen Faktor abnehmen. Ist die Norm des Geschwindigkeitsvektors zu einem Zeitpunkt $k+1$ gleich ϵ, so kann anhand der Konvergenzrate die Norm zu einem späteren Zeitpunkt $k+l$ abgeschätzt werden, so dass $\left\|\delta_u^{(k+l)}\right\|_2 \approx \epsilon r^{l-1}$. Die daraus resultierende maximale Differenz $\Delta \cos_{uv}$ der Signaturähnlichkeit zweier Knoten u, v für alle weiteren Iterationen $l \to \infty$ ist somit

$$\Delta \cos_{uv} = \sum_{l=1}^{\infty} \Delta \cos_{uv}^{k+l} \leq \sum_{i=0}^{\infty} \left(\epsilon r^i\right)^2 = \epsilon^2 (1-r^2)^{-1}. \quad (5.16)$$

Für eine sehr kleine Konvergenzraten r, konvergieren die Aktivierungsausbreitungsprozesse schneller und die maximale Differenz der Signaturähnlichkeiten ist, bei konstantem ϵ, kleiner als bei einer größeren Konvergenzrate. Um $\Delta \cos_{uv}$ abschätzen zu können, müssen die ersten beiden Eigenwerte des unterliegenden Graphen bestimmt werden. Der Fehler wird jedoch deutlich zu hoch geschätzt. Zum einen durch die Anwendung der Dreiecksungleichung und Nichtbeachtung der Länge der Signaturvektoren und zum anderen durch die Abschätzung der minimalen Länge der Geschwindigkeitsvektoren anhand der Konvergenzrate r. Dies ist gerade bei größeren Konvergenzraten und nicht entsprechend klein genug gewähltem ϵ der Fall. Dadurch kann es passieren, dass der maximale Fehler mit > 1 berechnet wird. Die Abschätzung des Fehlers gibt hier mehr eine Vorstellung davon, nach wie vielen Iterationen Aktivierungsausbreitungsprozesse abgebrochen werden können ohne einen zu großen Fehler zu machen, als den Fehler korrekt zu berechnen.

5.3.3 Aufwand

Zur Berechnung des Signaturvektors $\tau(u)$ eines Knotens $u \in V$ sind, wie bei der des finalen Aktivierungsvektors, eine Reihe (k_{max}) von Matrix-Vektormultiplikationen, Vektornormierungen und -subtraktionen notwendig. Der Aufwand für dessen Berechnung wird vom Aufwand der Matrix-Vektormultiplikation dominiert, welcher nach der O-Notation in $\mathcal{O}(n^2)$ liegt. Die Bestimmung eines Signaturvektors und die Berechnung der Signaturähnlichkeiten zu allen anderen

Knoten liegen in $\mathcal{O}(n^2)$. Die Bestimmung der Signaturvektoren aller Knoten eines Graphen und die Berechnung aller paarweisen Signaturähnlichkeiten liegen folglich in $\mathcal{O}(n^3)$.

5.3.4 Verwandte Ähnlichkeiten

Die Signaturähnlichkeit ist eine neue Methode, Knoten in einem Graphen zu vergleichen. Viele Methoden zur Bestimmung von Knotenähnlichkeiten, die mit Aktivierungsausbreitungsverfahren verwandt sind basierend auf Diffusion, Flusssimulation oder Irrfahrten. Viele der darauf basierenden Knotenähnlichkeiten sind mit der Aktivierungsähnlichkeit verwandt, nicht jedoch mit der Signaturähnlichkeit und basieren auf dem Überlapp der direkten und indirekten Nachbarschaft.

Eine der Signaturähnlichkeit ähnliche Methode existiert im Bereich Geometrieverarbeitung und ist in [81] beschrieben. Hier werden Punkte auf einer Oberfläche aufgrund ihrer Hitzeabstrahlung über die Zeit verglichen. Für jeden Punkt kann eine Hitze-Kernel-Signatur (Heat Kernel Signatur - HKS) bestimmt werden. Ein Vergleich dieser Signaturen erlaubt einen Vergleich der entsprechenden Punkte und eine Charakterisierung von Oberflächen bis hin zu Isometrien. Die Signatur wird durch die Einschränkung eines Hitze-Kernels auf die temporale Domäne erzeugt, wobei die wesentliche Information über die Oberfläche erhalten bleibt. Zur Berechnung der HKS eines Punktes x wird dieser anfänglich mit einem Hitzewert versehen. Im Laufe der Zeit strahlt die Hitze des Punktes ab. Dabei wird der Hitzewert der Nachbarpunkte erhöht und der von x verringert bzw. wieder erhöht wenn dessen Nachbarn abstrahlen. $k_t(x,y)$ gibt dabei den Hitzewert an, der ausgehend von Punkt x zum Zeitpunkt t auf Punkt y abstrahlt. Zur Erstellung der Signaturen wird dabei lediglich die Hitzeabstrahlung $k_t(x,x)$ über die Zeit eines Punktes auf sich selbst berücksichtigt.

In der Praxis werden Oberflächen oft durch Gitter, also Graphen und Punkte auf der Oberfläche durch Knoten des Graphen approximiert. Der Hitze Kernel lässt sich im diskreten Fall durch den Laplace Operator für Gitter abschätzen, welcher der Matrix $L = D^{-1}A$ entspricht, wobei A die Adjazenzmatrix des unterliegenden Graphen ist und D dessen Gradmatrix. Die Hitze-Kernel-Signatur eines Knotens $u \in V$ zu einem diskreten Zeitpunkt t ist definiert als $K_t(u,u) = \sum_{i=1}^{n} e^{-\lambda_i t}(\mathbf{v}_i)_u$. Durch eine Distanzfunktion werden die Signaturen und damit auch die entsprechenden Knoten verglichen.

Der Prozess der Hitzeabstrahlung ist dem der Aktivierungsausbreitung ähnlich. Hitze strahlt ebenfalls von Zeitpunkt zu Zeitpunkt zu adjazenten Knoten ab, wobei deren Hitzewert dabei steigt. Der gesamte Hitzewert im Graphen bleibt allerdings in jedem Zeitpunkt konstant, was bei der Aktivierungsausbreitung nicht der Fall sein muss. Ein weiterer Unterschied ist, dass

5.3. SIGNATURÄHNLICHKEIT

Knoten nur aufgrund der Hitzeabstrahlung auf sich selbst verglichen werden und nicht auf andere Knoten, wie es in der Signaturähnlichkeit der Fall ist.

Ein weiterer Ansatz zur Bestimmung von Knotenähnlichkeiten, welche wie die Signaturähnlichkeit automorphe und Orbit-Äquivalenzen beinhalten bzw. relaxieren, ist in [57, 19] vorgestellt. Dazu werden die charakteristischen Vektoren der Knoten eines Graphen auf bestimmte Eigenvektoren projiziert. Diese Projektion repräsentiert einen Knoten in einem Rollenraum. Die Werte des resultierenden Vektors entsprechen der Zugehörigkeit des Knotens zu einer Rolle. Die Anzahl der Eigenvektoren, auf die projiziert wird, entspricht dabei der Anzahl der Rollen. Ein Vergleich dieser Projektionen resultiert in einem Vergleich der Knoten. Knoten sind demnach ähnlich, wenn sie eine ähnliche Zugehörigkeit zu den Rollen aufweisen.

Eine Projektion auf die Eigenvektoren, zugehörig zu den ersten Eigenwerten, resultiert in ähnlichen Ergebnissen wie die Aktivierungsähnlichkeit bzw. verwandte Ähnlichkeiten (siehe Abschnitt 5.2.1 und 5.2.4). Eine Projektion auf andere Eigenvektoren ermöglicht das Aufdecken von anderen Gemeinsamkeiten, wie z.B. automorphe Äquivalenz. Es ist jedoch nicht von vornherein klar auf welche Eigenvektoren projiziert werden muss, um automorphe bzw. Orbit-Äquivalenzen widerzuspiegeln. Dies ist ein Nachteil dieses Verfahrens, im Vergleich zur Signaturähnlichkeit, wenn diese Art von Äquivalenzen aufgedeckt bzw. relaxiert werden soll.

Eine andere Ähnlichkeit zwischen Knoten, die auf dem Vergleich der Struktur der Nachbarschaften zweier Knoten beruht ist in [89] beschrieben. Dieses Verfahren ermöglicht die Berechnung von Knotenähnlichkeiten zwischen Knoten aus unterschiedlichen Graphen. Es ist jedoch auch möglich, das Verfahren zur Berechnung von Knotenähnlichkeit zwischen Knoten aus einem Graphen anzupassen. In [89] wird die Ähnlichkeit eingesetzt um Graphen zu vergleichen. Sie kann jedoch auch zum Finden von strukturell ähnlichen Knoten verwendet werden. Knoten sind dabei ähnlich, wenn ihre Nachbarschaften strukturell ähnlich sind, wenn sie also über ähnliche Kanten zu ähnlichen Knoten verbunden sind.

Zur Bestimmung der Knotenähnlichkeiten werden zusätzlich Ähnlichkeiten zwischen Kanten der Graphen berechnet. Die Ähnlichkeit von Knoten hängt nur indirekt von deren Beziehungen zu anderen Knoten ab, direkt aber vom Vergleich deren ein- und ausgehenden Kanten. Das Verfahren ist iterativ, wobei in jeder Iteration zum einen die paarweisen Knotenähnlichkeiten zum Zeitpunkt k auf Basis der Kantenähnlichkeiten zum Zeitpunkt $k-1$ bestimmt werden und zum anderen die paarweisen Kantenähnlichkeiten zum Zeitpunkt k auf Basis der Knotenähnlichkeiten zum Zeitpunkt $k-1$. Da die Kanten ebenfalls verglichen werden, hat das Verfahren Ähnlichkeiten zur Aktivierungsausbreitung auf bipartiten Graphen, wobei eine Partition aus den Knoten besteht und die andere aus den Kanten. Durch spaltenweise Vektorisierung und

KAPITEL 5. KNOTENÄHNLICHKEITEN

unter Anwendung des Kronecker Produktes lassen sich diese beiden separaten Schritte in einer Vektor Matrix-Vektor-Multiplikation berechnen. Der entsprechende Vektor enthält demnach sowohl alle Knoten- als auch die Kantenwahrscheinlichkeiten und konvergiert nach genügend Iterationen gegen einen Fixpunkt unabhängig von den initialen Werten, unter der Voraussetzung, dass die Kantenähnlichkeiten zum Zeitpunkt 0 zu den Knotenähnlichkeit zum Zeitpunkt 0 in bestimmtem Verhältnis stehen.

Ein Unterschied zur Signaturähnlichkeit ist, dass das Verfahren ursprünglich zum Vergleich von Knoten aus unterschiedlichen Graphen entwickelt wurde und die Signaturähnlichkeit zum Vergleich von Knoten eines Graphen. Es ist jedoch möglich beide Verfahren so anzupassen, um für den jeweils anderen Zweck eingesetzt werden zu können. Des Weiteren wird in der Signaturähnlichkeit der Grad der Veränderung der Aktivierung bzw. k-Verbundenheit verglichen, um eine Ähnlichkeit zwischen Knoten zu bestimmen. Für automorph äquivalente Knoten ergibt sich somit stets eine Ähnlichkeit von 1. Zur Ähnlichkeit von Knoten, die durch einen Isomorphismus aufeinander abgebildet werden können, wird in [89] nichts erwähnt. Die Veränderung der Aktivierung bzw. der Knotenähnlichkeiten von Iteration zu Iteration wird in [89] nicht beachtet.

5.4 Zusammenfassung

In diesem Kapitel wurden zwei Arten von Knotenähnlichkeiten, Aktivierungs- und Signaturähnlichkeit beschrieben, welche aufgrund von Aktivierungsausbreitungsprozessen bestimmt werden können. Beide Ähnlichkeiten basieren ausschließlich auf der Struktur des Graphen und bieten zwei unterschiedliche Möglichkeiten zum Durchsuchen von Graphen. Um die Eigenschaften der Ähnlichkeiten besser verstehen zu können, wurden zuerst verschiedene Arten von Knotenäquivalenzen sowie deren Merkmale erläutert. Da jede Ähnlichkeit eine Relaxierung einer bestimmten Äquivalenz ist, können diese somit ebenfalls klassifiziert werden.

Die Aktivierungsähnlichkeit ist eine Relaxierung der maximalen strukturellen Äquivalenz. Damit zwei Knoten den höchsten Grad an Ähnlichkeit aufweisen, müssen ihre Nachbarschaften identisch sein. Ähnliche Knoten können demnach im Graphen keine große Distanz zueinander haben. Eine Sortierung der Knoten aufgrund der Aktivierungsähnlichkeit favorisiert die Knoten, welche zu allen anderen Knoten des Graphen ähnlich gut verbunden sind wie der Anfrageknoten. Es wird die Verbundenheit der Knoten verglichen. Im Gegensatz dazu favorisiert eine Sortierung der Knoten anhand der akkumulierten Aktivierung die Knoten mit der höchsten Verbundenheit zum Anfrageknoten.

5.4. ZUSAMMENFASSUNG

Die Signaturähnlichkeit ist eine Relaxierung der maximalen Orbit-Äquivalenz. Damit zwei Knoten den höchsten Grad an Ähnlichkeit aufweisen, müssen diese automorphe Abbilder voneinander sein. Es wird der Grad der Veränderung der Aktivierung von Iteration zu Iteration in Aktivierungsausbreitungsprozessen verglichen. Durch eine Sortierung der Knoten basierend auf der Signaturähnlichkeit kommen die Knoten in der Ergebnisliste nach vorne, welche automorphe Abbilder des Anfrageknotens sind oder in strukturell ähnlichen Bereichen des Graphen lokalisiert sind. Die Entfernung zum Anfrageknoten spielt dabei keine Rolle, was weitere Möglichkeiten zum Durchsuchen von Netzwerken eröffnet.

Kapitel 6

Experimente

Die in Kapitel 5 beschriebenen Knotenähnlichkeiten erweitern die Einsatzmöglichkeiten von Aktivierungsausbreitung zur Durchsuchung von Netzwerken. Mithilfe der Ähnlichkeiten können Knoten gefunden werden, die mit einem Anfrageknoten bestimmte Eigenschaften bezüglich ihrer Kanten zu anderen Knoten gemeinsam haben. Da der Grad der Ähnlichkeit vom Grad der Übereinstimmung der Eigenschaften abhängt, können die Ähnlichkeiten als relaxierte Äquivalenzrelationen von Knoten betrachtet werden. Eine Sortierung der Knoten favorisiert die, bei welchen die meisten Eigenschaften zum höchsten Grad übereinstimmen. Welche der Eigenschaften verglichen werden hängt von der jeweiligen Ähnlichkeit ab.

In diesem Kapitel werden diese Eigenschaften in Beziehung zur entsprechenden Ähnlichkeit, empirisch anhand von künstlichen Daten evaluiert. Da die Aktivierungsähnlichkeit zweier Knoten maximal ist, wenn deren direkte Nachbarschaften identisch sind, wird geprüft wie sich diese mit zunehmender bzw. abnehmender Überlappung der direkten und indirekten Nachbarschaft verhält. Dabei ist die Annahme, dass die durchschnittliche Aktivierungsähnlichkeit von Knoten in Teilgraphen sinkt bzw. steigt, wenn die Anzahl der Kanten zwischen diesen ab- bzw. zunimmt.

Die Signaturähnlichkeit zweier Knoten hängt von der Ausbreitungsgeschwindigkeit der Aktivierung ab und ist maximal, wenn die Knoten automorphe Abbilder voneinander sind. Es wird geprüft, wie sich die Signaturähnlichkeit mit veränderter Dichte und Knotengradverteilung der direkten und indirekten Nachbarschaft verhält. Die Annahme ist hier, dass die Signaturähnlichkeit zwischen Knoten aus Teilgraphen mit ähnlicherer Dichte bzw. Knotengradverteilung größer ist als die zwischen Knoten aus Teilgraphen mit unterschiedlicherer Dichte bzw. Knotengradverteilung.

Des Weiteren werden zwei Netzwerke bestehend aus Daten aus der realen Welt - Schools-

Wikipedia und DrugBank - mittels Aktivierungs- und Signaturähnlichkeit durchsucht. Der Fokus liegt dabei auf der Suche nach strukturell ähnlichen Knoten, der Extraktion ihrer dichten umgebenden Teilgraphen und der Visualisierung ihrer strukturellen Gemeinsamkeiten anhand der extrahierten Teilgraphen. Die Signaturähnlichkeit wird dabei zur Suche strukturell ähnlicher Knoten und die Aktivierungsähnlichkeit zur Extraktion der dichten umgebenden Teilgraphen eingesetzt. Die strukturellen Gemeinsamkeiten von Knoten werden dabei anhand ihres Status und der Status bestimmter Nachbarn innerhalb ihrer Teilgraphen sowie der Struktur der Teilgraphen verglichen.

6.1 Empirische Evaluation

Die Aktivierungsähnlichkeit basiert auf der Überlappung der direkten und indirekten Nachbarschaft von Knoten und kann als Relaxierung der maximalen strukturellen Äquivalenz betrachtet werden. Die Signaturähnlichkeit basiert auf der Ausbreitungsgeschwindigkeit der Aktivierung, welche wiederum auf der Struktur der direkten und indirekten Nachbarschaft basiert und kann als Relaxierung der maximalen Orbit-Äquivalenz betrachtet werden. Wie sich eine Veränderung der Überlappung bzw. der Dichte und Knotengradverteilung der Nachbarschaften auf die entsprechenden Ähnlichkeiten auswirkt wird im Folgenden empirisch anhand künstlicher Daten untersucht.

Künstliche Daten haben den Vorteil, dass ihre Struktur im Vorhinein bekannt ist. Dadurch kann ein sinnvolles Ergebnis vorher abgeschätzt werden bzw. das tatsächliche Ergebnis mit den Erwartungen und Annahmen verglichen werden. Die Veränderung der Ähnlichkeit aufgrund der Netzwerkstruktur lässt sich somit adäquat evaluieren.

6.1.1 Aktivierungsähnlichkeit

Sind die direkten Nachbarschaften zweier Knoten identisch, ist deren Aktivierungsähnlichkeit maximal (siehe Satz 13). Welche Auswirkungen die Veränderung der direkten und indirekten Nachbarschaft hat wird im Folgenden empirisch untersucht.

Die Annahme ist, dass die Aktivierungsähnlichkeit zwischen Knoten aus zwei Teilgraphen sinkt bzw. steigt je weniger bzw. mehr deren direkte und indirekte Nachbarschaft überlappt.

Um diese Annahme zu prüfen werden künstlich erzeugte Teilgraphen durch unterschiedlich viele Kanten verbunden und die durchschnittliche Aktivierungsähnlichkeit der Knoten aus verschiedenen Teilgraphen bestimmt und verglichen. Wird die Kantenanzahl zwischen zwei Teil-

6.1. EMPIRISCHE EVALUATION

graphen erhöht, so erhöht sich der Überlapp der direkten und indirekten Nachbarschaft und demzufolge wird angenommen, dass die durchschnittliche Aktivierungsähnlichkeit steigt und umgekehrt.

Es werden zufällig Graphen G, bestehend aus 3 Teilgraphen, A, B und C erzeugt. Ein Beispiel eines solchen Graphen ist in Abbildung 6.1 zu sehen. Die Zugehörigkeit der Knoten zu einem der drei Teilgraphen ist an ihrer Beschriftung und Farbe zu erkennen. Schwarze Knoten sind Teil der Knotenmenge von A, dunkelgraue sind Teil der Knotenmenge von B und hellgraue von C. Die Größe der Knoten sowie deren Labelschriftgröße ist proportional zu deren Knotengrad. Die Anzahl der Knoten n ist in allen drei Teilgraphen identisch sowie die Wahrscheinlichkeit p der Existenz einer Kante zwischen allen Knotenpaaren eines Teilgraphen. Die einzelnen Teilgraphen A, B und C werden dabei nach dem $(\mathcal{G}_{n,p})$ Modell [33] zufällig erzeugt und mit einer unterschiedlichen Anzahl an Kanten verbunden. Zum Verbinden der Teilgraphen werden zufällig Knoten ausgewählt, wobei die Wahrscheinlichkeit für einen Knoten, ausgewählt zu werden, gleichverteilt ist.

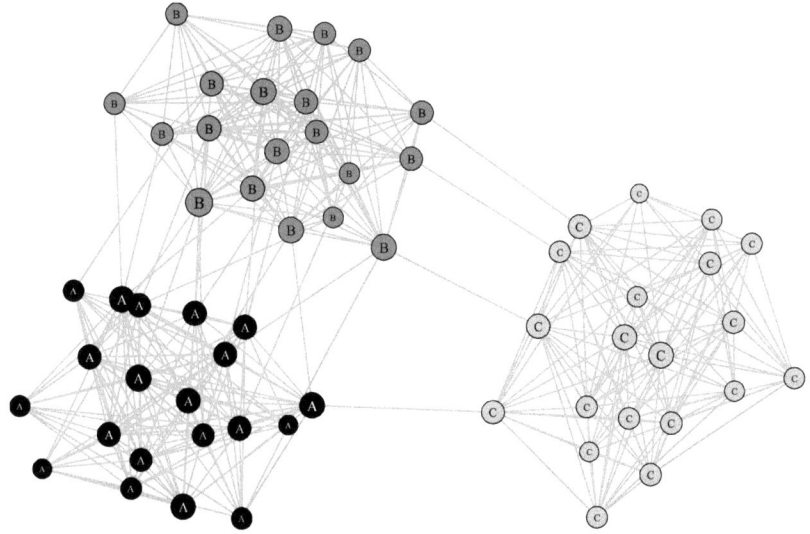

Abbildung 6.1: Ein Graph, bestehend aus drei gleich großen und dichten Teilgraphen A (schwarz), B (dunkelgrau) und C hellgrau, welche zufällig nach dem $(\mathcal{G}_{n,p})$ Modell erzeugt wurden.

Ist nun ein Teilgraph B stärker mit einem anderen Teilgraph A verbunden als mit dem

KAPITEL 6. EXPERIMENTE

Dritten (C), wird andererseits angenommen, dass die durchschnittliche Aktivierungsähnlichkeit zwischen den Knotenpaaren, bei welchen ein Knoten Teil der Knotenmenge von A und ein Knoten Teil der Knotenmenge von B ist, größer ist als der zwischen den Knoten aus B und C. Einen solchen Graph zeigt Abbildung 6.1.

Dazu werden eine Reihe zufälliger Graphen G_i, mit $1 \leq i \leq i_{max}$, nach dem beschriebenen Modell erzeugt, wobei die Anzahl der Kanten zwischen den drei Teilgraphen über i variiert. Seien m_{AB}^i die Anzahl der Kanten, die Knoten aus A und aus B in G_i verbinden und analog m_{AC}^i und m_{BC}^i. Die Anzahl der Kanten zwischen A und B wird für jeden weiteren erzeugten Graphen G_i um einen Wert Δm erhöht, wobei in G_1 mit $m_{AB}^1 = 1$ begonnen wird, so dass $m_{AB}^i = 1 + (i-1)\Delta m$. Nach i_{max} Iterationen wird folglich ein Maximum von $m_{max} = \frac{n*n*p}{2} + 1$ erreicht und der Vorgang abgebrochen. Gleichzeitig wird m_{BC} in jeder Iteration i für jeden erzeugten Graphen G_i um den Wert Δm verringert, bis zu einem Minimum von 1, wobei in G_1 mit $m_{BC}^1 = m_{max}$ begonnen wird, so dass $m_{BC}^i = \max(m_{max} - (i-1)\Delta m, 1)$. Das Maximum m_{max} ist so festgelegt, dass die maximale Anzahl an Kanten zwischen zwei Teilgraphen der durchschnittlichen Anzahl an Kanten (+1) innerhalb eines Teilgraphen bei gegebener Größe n und Kantenwahrscheinlichkeit p entspricht.

Dieses Modell zur Erzeugung von zufälligen Graphen kann auch so interpretiert werden, dass die Kantenwahrscheinlichkeit p innerhalb der drei Teilgraphen über i konstant bleibt und die Kantenwahrscheinlichkeit p_{AB} zwischen A und B langsam bis zu einem Maximum p erhöht wird. Gleichzeitig verringert sich die Kantenwahrscheinlichkeit p_{BC}, gestartet bei p über i.

Für jeden Graph G_i wird die durchschnittliche Aktivierungsähnlichkeit zwischen den Knotenpaaren mit einem Knoten aus A und einem aus B sowie einem Knoten aus B und einem aus C berechnet. Gemäß der Annahme wird erwartet, dass sich diese zwischen den Knoten aus A und B während des Verlaufs von i erhöht und die zwischen den Knoten aus B und C verringert.

Die Abbildungen 6.2 zeigen den Verlauf dieser durchschnittlichen Aktivierungsähnlichkeiten für Graphen G_i erzeugt aus Teilgraphen mit $n = 100$ und $p = 0.15$. In jedem Schritt i wurde die Kantenanzahl zwischen den Teilgraphen um 25 verändert ($\Delta m = 25$). Auf der y-Achse sind die durchschnittlichen normalisierten Aktivierungsähnlichkeiten abgetragen. Zu deren Berechnung wurden in Abbildung 6.2a $k_{max} = 10$ und $\alpha = 0.3$ und in Abbildung 6.2b $k_{max} = 122$ und $\alpha = 0.9$ verwendet, wodurch sich in beiden Fällen eine maximale Länge des Restvektors $\|\mathbf{r}\|_p < 2.5 \exp^{-5}$ ergibt (siehe Gleichung 5.10). Auf der x-Achse ist die Differenz der Kantenanzahl zum Initialwert $(i-1)\Delta m$ abgetragen, welche von 0 bis 751 reicht ($m_{max} = \frac{100*100*0.15}{2}+1 = 751$). Die Normalisierung der Aktivierungsähnlichkeiten durch die Knotengrade hat bei Graphen, welche anhand des ($\mathcal{G}_{n,p}$) Modells erzeugt wurden, nur geringe Auswirkungen, da die Verteilung der

6.1. EMPIRISCHE EVALUATION

Knotengrade nicht so stark variiert wie z.B. bei Potenzgesetz-Modellen.

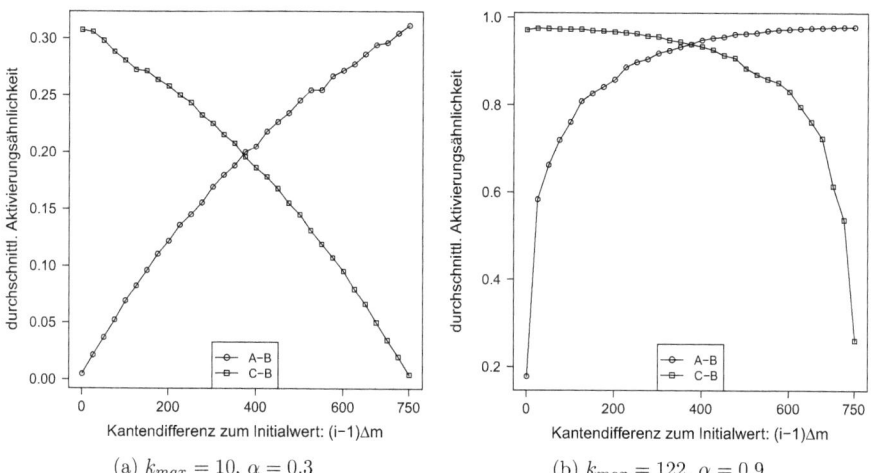

(a) $k_{max} = 10$, $\alpha = 0.3$ (b) $k_{max} = 122$, $\alpha = 0.9$

Abbildung 6.2: Durchschnittliche Aktivierungsähnlichkeiten der zufälligen Graphen G_i, mit $n = 100$ und $p = 0.15$.

Die durchschnittliche Aktivierungsähnlichkeit zwischen A und B, gekennzeichnet durch ○ steigt, je mehr Kanten zwischen den entsprechenden Teilgraphen eingefügt wurden. Umgekehrt fällt jene zwischen B und C, gekennzeichnet durch □, je mehr Kanten zwischen den entsprechenden Teilgraphen entfernt werden. In der Mitte beider Abbildungen sind die Aktivierungsähnlichkeiten im Durchschnitt gleich groß. Die Differenz der Kantenanzahl zum Initialwert beträgt an dieser Stelle etwa 375. Beide Teilgraphen A und C sind demnach gleich stark mit ca. 375 Kanten zu B verbunden.

Der Einfluss des Dämpfungsfaktors ist ebenfalls deutlich erkennbar. Während bei geringem α der Verlauf der durchschnittlichen Aktivierungsähnlichkeit fast linear ist, steigt diese bei einem größeren Dämpfungsfaktor zuerst schnell und dann langsamer an. Da bei großen α wesentlich mehr Iterationen in den finalen Aktivierungsvektor mit einfließen, spielen die späteren Iterationen, in denen die Konvergenz bereits weiter fortgeschritten ist, eine größere Rolle. Da sich die Aktivierungsvektoren dieser Iterationen ähnlicher sind, sind sich demnach auch die finalen Aktivierungsvektoren ähnlicher, was sich in einer größeren Aktivierungsähnlichkeit auswirkt. Es ist zu sehen, dass die maximale durchschnittliche Aktivierungsähnlichkeit mit $\alpha = 0.3$ etwa bei 0.31 liegt, während die mit $\alpha = 0.9$ bei fast 1.0 liegt. Des Weiteren hat die Konvergenzrate

KAPITEL 6. EXPERIMENTE

der Graphen bei größerem Dämpfungsfaktor einen größeren Einfluss auf die Ähnlichkeiten, vor allem bei langsamer Konvergenz.

Die durchschnittlichen Aktivierungsähnlichkeiten der Knoten innerhalb der Teilgraphen, der Graphen G_i liegt für $\alpha = 0.3$ im Intervall $[0.31, 0.37]$ und für $\alpha = 0.9$ im Intervall $[0.95, 0.98]$. Da sich die Dichte innerhalb der Teilgraphen nicht ändert, ändern sich die Ähnlichkeiten nur marginal. Ist die Anzahl der Kanten zwischen z.B. A und B maximal, so entspricht die durchschnittliche Ähnlichkeit der Knoten in A bzw. B ungefähr der durchschnittlichen Ähnlichkeit, der Knotenpaare mit einem Knoten aus A und einem aus B.

Die Anzahl der Kanten zwischen den Teilgraphen wirkt sich auf die Überlappung der direkten und indirekten Nachbarschaft der Knoten dieser Teilgraphen aus. Je mehr Kanten existieren, desto größer der Überlapp und vice versa. Die Annahme, dass sich die durchschnittlichen Aktivierungsähnlichkeiten bezüglich der Überlappung der direkten und indirekten Nachbarschaft ändern bestätigt sich folglich.

Abbildung 6.3 zeigt ein ähnliches Ergebnis für dichtere Teilgraphen, mit $p = 0.5$. Die Anzahl der Graphen G_i erhöht sich dadurch, da $m_{max} = \frac{100*100*0.5}{2} + 1 = 2501$. Alle anderen Parameter entsprechen denen aus dem ersten Experiment. Abbildung 6.3a zeigt den Verlauf der durchschnittlichen Aktivierungsähnlichkeiten mit $\alpha = 0.3$ und $k_{max} = 10$ und Abbildung 6.3b den mit $\alpha = 0.9$ und $k_{max} = 122$.

Es ist deutlich zu sehen, dass die maximale durchschnittliche Aktivierungsähnlichkeit in Abbildung 6.3a gegenüber Abbildung 6.2a um ca. 0.29 auf 0.6 gestiegen ist, was sich auf die größere maximale Kantenanzahl m_{max} zwischen den Teilgraphen zurückführen lässt. Der Durchschnitt der Aktivierungsähnlichkeit der Knoten innerhalb eines Teilgraphen liegt für $\alpha = 0.3$ nun im Intervall $[0.6, 0.7]$ und für $\alpha = 0.9$ im Intervall $[0.97, 0.99]$. Da eine höhere Dichte eine größere Überlappung der direkten und indirekten Nachbarschaft der Knoten innerhalb eines Teilgraphen bewirkt, steigt folglich auch deren Aktivierungsähnlichkeit.

Die Auswirkung der Knotenanzahl n pro Teilgraph hat keinen großen Einfluss auf die Form der Kurve der durchschnittlichen Aktivierungsähnlichkeit. Bei steigendem n wird diese lediglich glatter und bei sinkendem n verrauschter. Die Trends der Ähnlichkeiten bleiben jedoch die gleichen.

6.1.2 Signaturähnlichkeit

Durch die Signaturähnlichkeit werden die Ausbreitungsgeschwindigkeiten der Aktivierungen von Iteration zu Iteration verglichen. Knoten, die automorphe Abbilder voneinander sind, kön-

6.1. EMPIRISCHE EVALUATION

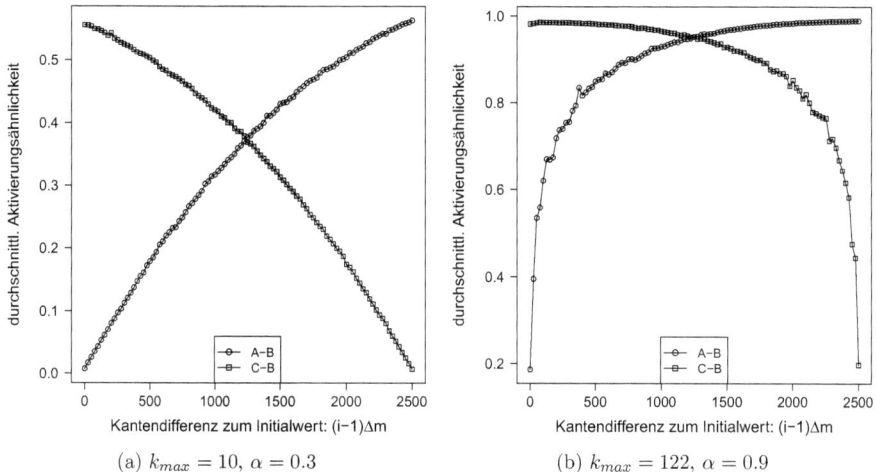

(a) $k_{max} = 10$, $\alpha = 0.3$ (b) $k_{max} = 122$, $\alpha = 0.9$

Abbildung 6.3: Durchschnittliche Aktivierungsähnlichkeiten der zufälligen Graphen G_i, mit $n = 100$ und $p = 0.5$.

nen strukturell nicht unterschieden werden. Die Ausbreitungsgeschwindigkeiten der Aktivierungsausbreitungsprozesse, gestartet bei diesen Knoten, sind identisch und folglich deren Signaturähnlichkeit maximal (siehe Korollar 3). Demnach hängt die Ausbreitungsgeschwindigkeit von der Struktur der direkten und indirekten Nachbarschaft eines Knotens ab.

Die Struktur wird hier als Dichte und Knotengradverteilung interpretiert, woraus sich folgende Annahme formulieren lässt: die Signaturähnlichkeit zwischen Knoten aus Teilgraphen mit ähnlicher Dichte bzw. Knotengradverteilung ist größer als die zwischen Knoten aus Teilgraphen mit unterschiedlicher Dichte bzw. Knotengradverteilung.

Um diese Annahmen zu prüfen werden künstlich Teilgraphen mit unterschiedlicher Dichte und Knotengradverteilung erzeugt, mit jeweils einer Kante verbunden und die durchschnittliche Signaturähnlichkeit der Knoten aus den verschiedenen Teilgraphen bestimmt und verglichen.

Veränderung der Dichte

Um die Auswirkungen der Veränderung der Dichte auf die Signaturähnlichkeit zu untersuchen, werden zufällig Graphen bestehend aus drei Teilgraphen A, B und C nach dem $(\mathcal{G}_{n,p})$ Modell erzeugt. Die Graphen werden untereinander mit jeweils einer Kante verbunden, die entsprechenden Knoten werden zufällig ausgewählt, wobei die Wahrscheinlichkeit gleichverteilt ist. Die Anzahl der Knoten n ist in allen drei Teilgraphen identisch. Lediglich die Kantenwahrscheinlichkeit p innerhalb der Teilgraphen variiert. Ein Beispiel eines solchen Graphen ist in Abbildung 6.4 zu sehen. Die Zugehörigkeit der Knoten zu A, B oder C ist durch ihre Beschriftung und Farbe gekennzeichnet. Schwarze Knoten sind Teil der Knotenmenge von A,

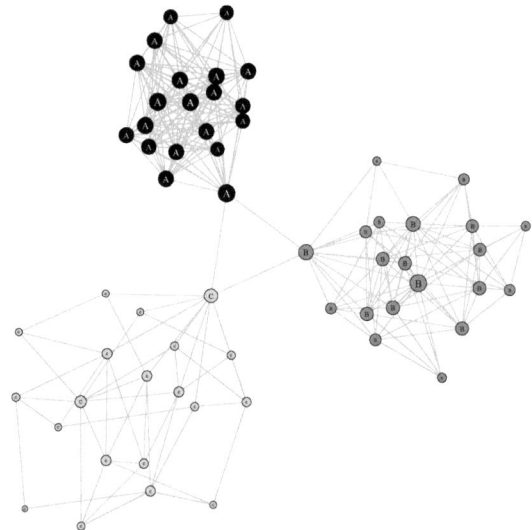

Abbildung 6.4: Ein Graph, bestehend aus drei gleich großen Teilgraphen A (schwarz), B (dunkelgrau) und C (hellgrau), welche zufällig nach dem $(\mathcal{G}_{n,p})$ Modell mit unterschiedlicher Dichte p erzeugt wurden.

dunkelgraue von der von B und hellgraue sind Teil der Knotenmenge von C. Die Größe der Knoten sowie deren Labelschriftgröße ist proportional zu deren Knotengrad.

Erneut werden eine Reihe von Graphen G_i nach dem beschriebenen Modell erzeugt. Sei p_A die Kantenwahrscheinlichkeit in Teilgraph A, p_C die in C und p_B^i die in Teilgraph B des Graphen G_i. Die Werte p_A und p_C sind dabei für alle Graphen G_i konstant, wobei $p_A > p_C$. Lediglich p_B^i ändert sich über i. Zu Beginn, für $i = 1$ gilt $p_B^1 = p_C$. Mit wachsendem i ändert sich die Kantenwahrscheinlichkeit um Δp, so dass $p_B^i = p_C + (i-1)\Delta p$. Wird ein Maximum von p_A erreicht wird der Vorgang abgebrochen.

Für jeden Graph G_i wird die durchschnittliche Signaturähnlichkeit der Knotenpaare mit einem Knoten aus A und einem aus B sowie einem Knoten aus B und einem aus C berechnet.

6.1. EMPIRISCHE EVALUATION

Der Verlauf der durchschnittlichen Signaturähnlichkeit mit $n = 100$, $p_C = 0.15$, $p_A = 0.3$ und $\Delta p = 0.001$ ist in Abbildung 6.5 zu sehen. Dabei wurden in Abbildung 6.5a 10 Iterationen zur Berechnung der Signaturähnlichkeit verwendet ($k_{max} = 10$) und in Abbildung 6.5b 100 Iterationen ($k_{max} = 100$). Die durchschnittlichen Signaturähnlichkeiten zwischen Knoten aus A und B sind mit ○ und die der Knoten aus B und C mit □ gekennzeichnet. Es ist zu sehen, dass je ähnlicher sich die Kantenwahrscheinlichkeiten p_A und p_B^i werden, desto ähnlicher werden auch die entsprechenden Knotenähnlichkeiten. Auf der anderen Seite werden die Knoten zwischen B und C immer unähnlicher, je unähnlicher die Kantenwahrscheinlichkeiten p_C und p_B^i werden.

Die Annahme, dass Knoten in Teilgraphen mit ähnlicherer Dichte eine größere Signaturähnlichkeit aufweisen als Knoten in Teilgraphen mit unterschiedlicherer Dichte wird durch die durchschnittlichen Signaturähnlichkeiten bestätigt. Der Einfluss der Dichte als Bestandteil der Struktur eines Graphen auf die Signaturähnlichkeit konnte demnach nachgewiesen werden.

Des Weiteren sind die Auswirkungen der maximalen Anzahl an Iterationen k_{max} auf die Signaturähnlichkeiten zu erkennen. Im ersten Fall ($k_{max} = 10$) steigt diese zwischen den Knoten aus A und B schneller an als im Zweiten, während sie im zweiten Fall zwischen den Knoten aus B und C schneller abnimmt. Außerdem ist zu sehen, dass im zweiten Fall ab einer Kantenwahrscheinlichkeit von ca. $p_B^i = 0.23$ der Trend der durchschnittlichen Signaturähnlichkeit zwischen Knoten aus B und C nicht weiter absinkt.

Abbildung 6.6 zeigt ein ähnliches Ergebnis, wobei die Anzahl der Knoten jedes Teilgraphen auf $n = 300$ erhöht wurde. Alle anderen Parameter wurden nicht verändert. Es ist erkennbar, dass die Anzahl der Knoten auf den Trend der durchschnittlichen Signaturähnlichkeiten keinen großen Einfluss hat. Bei steigenden n wird die Kurve lediglich glatter. Überraschend ist allerdings, dass die durchschnittliche Signaturähnlichkeit zwischen Knoten aus B und C ab einer Kantenwahrscheinlichkeit von ca. $p_B^i = 2.1$ wieder leicht ansteigt. Dennoch ist die durchschnittliche Signaturähnlichkeit zwischen Knoten aus A und B höher als die zwischen B und C; die Annahme wird dadurch also nicht widerlegt.

Veränderung der Knotengradverteilung

Um die Auswirkungen der Knotengradverteilung auf die Signaturähnlichkeit empirisch zu prüfen werden wiederum zufällig Graphen G_i bestehend aus drei Teilgraphen A, B und C erzeugt. Die Teilgraphen werden dabei nach dem Potenzgesetz-Modell erzeugt. In diesen Modellen wird der Anteil der Knoten mit einem bestimmten Knotengrad d durch ein Potenzgesetz bestimmt.

KAPITEL 6. EXPERIMENTE

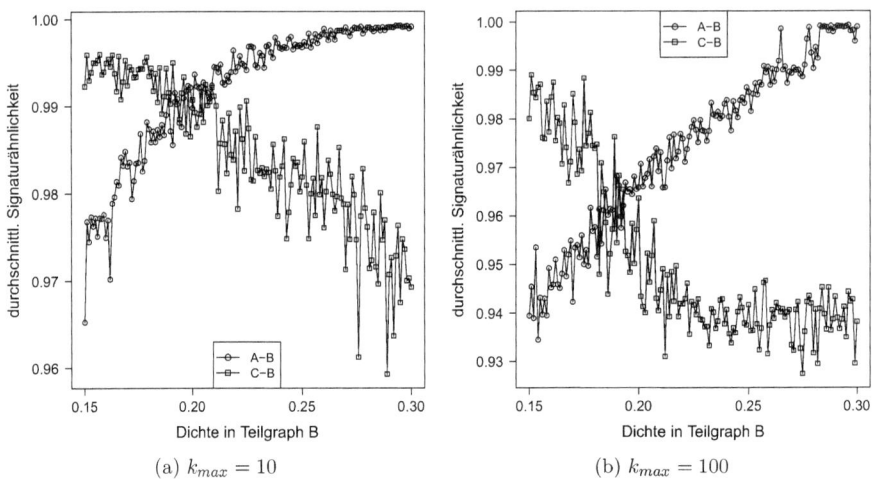

(a) $k_{max} = 10$ (b) $k_{max} = 100$

Abbildung 6.5: Durchschnittliche Signaturähnlichkeiten der zufälligen Graphen G_i, mit $n = 100$, $p_C = 0.15$, $p_A = 0.3$ und $\Delta p = 0.001$.

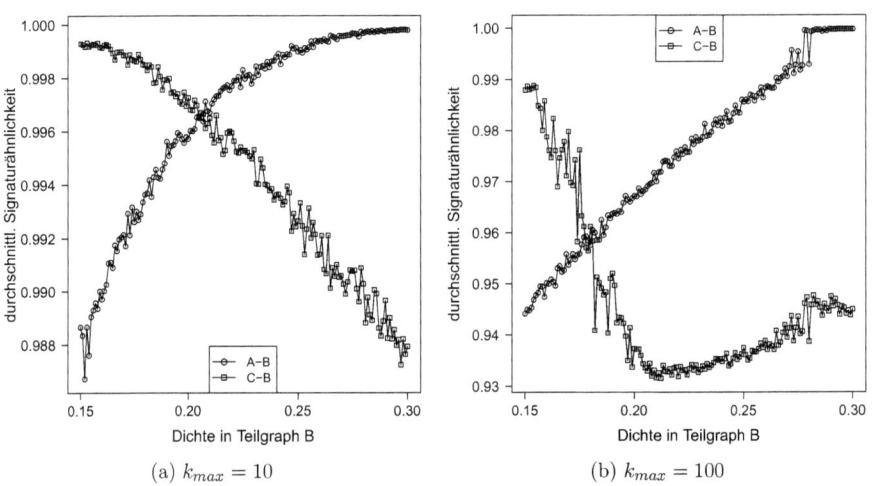

(a) $k_{max} = 10$ (b) $k_{max} = 100$

Abbildung 6.6: Durchschnittliche Signaturähnlichkeiten der zufälligen Graphen G_i, mit $n = 300$, $p_C = 0.15$, $p_A = 0.3$ und $\Delta p = 0.001$.

6.1. EMPIRISCHE EVALUATION

Die Knotengradverteilung p entspricht

$$p(d) = e^{-\gamma d}.$$

Je nach γ haben die meisten Knoten einen kleinen Knotengrad, einige einen mittleren und wenige einen hohen. Generiert werden die Graphen mit dem gewünschten Knotengrad durch den in [84] vorgestellten Algorithmus. Die erzeugten Graphen sind schlicht, verbunden und ungerichtet. Der maximal mögliche Knotengrad d_{max} ist in allen drei Teilgraphen identisch. Wieder werden die Teilgraphen untereinander mit jeweils einer Kante verbunden, wobei die entsprechenden Knoten zufällig mit einer gleich verteilten Wahrscheinlichkeit ausgewählt werden. Abbildung 6.7 zeigt ein Beispiel eines solchen Graphen. Die Zugehörigkeit der Knoten zu A, B oder C ist durch ihre Beschriftung und Farbe gekennzeichnet. Schwarze Knoten sind Teil der Knotenmenge von A, dunkelgraue von der von B und hellgraue sind Teil der Knotenmenge von C. Die Größe der Knoten sowie deren Labelschriftgröße ist proportional zu deren Knotengrad. Die Knotengradverteilung für Teilgraph A wurde mit $\gamma = 0.05$ erzeugt und ist

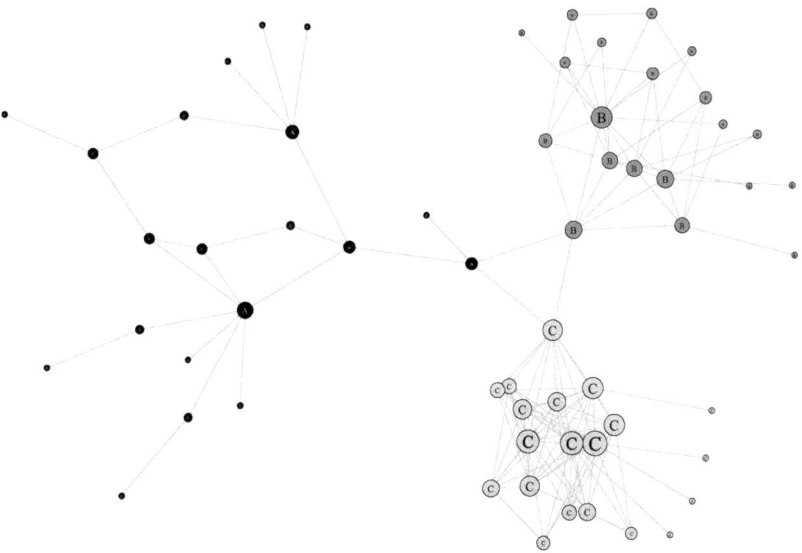

Abbildung 6.7: Ein Graph, bestehend aus drei gleich großen Teilgraphen A (schwarz), B (dunkelgrau) und C (hellgrau), welche zufällig nach dem Potenzgesetz-Modell mit unterschiedlicher Knotengradverteilung erzeugt wurden.

KAPITEL 6. EXPERIMENTE

in Abbildung 6.8a zu sehen. Die für Teilgraph C wurde mit $\gamma = 0.7$ erzeugt, zu sehen in Abbildung 6.8b und die für B mit $\gamma = 0.3$.

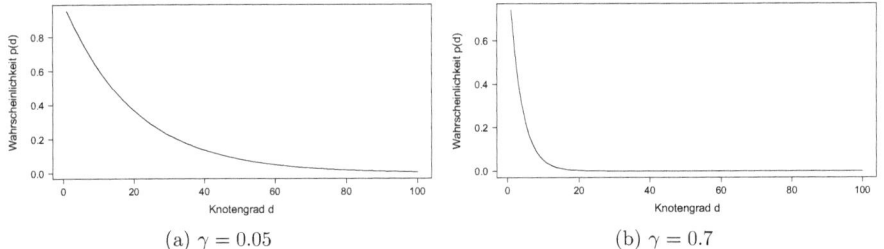

(a) $\gamma = 0.05$ (b) $\gamma = 0.7$

Abbildung 6.8: Knotengrade und deren entsprechende Wahrscheinlichkeiten nach dem Potenzgesetz-Modell mit $\gamma = 0.05$ und $\gamma = 0.7$.

Zur Evaluierung der Annahme werden wieder eine Reihe von Graphen G_i nach dem beschriebenen Modell erzeugt. Der maximal mögliche Knotengrad d_{max} ist in allen drei Teilgraphen jedes Graphen G_i der gleiche. Die Knotengradverteilung der Teilgraphen hängt vom Parameter γ ab, wobei γ_A der Parameter für Teilgraph A ist, γ_B^i der für Teilgraph B in Graph G_i und γ_C der für C. Die Werte γ_A und γ_C sind in allen Graphen G_i konstant, wobei $\gamma_A > \gamma_C$, nur der Wert γ_B^i ändert sich über i. Zu Beginn für $i = 1$ gilt $\gamma_B^1 = \gamma_C$. Mit wachsendem i ändert sich γ_B^i um $\Delta\gamma$, so dass $\gamma_B^i = \gamma_C + (i - 1)\Delta\gamma$. Wird ein Maximum von γ_A erreicht, wird der Vorgang abgebrochen.

Wieder wird für jeden Graphen G_i die durchschnittliche Signaturähnlichkeit zwischen Knoten aus A und B sowie B und C berechnet. Der Verlauf mit $d_{max} = 100$, $\gamma_C = 0.1$, $\gamma_A = 0.5$ und $\Delta\gamma = 0.001$ ist in Abbildung 6.9 zu sehen. Zur Bestimmung der Signaturähnlichkeit wurden einmal 10 Iterationen berechnet ($k_{max} = 10$), dargestellt in Abbildung 6.9a und einmal 100 Iterationen ($k_{max} = 100$), dargestellt in Abbildung 6.9b. Die durchschnittlichen Signaturähnlichkeiten zwischen A und B sind mit ○ und die zwischen B und C mit □ eingezeichnet. Der Trend ist deutlich erkennbar. Die durchschnittliche Ähnlichkeit steigt zwischen Knoten aus A und B je ähnlicher γ_B^i dem Wert γ_A wird. Gleichzeitig sinkt diese zwischen Knoten aus B und C je unähnlicher γ_B^i gegenüber γ_C wird. Im Vergleich zur Dichte basierten Evaluation in Abschnitt 6.1.2 sinkt die durchschnittliche Signaturähnlichkeit stärker bei unterschiedlichen Parametern. Außerdem ist ihre Varianz deutlich größer und die Kurve daher verrauschter.

Die Annahme, dass Knoten in Teilgraphen mit ähnlicheren Knotengradverteilungen eine größere Signaturähnlichkeit aufweisen als Knoten in Teilgraphen mit unterschiedlicheren Kno-

6.1. EMPIRISCHE EVALUATION

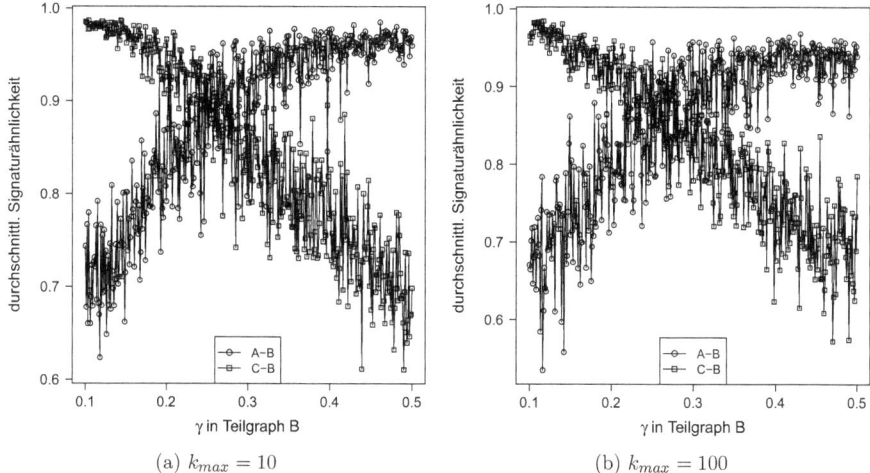

(a) $k_{max} = 10$ (b) $k_{max} = 100$

Abbildung 6.9: Durchschnittliche Signaturähnlichkeiten der zufälligen Graphen G_i, mit $d_{max} = 100$, $\gamma_A = 0.1$, $\gamma_C = 0.5$ und $\Delta\gamma = 0.001$.

tengradverteilungen wird durch die durchschnittlichen Signaturähnlichkeiten bestätigt. Der Einfluss der Knotengradverteilungen als Bestandteil der Struktur eines Graphen auf die Signaturähnlichkeit konnte demnach nachgewiesen werden.

Die Veränderung der maximalen Anzahl an Iterationen zeigt hier deutlich weniger Auswirkungen als bei der Dichte basierten Evaluation. Die durchschnittliche Signaturähnlichkeit zwischen Knoten aus A und B steigt mit $k_{max} = 100$ nicht ganz so hoch wie mit $k_{max} = 10$. Des Weiteren fällt die Ähnlichkeit zwischen Knoten aus B und C mit $k_{max} = 10$ etwas schneller ab als mit $k_{max} = 100$.

Abbildung 6.10 zeigt ein ähnliches Ergebnis für $d_{max} = 300$. Alle anderen Parameter wurden nicht verändert. Es ist erkennbar, dass die Varianz der durchschnittlichen Signaturähnlichkeit kleiner ist als mit $d_{max} = 100$. Die gleichen Trends zeigen sich somit etwas deutlicher.

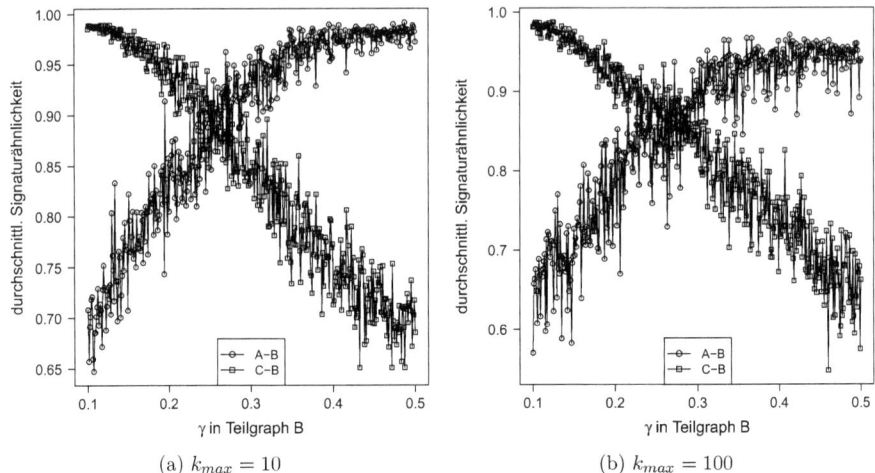

(a) $k_{max} = 10$ (b) $k_{max} = 100$

Abbildung 6.10: Durchschnittliche Signaturähnlichkeiten der zufälligen Graphen G_i, mit $d_{max} = 300$, $\gamma_A = 0.1$, $\gamma_C = 0.5$ und $\Delta\gamma = 0.001$.

6.2 Schools-Wikipedia

Der Schools-Wikipedia[1] (2008/09) Datensatz besteht mit ungefähr 5500 Artikeln aus einer Teilmenge des Englischen Wikipedia[2] Datensatzes. Die Artikel sind in 154 Kategorien unterteilt, bestehend aus 16 Hauptkategorien. Jeder Artikel ist dabei mindestens einer Hauptkategorie zugeordnet. Wie auch in Wikipedia, können Artikel andere Artikel durch Hyperlinks referenzieren. Externe Hyperlinks wurden in Schools-Wikipedia gefiltert. Der Datensatz wurde für die Experimente ausgewählt, da er zu einem Großteil aus Allgemeinwissen bzw. allgemein verständlichen Artikeln besteht. Die Ergebnisse lassen sich daher besser nachprüfen, ohne dass spezielles Fachwissen erforderlich ist.

Zur Erstellung des Graphen $G = (V, E)$, wird jeder Artikel als Knoten repräsentiert und jeder Hyperlink als ungerichtete Kante. Der resultierende Graph ist schlicht, ungerichtet und besteht aus drei verbundenen Komponenten, wobei zwei der Komponenten jeweils lediglich aus einem isolierten Knoten bestehen, welche entfernt wurden. Es wurde ein ungerichteter und verbundener Graph erzeugt, um die Konvergenz der Aktivierungsausbreitung zur Berechnung

[1] http://schools-wikipedia.org/
[2] http://en.wikipedia.org/wiki/Main_Page

6.2. SCHOOLS-WIKIPEDIA

der finalen Aktivierungs- und Signaturvektoren zu gewährleisten. Einige Grundeigenschaften des resultierenden Graphen sind in Tabelle 6.1 aufgelistet.

Schools-Wikipedia Grapheigenschaften	
Anzahl der Knoten n	5536
Anzahl der Kanten m	190149
Minimaler Knotengrad	1
Maximaler Knotengrad	2069
Durchschnittlicher Knotengrad	68.7
Konvergenzrate $r = \frac{|\lambda_2|}{|\lambda_1|}$	$\frac{83.5}{173.8} = 0.48$
Durchmesser	5

Tabelle 6.1: Grundeigenschaften des Graphen basierend auf dem Schools-Wikipedia Hyperlink-Netzwerk.

Die Knotengradverteilung des Schools-Wikipedia-Netzwerks ist in Abbildung 6.11 mit logarithmierter x-Achse illustriert. Es ist zu sehen, dass wenige Knoten mit sehr kleinem Knotengrad ($d < 5$) existieren, viele mit kleinem und mittlerem ($5 \leq d < 300$) und sehr wenige mit hohem Knotengrad (≥ 300). Da der Durchmesser und die Konvergenzrate des Graphen relativ

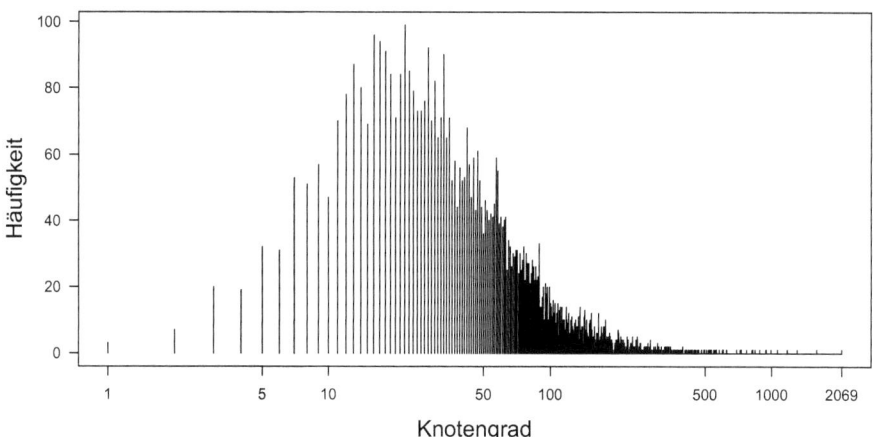

Abbildung 6.11: Knotengradverteilung des Schools-Wikipedia Graphen mit logarithmierter x-Achse.

klein sind konvergieren die Aktivierungsausbreitungsprozesse sehr schnell. Dadurch werden die Normen der Geschwindigkeitsvektoren schon nach wenigen Iterationen sehr klein und leisten

KAPITEL 6. EXPERIMENTE

keinen signifikanten Beitrag zu den Signaturähnlichkeiten der Knoten. Bereits nach 11 Iterationen ist der größte Wert der Normen der Geschwindigkeitsvektoren 0.017, wobei die meisten der Werte allerdings deutlich darunter liegen. Die Aktivierungsausbreitung wurde nach dieser Iteration abgebrochen. Zur Berechnung der finalen Aktivierungs- und Signaturvektoren wurden die ersten 10 Iterationen verwendet. Die daraus entstehende maximale Differenz der Signaturähnlichkeit zweier Knoten liegt demnach bei 0.00037 (siehe Abschnitt 5.3.2). Da die maximale Differenz zu groß abgeschätzt wird liegt die tatsächliche Differenz auf jeden Fall darunter. Die Aktivierungsvektoren wurden nach jeder Iteration mit der euklidischen Norm normiert. Für die Bestimmung der finalen akkumulierten Aktivierungsvektoren wurde ein Dämpfungsfaktor von $\alpha = 0.3$ verwendet, um den Einfluss längerer Wege zu vermindern und so das eher lokale Umfeld der Knoten zu vergleichen.

6.2.1 Verfahrensweise

Im Folgenden wird die Verfahrensweise zur Durchsuchung und Exploration des Schools-Wikipedia-Netzwerks unter Verwendung von Signatur- und Aktivierungsähnlichkeiten aus Aktivierungsausbreitungsprozessen beschrieben. Dabei steht die Suche nach strukturell ähnlichen Knoten bezüglich einer Anfrage anhand der Signaturähnlichkeit im Vordergrund. Strukturell ähnliche Knoten spielen eine ähnliche Rolle in ihrer direkten und indirekten Nachbarschaft bzw. haben eine ähnliche Stellung oder Wichtigkeit. Die Knoten des Schools-Wikipedia-Netzwerks können Artikel über Personen, Begebenheiten, biologische Entitäten, Länder etc. sein. Um die ähnlichen Rollen bzw. Stellungen zweier Knoten mit hoher Signaturähnlichkeit darzustellen und erkennbar zu machen, werden diese zusammen mit einem Teil ihrer direkten und indirekten Nachbarschaft visualisiert. Dabei wird versucht, mit geeigneten Layoutverfahren die Knoten so anzuordnen, dass deren ähnliche Stellung sichtbar wird. Dies soll helfen, die Gemeinsamkeiten der Knoten in Bezug auf deren Vernetzung einzuschätzen.

Eine sinnvolle Visualisierung der 1- und 2-Nachbarschaft (oder größer), bestehend aus den Knoten, die eine oder zwei Kanten entfernt liegen, ist jedoch aufgrund der hohen Anzahl an Knoten und Kanten in den meisten Fällen schwer möglich. Der Durchmesser (5) des Graphen ist im Verhältnis zur Anzahl der Knoten relativ klein, weshalb die Anzahl der Knoten der 2-Nachbarschaft relativ groß ist. Nur unter 5.7 Prozent der Knoten haben eine 2-Nachbarschaft mit weniger als 1000 Knoten. Die 1-Nachbarschaft eines Knotens alleine reicht jedoch nicht aus, um die Stellung des Knotens innerhalb seiner Umgebung deutlich zu visualisieren, da der jeweilige Knoten auf jeden Fall zu allen anderen Knoten verbunden ist und deshalb immer die zentralste Stellung hat. Die strukturellen Gemeinsamkeiten zweier Knoten mit hoher Signaturähnlichkeit kommen somit nicht ausreichend zur Geltung.

Anstatt einer bestimmten Nachbarschaft eines Knotens $u \in V$ kann ein dichter umgebender Teilgraph $G_u = (V_u, E_u)$, mit $V_u \subseteq V$ und $E_u \subseteq E$, bestehend aus $|V_u| = l$ Knoten extrahiert werden. Die Anzahl der Knoten l wird so gewählt, dass eine sinnvolle Visualisierung möglich ist. Dieser Teilgraph ist ein induzierter Teilgraph, bestehend aus den Knoten V_u, die am dichtesten an u liegen. Um dies zu bestimmen wird die dichte basierte Aktivierungsähnlichkeit verwendet. V_u sind also die l Knoten, die u aufgrund der Aktivierungsähnlichkeit am ähnlichsten sind. Zwei solcher Teilgraphen bezüglich zweier strukturell ähnlicher Knoten (Signaturähnlichkeit) können dann visualisiert und verglichen werden.

Um die Wichtigkeit bzw. Stellung von Knoten innerhalb der Teilgraphen, im Folgenden auch als Knotengemeinschaft bezeichnet, zu bestimmen werden Eigenvektorzentralität [13] oder PageRank [22] verwendet, welche beides weitverbreitete Zentralitätsmaße sind. Zur Verdeutlichung der (un-)ähnlichen Stellung zweier Knoten innerhalb der Knotengemeinschaft werden die extrahierten Teilgraphen mittels Zentralitätslayouts [66, 18, 37, 17] auf Basis der Zentralitätswerte der Knoten visualisiert. Der Knoten mit dem höchsten Zentralitätswert, also der wichtigsten Stellung, wird dabei im Zentrum platziert. Knoten mit geringeren Zentralitätswerten werden auf Bahnen um das Zentrum herum platziert, wobei der Radius der Bahn im umgekehrten Verhältnis zum jeweiligen Zentralitätswert steht. Je kleiner der Wert, desto größer der Radius.

Im Folgenden werden zu einigen Beispielanfragen strukturell ähnliche Knoten gesucht und deren dichte Teilgraphen verglichen.

6.2.2 Personen

Die Schools-Wikipdia Artikel sind verschiedenen Kategorien zugeordnet. Eine dieser Kategorien ist die Personenkategorie (People), welcher Artikel über Personen aus Politik, Militär, Sport, Wissenschaft usw. zugeordnet sind. In den folgenden Experimenten wird versucht, strukturell ähnliche Knoten von Artikeln der Personenkategorie bezüglich bestimmter Anfragen, ebenfalls bestehend aus Knoten von Artikeln der Personenkategorie zu finden und die dichten umgebenden Teilgraphen der entsprechenden Knoten zu vergleichen und Gemeinsamkeiten sowie Unterschiede darzulegen.

Galileo Galilei, Euklid und Platon

Das Ziel im ersten Versuch ist es, namhafte, gelehrte Persönlichkeiten mit hoher Signaturähnlichkeit und ihre Knotengemeinschaften zu vergleichen. Zum einen wird untersucht, welche

KAPITEL 6. EXPERIMENTE

Knoten Teil der jeweiligen Knotengemeinschaften sind bzw. die höchste Aktivierungsähnlichkeit haben und welche Gemeinsamkeiten zwischen diesen festgestellt werden können. Zum anderen wird die Stellung der Knoten innerhalb der jeweiligen Knotengemeinschaft visualisiert und verglichen. Der Fokus wurde dabei auf wohlbekannte Persönlichkeiten gelegt, um die Ergebnisse anhand von Allgemeinwissen besser abschätzen zu können. Die Anfrage besteht dabei aus dem Knoten des Artikels über den bekannten italienischen Physiker „Galileo Galilei".

Um die strukturell ähnlichsten Knoten zu finden, wurden alle Knoten, die der Personenkategorie zugeordnet sind, nach deren Signaturähnlichkeit zum Anfrageknoten sortiert. Separat wurden zusätzlich alle Knoten, unabhängig davon welcher Kategorie sie zugeordnet sind, nach der Aktivierungsähnlichkeit zur Anfrage sortiert, um die dichte direkte und indirekte Nachbarschaft um Galileo Galilei zu identifizieren und extrahieren. Tabelle 6.2 zeigt die 10 sowie die 16. und 17. ähnlichsten Knoten bezüglich beider Ähnlichkeiten.

Galileo Galilei		
Rang	Signaturähnlichkeit	Aktivierungsähnlichkeit
1.	Galileo Galilei	Galileo Galilei
2.	Isaac Newton	Johannes Kepler
3.	Johannes Kepler	Heliocentrism
4.	Aristotle	Nicolaus Copernicus
5.	Leonhard Euler	Isaac Newton
6.	Mary II of England	Phil. Nat. Principa Mathematica
7.	James Clerk Maxwell	Kepler's laws of planetary motion
8.	Anne of Great Britain	Classical mechanics
9.	James I of England	History of physics
10.	Henry VII of England	Astronomy
⋮	⋮	⋮
16.	Plato	Newton's laws of motion
17.	Euclid	General relativity

Tabelle 6.2: Die 10 sowie 16. und 17. ähnlichsten Knoten zu Galileo Galilei; *links* bezüglich der Signaturähnlichkeit, zugeordnet zur Personenkategorie; *rechts* bezüglich der Aktivierungsähnlichkeit unabhängig von ihrer Kategorie.

Galilei ist in beiden Fällen mit Ähnlichkeiten von 1 der ähnlichste Knoten zu sich selbst. Da ansonsten keine Knoten mit einer Signaturähnlichkeit von 1 existieren, existieren keine automorph äquivalenten Knoten zu Galilei im Schools-Wikipedia-Netzwerk. Knoten wie „Heliocentrism", „Astronomy", „History of physics", etc. sind sinnvollerweise Teil seiner dichten Knotengemeinschaft, da er hauptsächlich in diesen Gebieten gearbeitet sowie eine große Rolle

6.2. SCHOOLS-WIKIPEDIA

gespielt hat. Galilei wird unter anderem als „Vater der modernen Physik" [3] bezeichnet. Des Weiteren sind andere wichtige Wissenschaftler, die auch eine große Rolle in diesen Bereichen gespielt haben, wie „Nicolaus Copernicus", „Johannes Kepler" oder „Isaac Newton" ebenfalls Teil seiner umgebenden Knotengemeinschaft.

Unter den ersten 20 strukturell ähnlichsten Knoten fielen der griechische Philosoph „Plato" und der griechische Mathematiker „Euclid" auf, welches die 16. und 17. ähnlichsten Knoten der Personenkategorie sind. Beide spielten, analog zu Galilei, in ihren jeweiligen Wissensgebieten Philosophie bzw. Mathematik eine wichtige Rolle. Platon war einer der Mitbegründer der westlichen Philosophie und Euklid wird als „Vater der Geometrie" [4] bezeichnet. Newton und Kepler haben ebenfalls eine hohe Signaturähnlichkeit zu Galilei und spielten in ihren Wissensgebieten eine große Rolle, jedoch unterscheiden sich die Wissensgebiete von Platon und Euklid stärker von dem Galileis. Aufgrund dessen und des hohen allgemeinen Bekanntheitsgrades wurden Platon und Euklid zum Vergleich der Knotengemeinschaften ausgewählt.

Die Knotengemeinschaften bestehen aus den induzierten Teilgraphen auf Basis der 30 ähnlichsten Knoten bezüglich der Aktivierungsähnlichkeit zu Galilei, Platon und Euklid. Es wurden 30 Knoten ausgewählt, da diese Anzahl zum einen sinnvoll visualisierbar ist und zum anderen strukturelle Gemeinsamkeiten und Unterschiede gezeigt werden können. Der extrahierte Teilgraph zu Galilei ist in Abbildung 6.12 zu sehen, der zu Platon in Abbildung 6.13a und der zu Euklid in Abbildung 6.13b. Knoten sind durch Kreise dargestellt, wobei deren Größe und Labelschriftgröße proportional zum Knotengrad sind. Die Knoten der jeweiligen Persönlichkeiten sind dunkelgrau hervorgehoben, deren direkte Nachbarn hellgrau und andere Knoten weiß. Die extrahierten Teilgraphen sind mittels eines Zentralitätslayouts auf Basis der Eigenvektorzentralität visualisiert.

Es ist zu sehen, dass sowohl Galilei als auch Euklid und Platon zu fast allen Knoten der jeweiligen Knotengemeinschaften verbunden sind. Galilei hat 23 direkte Nachbarn, Platon 22 und Euklid 20. Ihre Nachbarn können grob in drei semantische Gruppen unterteilt werden: die Gebiete in denen sie tätig waren, Themen und Aspekte, welche in diesen Gebieten wichtig sind und andere Personen, welche in diesen Gebieten tätig waren und wichtige Beiträge geleistet haben. Im Falle Galileis sind die Gebiete „Physics", „Astronomy", „Classical mechanics" etc., zugehörige Themen und Aspekte „Gravitation", „Mass" oder „Force" und andere wichtige Personen „Nicolaus Copernicus", „Johannes Kepler" oder „Isaac Newton". Im Falle Platons und Euklids sind die Gebiete „Philosophy" oder „Philosophy of mind" bzw. „Mathematics"

---
[3] http://schools-wikipedia.org/wp/g/Galileo_Galilei.htm
[4] http://schools-wikipedia.org/wp/e/Euclid.htm

oder „Euclidean geometry". Die wichtigen Themen und Aspekte sind z.B. „Emotion" oder „Logic" bzw. „Angle" oder „Triangle" und andere wichtige Personen sind z.B. „Aristotle" oder „Socrates" bzw. „Pythagoras" oder „David Hilbert".

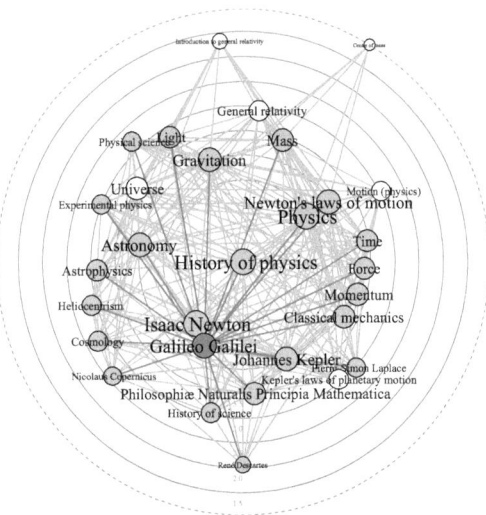

Abbildung 6.12: Die Knotengemeinschaft von „Galileo Galilei" bestehend aus dem induzierten Teilgraph der 30 ähnlichsten Knoten aufgrund der Aktivierungsähnlichkeit.

Galilei, Platon und Euklid sind zwar zu den meisten Knoten ihrer Knotengemeinschaft verbunden, jedoch nehmen sie nicht die zentralste Rolle im Sinne der Eigenvektorzentralität ein. Diese Stellung wird von den Disziplinen, in welchen sie hauptsächlich tätig waren, eingenommen. Im Falle Galileis ist der zentralste Knoten „History of physics", im Falle Euklids „Mathematics" und im Falle Platons „Philosophy". Ihr Status ist nichtsdestotrotz relativ zentral, verglichen mit denen der anderen Knoten.

In allen drei Teilgraphen existieren weitere Knoten mit ähnlicher Zentralität. In Galileis Knotengemeinschaft sind dies „Isaac Newton", „Johannes Kepler", „Physics" „Astronomy" und „Gravitation", in Platons „Aristotle" und „Ancient Greece" und in Euklids „Geometry", „Euclid's Elements" und „History of mathematics". Alle diese Knoten bis auf „Euclid's Elements" und „Gravitation" haben auch eine hohe Signaturähnlichkeit zu Galilei, auch wenn sich die Knoten wie z.B. „Aristotle" nicht in seiner Knotengemeinschaft befinden (demnach keine hohe Aktivierungsähnlichkeit haben). Die Signaturähnlichkeit dieser Knoten zu Galilei ist höher als die von Euklid. Die Signaturähnlichkeiten der Knoten „Euclid's Elements" und

6.2. SCHOOLS-WIKIPEDIA

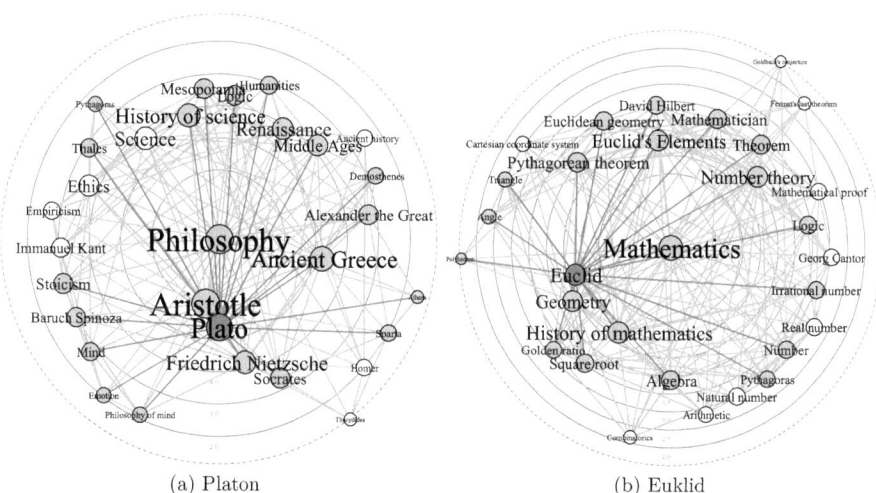

(a) Platon (b) Euklid

Abbildung 6.13: Die Knotengemeinschaften von „Euclid" und „Plato" bestehend aus den induzierten Teilgraphen der jeweils 30 Knoten aufgrund der Aktivierungsähnlichkeit.

„Gravitation" zu Galilei sind allerdings auch nicht sonderlich niedrig. Die Knoten befinden sich unter den ähnlichsten 270 Knoten aller Kategorien. Des Weiteren existiert in Galileis und Platons Knotengemeinschaft jeweils ein weiterer Knoten der Personenkategorie, welcher eine etwas zentralere Stellung einnimmt: „Isaac Newton" bzw. „Aristotle". In allen drei Teilgraphen sind die periphersten Knoten keine direkten Nachbarn von Galilei, Platon und Euklid.

Ein Blick auf die extrahierten Knotengemeinschaften zeigt, dass anhand der Aktivierungsähnlichkeit ein sinnvolles konzeptuelles Umfeld zur jeweiligen Anfrage gefunden werden kann. In Tabelle 6.3 sind die 9 ähnlichsten Knoten (ohne Platon bzw. Euklid selbst), nach der Aktivierungsähnlichkeit sortiert, aufgelistet. Diese sind alle thematisch eng mit der Anfrage verwandt.

Celine Dion und Roman Vishniac

Das Ziel des zweiten Versuchs ist es, Unterschiede strukturell unähnlicher Knoten im Kontrast zu strukturell ähnlichen Knoten zu zeigen. Dazu wurden die zwei ähnlichsten Knoten der Personenkategorie aufgrund der Signaturähnlichkeit identifiziert, welches die der Artikel über „Celine Dion" und „Roman Vishniac" sind. Zusätzlich wurde der unähnlichste Knoten der Personenkategorie bezüglich Celine Dion bestimmt, welches der des Artikels über „Niccolo dell'

KAPITEL 6. EXPERIMENTE

Aktivierungsähnlichkeit		
Rang	Euclid	Plato
2.	Euclid's Elements	Aristotle
3.	History of mathematics	Socrates
4.	Number theory	Philosophy
5.	David Hilbert	Ancient Greece
6.	Geometry	Renaissance
7.	Mathematics	Empiricism
8.	Pythagorean theorem	Stoicism
9.	Euclidean geometry	Ethics
10.	Pythagoras	Immanuel Kant

Tabelle 6.3: Die 9 ähnlichsten Knoten auf Basis der Aktivierungsähnlichkeit zu „Euclid" und „Plato" (ohne Euclid und Plato).

Abbate" ist. Celine Dion ist eine bekannte kanadische Sängerin, Roman Vishniac war ein in Russland geborener bekannter Biologe und Fotograf und Niccolo dell' Abbate ein italienischer Renaissance-Maler.

Die Knotengemeinschaften der drei Personen bestehend aus jeweils 30 Knoten sind in Abbildung 6.14 im Falle Dions, Abbildung 6.15a im Falle Vishniacs und Abbildung 6.15b im Falle Abbates illustriert. Knoten sind durch Kreise dargestellt, wobei deren Größe und Labelschriftgröße proportional zum Knotengrad sind. Die Knoten von Celine Dion, Roman Vishniac und Niccolo dell' Abbate sind dunkelgrau hervorgehoben, deren direkte Nachbarn hellgrau und andere Knoten weiß. Die extrahierten Teilgraphen sind mittels eines Zentralitätslayouts visualisiert. In diesem Fall wurde als Zentralitätsindex PageRank verwendet, da die strukturellen Gemeinsamkeiten und Unterschiede dadurch besser zum Ausdruck kommen. Der Knoten von Abbate sowie dessen Beschriftung ist in Abbildung 6.15b nur schwer zu erkennen, da aufgrund des kleinen Knotengrades der Kreis und die Labelschriftgröße sehr klein sind. Der Knoten befindet sich links oben im Bild, über den Knoten „15th century" und „Bologna".

Ein struktureller Unterschied zwischen den Knotengemeinschaften Dions, Vishniacs und Abbates zeigt sich in der Anzahl und Vernetzung der zentralsten Knoten (bezüglich der PageRank-Werte). In den Teilgraphen von Dion und Vishniac existieren neben den zentralsten Knoten „New York City" bzw. „United States" sechs weitere zentrale Knoten: „France", „Italy", „Japan", „Los Angeles, California", „United States" und „United Kingdom" im Falle Celine Dions und „Sowiet Union", „Germany", „Poland", „Moscow", „Russia" und „Jew" im Falle Roman Vishniacs. Dies ist bei Niccolo dell' Abbates Knotengemeinschaft nicht der Fall. Im Verhältnis zu dessen zentralsten Knoten „Renaissance" sind alle anderen Knoten peripherer als bei Dion

6.2. SCHOOLS-WIKIPEDIA

und Vishniac. Es ist zu sehen, dass, bis auf Jew die zentralsten Knoten von Dion und Vishniac alles Knoten von Ländern, Staaten oder Städten sind. An diesen Orten sind sie aufgewachsen, haben dort gelebt oder gearbeitet, hatten dort berufliche Erfolge oder haben diese Orte besucht. Der zentralste Knoten von Abbate dagegen repräsentiert die Kunstepoche in der er als Künstler aktiv war.

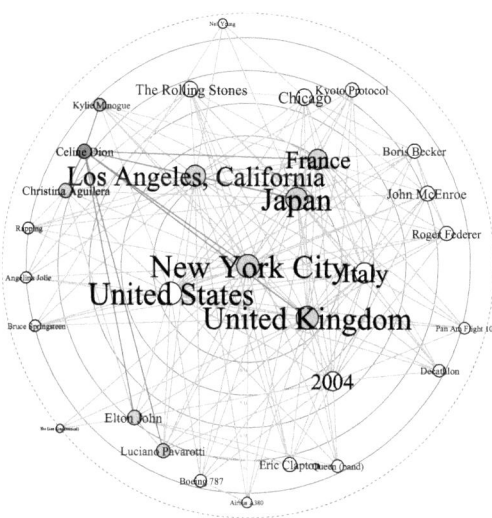

Abbildung 6.14: Die Knotengemeinschaft von „Celine Dion" bestehend aus dem induzierten Teilgraph der 30 ähnlichsten Knoten aufgrund der Aktivierungsähnlichkeit.

Ein weiterer struktureller Unterschied ist der Knotengrad sowie die Zentralität der Knoten. Dions Knotengrad innerhalb des Teilgraphen ist 9 und Vishniacs ist 12. Abbates Knotengrad ist mit 2 sehr viel kleiner. Außerdem sind die Knoten von Dion und Vishniac beide nicht die zentralsten, aber auch nicht die periphersten in ihrer Knotengemeinschaft. Beide sind etwa im äußeren Drittel platziert. Der Knoten von Niccolo dell' Abbate dagegen ist einer der periphersten Knoten in seiner Knotengemeinschaft.

Auf der einen Seite kann also ein deutlicher Unterschied zwischen der Struktur der Knotengemeinschaften von Dion und Abbate festgestellt werden und auf der anderen Seite strukturelle Gemeinsamkeiten zwischen den Knotengemeinschaften von Dion und Vishniac.

KAPITEL 6. EXPERIMENTE

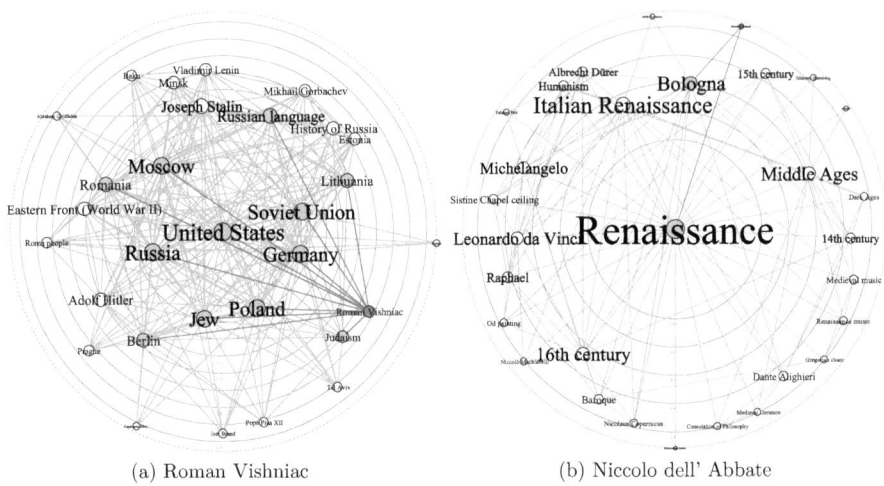

(a) Roman Vishniac (b) Niccolo dell' Abbate

Abbildung 6.15: Die Knotengemeinschaften von „Roman Vishniac" (ähnlichster Knoten zu „Celine Dion") und „Niccolo dell' Abbate" (unähnlichster Knoten zu „Celine Dion") bestehend aus den induzierten Teilgraphen der jeweils 30 ähnlichsten Knoten aufgrund der Aktivierungsähnlichkeit.

Karl Marx

Das Ziel des dritten Versuchs ist es zu zeigen, dass anhand der zwei Ähnlichkeiten Knoten bestimmter Kategorien besser oder schlechter gefunden werden können und daraus Rückschlüsse auf die Vernetzungsstruktur der Knoten dieser Kategorien geschlossen werden können. Ein weiteres Ziel ist zudem Knotengemeinschaften unterschiedlicher Größe von strukturell ähnlichen Knoten zu vergleichen, um Gemeinsamkeiten bzw. Unterschiede in Bezug auf strukturelle Veränderungen aufgrund der Veränderung der Knotenanzahl einer Knotengemeinschaft festzustellen. Die Anfrage besteht aus dem Knoten des Artikels über die bekannte politische Person „Karl Marx".

Karl Marx ist, wie andere politische Personen, der Unterkategorie Politiker („Political People") zugeordnet. Betrachtet man die Knoten der Personenkategorie, sortiert zum einen nach der Signaturähnlichkeit und zum anderen nach der Aktivierungsähnlichkeit zu Karl Marx, so ist erkennbar, dass durch die Signaturähnlichkeit Knoten, die der Unterkategorie Politiker angehören, favorisiert werden im Vergleich zur Aktivierungsähnlichkeit. Unter den 9 ähnlichsten Knoten, der Reihe nach aufgelistet in Tabelle 6.4 (ohne Karl Marx selbst), sind bezüglich der Signaturähnlichkeit „Christoph Columbus" und „George VI of the United Kingdom" die einzigen Personen, die nicht der Politikerkategorie zugeordnet sind. Bezüglich der Aktivierungsähnlich-

Karl Marx		
Rang	Signaturähnlichkeit	Aktivierungsähnlichkeit
2.	Tony Blair	Friedrich Engels
3.	Nikita Khrushchev	Adam Smith
4.	Harold Macmillan	Max Weber
5.	Gerald Ford	Vladimir Lenin
6.	Christopher Columbus	Jean-Jacques Rousseau
7.	Vladimir Lenin	David Hume
8.	George VI of the United Kingdom	Joseph Stalin
9.	James Callaghan	Jean-Paul Sartre
10.	Woodrow Wilson	Friedrich Nietzsche

Tabelle 6.4: Die 9 ähnlichsten Knoten zu „Karl Marx"; *links* bezüglich der Signaturähnlichkeit; *rechts* bezüglich der Aktivierungsähnlichkeit (ohne Karl Marx).

keit gehören nur 2 der aufgelisteten Personen der Politikerkategorie an: „Vladimir Lenin" und „Joseph Stalin". Die Tabellenzellen der Personen, die der Politikerkategorie angehören, sind hellgrau eingefärbt, die, der Personen die nicht dieser Kategorie angehören, sind weiß eingefärbt.

Ob bzw. wie stark Personen-Knoten der Politikerkategorie durch die Signaturähnlichkeit favorisiert werden als durch die Aktivierungsähnlichkeit (bezüglich Karl Marx) ist in Abbildung 6.16 durch eine ROC-Kurve (*Receiver Operating Characteristic*) dargestellt. Dazu werden die Knoten der Personenkategorie zum einen bezüglich der Signaturähnlichkeit und zum anderen bezüglich der Aktivierungsähnlichkeit zu Karl Marx sortiert. Beide Sortierungen werden anschließend verglichen, wobei der Reihe nach die Zugehörigkeit jedes Knotens zur Politikerkategorie überprüft wird. Gehört ein Knoten der Kategorie an, wird er als richtig positiv betrachtet, andernfalls als falsch positiv. In der ROC-Kurve wird dann die Rate der richtig Positiven als Ordinate abgetragen und die Rate der falsch Positiven als Abszisse. Im Idealfall befinden sich alle Knoten der Politikerkategorie am Anfang der Ergebnisliste und alle anderen dahinter. Die Kurve würde dann senkrecht nach oben verlaufen, bis alle richtig Positiven abgetragen sind (bis zum Wert 1.0) und dann horizontal nach rechts verlaufen, da nur noch falsch Positive folgen würden. Je steiler die Kurve also ansteigt, desto mehr richtig Positive befinden sich am Anfang der Ergebnisliste.

Eine Sortierung der Knoten anhand der Signaturähnlichkeit zu Karl Marx favorisiert demnach deutlich politische Personen im Vergleich zur Sortierung anhand der Aktivierungsähnlich-

KAPITEL 6. EXPERIMENTE

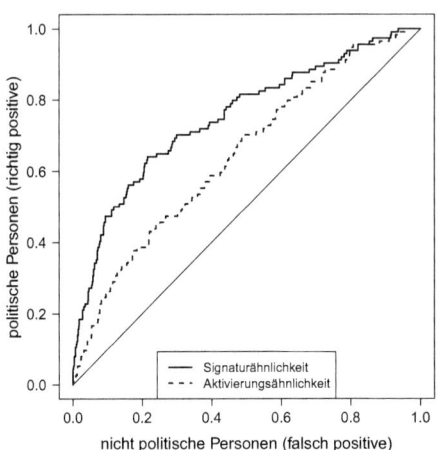

Abbildung 6.16: Eine ROC-Kurve der Knoten sortiert nach Signatur- und Aktivierungsähnlichkeit bezüglich des Knotens zu „Karl Marx", wobei die Zugehörigkeit eines Knotens zur Politikerkategorie als richtig positiv und die Nicht-Zugehörigkeit als falsch positiv gewertet wird.

keit. Bereits ein Drittel aller Knoten der Politikerkategorie (38 von 114) befindet sich in der Ergebnisliste sortiert nach der Signaturähnlichkeit unter den ersten 76 Knoten und die Hälfte (57 von 114) unter den ersten 129. Im Vergleich befindet sich ein Drittel der Knoten in der Ergebnisliste sortiert nach der Aktivierungsähnlichkeit unter den ersten 124 Knoten und die Hälfte unter den ersten 250.

Jedoch nicht alle Personengruppen können durch die Signaturähnlichkeit besser gefunden werden. Dies hängt von der Vernetzung der Knoten und ihrer Nachbarschaft ab. Da die entsprechenden politischen Personen in unterschiedlichen Ländern zu unterschiedlichen Zeiten gelebt haben und z.T. noch leben und unterschiedlich politisch aktiv waren und sind, unterscheiden sich die direkten und indirekten Nachbarschaften ihrer Knoten. D.h. deren Knoten liegen nicht unbedingt dicht zusammen und können deswegen durch die Aktivierungsähnlichkeit schlechter gefunden werden. Die Gruppe der Astronomen und Physiker („Astronomers and physicists") z.B. ist dagegen untereinander deutlich stärker verbunden. Des Weiteren teilen diese einen großen Teil ihrer Nachbarschaft, weshalb ihre Aktivierungsähnlichkeiten untereinander höher sind als die der Politiker. Diese Gruppe kann anhand der Aktivierungsähnlichkeiten besser separiert werden als durch die Signaturähnlichkeiten. Die Sortierung der Personen-Knoten nach

6.2. SCHOOLS-WIKIPEDIA

beiden Ähnlichkeiten bezüglich der Anfrage bestehend aus dem bekannten Astronom „Johannes Kepler" ergibt die in Abbildung 6.17 gezeigte ROC-Kurve. In diesem Fall werden Knoten der Astronomen und Physiker Kategorie als richtig positiv gewertet und andere als falsch positiv.

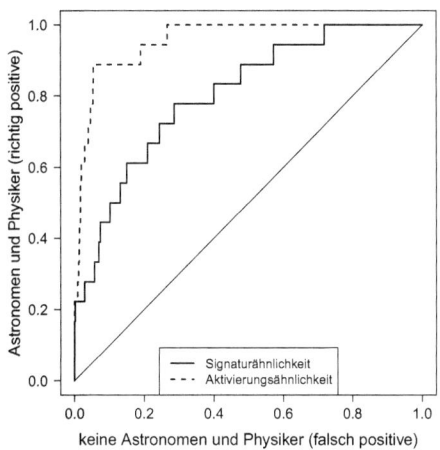

Abbildung 6.17: Eine ROC-Kurve der Knoten sortiert nach Signatur- und Aktivierungsähnlichkeit bezüglich des Knotens zu „Johannes Kepler", wobei die Zugehörigkeit eines Knotens zur Astronomen und Physiker Kategorie als richtig positiv und die Nicht-Zugehörigkeit als falsch positiv gewertet wird.

Im ersten Teil dieses Versuchs konnte festgestellt werden, dass Knoten bestimmter Kategorien besser oder schlechter anhand ihrer Signatur- bzw. Aktivierungsähnlichkeit zu bestimmten Anfrageknoten gefunden werden können, wodurch Rückschlüsse auf die Vernetzungsstruktur gemacht werden können. Im zweiten Teil werden Knotengemeinschaften unterschiedlicher Größe von strukturell ähnlichen Knoten verglichen. Die Anfrage besteht nach wie vor aus „Karl Marx".

Die Knotengemeinschaft von Karl Marx bestehend aus 30 Knoten ist in Abbildung 6.18a dargestellt. Zum Vergleich wurde die Knotengemeinschaft des strukturell ähnlichen Knotens des Artikels über „The Beatles" extrahiert, zu sehen in Abbildung 6.18b. Dieser Knoten ist der 32.-ähnlichste (Signaturähnlichkeit) zu Karl Marx und wurde ausgewählt, da er sich kontextuell deutlich von den anderen, meist politischen Personen unterscheidet, jedoch trotzdem eine hohe Signaturähnlichkeit hat. Die Knoten sind durch Kreise dargestellt, deren Größe und Labelschriftgröße sind wiederum proportional zum Knotengrad. Die Knoten von Karl Marx

KAPITEL 6. EXPERIMENTE

und The Beatles sind dunkelgrau hervorgehoben, deren direkte Nachbarn hellgrau und andere Knoten weiß. Die extrahierten Teilgraphen sind mittels eines Zentralitätslayouts auf Basis der Eigenvektorzentralität visualisiert.

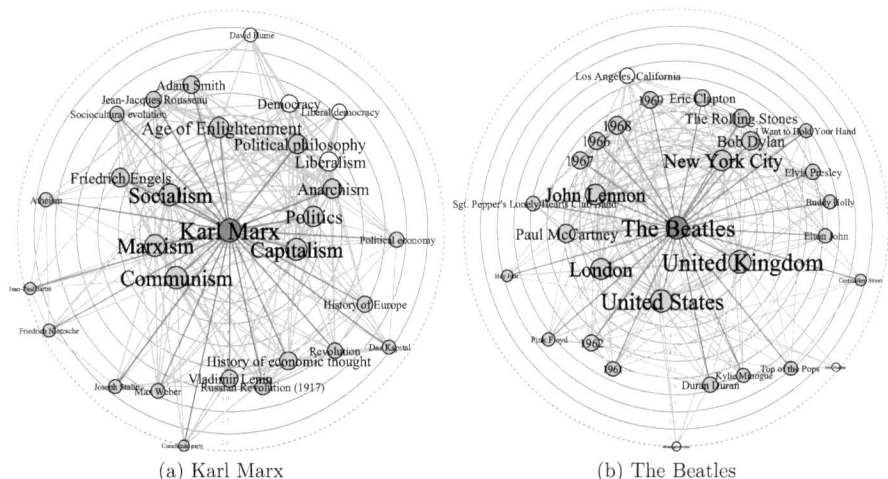

(a) Karl Marx   (b) The Beatles

Abbildung 6.18: Die Knotengemeinschaften von „Karl Marx" und „The Beatles" bestehend aus den induzierten Teilgraphen der jeweils 30 ähnlichsten Knoten aufgrund der Aktivierungsähnlichkeit.

Sowohl Karl Marx als auch The Beatles sind die zentralsten Knoten. Die meisten Knoten der jeweiligen Knotengemeinschaft sind direkte Nachbarn von Marx bzw. The Beatles. Außerdem existieren jeweils 5 weitere sehr zentrale Knoten: „Communism", „Socialism", „Capitalism", „Marxism" und „Politics" im Falle von Karl Marx und „John Lennon", „United Kingdom", „United States", „London" und „New York City" im Falle von The Beatles.

Um strukturelle Veränderungen der Knotengemeinschaften aufgrund der Veränderung deren Größe zu untersuchen wurde die Anzahl der Knoten der Knotengemeinschaften von Karl Marx und The Beatles auf 40 und 100 erhöht. Die entsprechenden Teilgraphen wurden wieder anhand eines Zentralitätslayouts auf Basis der Eigenvektorzentralität dargestellt, zu sehen in Abbildung 6.19.

Sowohl Karl Marx als auch The Beatles nehmen beide nicht mehr die zentralste Stellung ein, sondern Capitalism bzw. United Kingdom in den Knotengemeinschaften mit 40 Knoten und United States bzw. United Kingdom in den mit 100 Knoten. Je größer die jeweiligen Teilgraphen

6.2. SCHOOLS-WIKIPEDIA

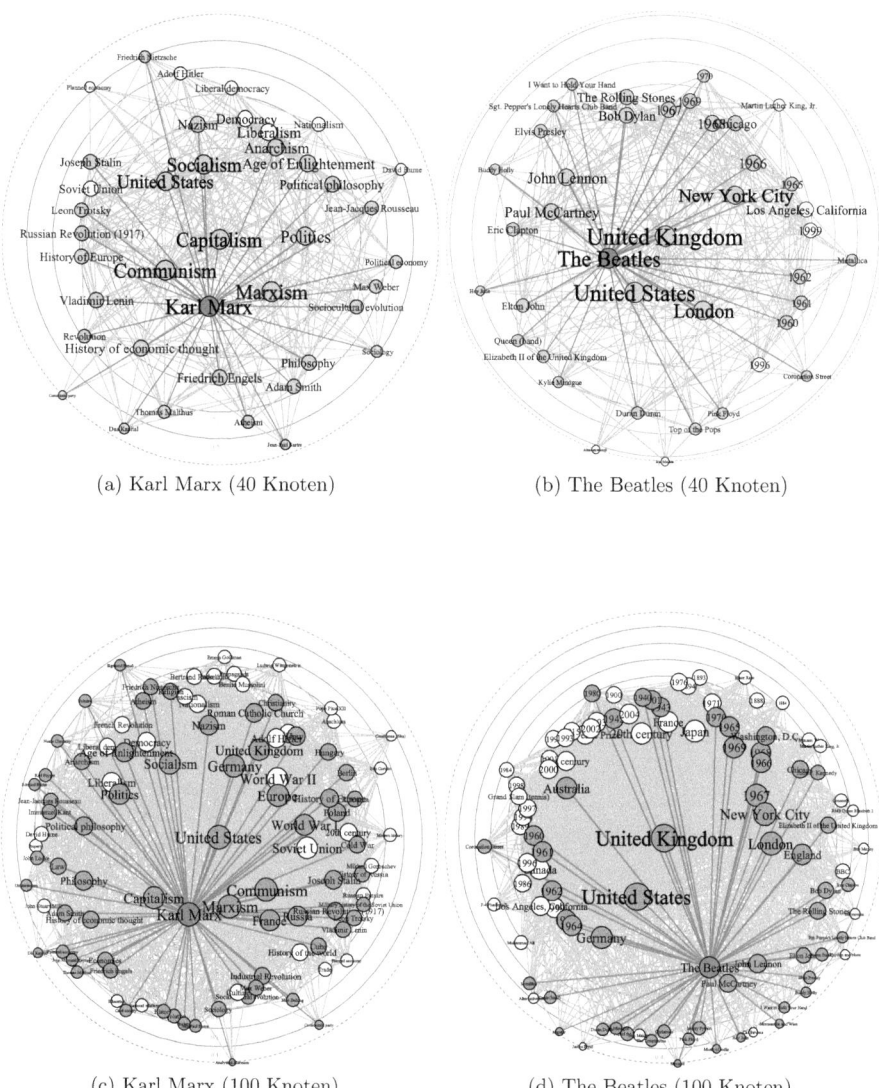

(a) Karl Marx (40 Knoten) (b) The Beatles (40 Knoten)

(c) Karl Marx (100 Knoten) (d) The Beatles (100 Knoten)

Abbildung 6.19: Die Knotengemeinschaften von „Karl Marx" und „The Beatles" bestehend aus den induzierten Teilgraphen der jeweils 40 und 100 ähnlichsten Knoten aufgrund der Aktivierungsähnlichkeit.

werden, desto dezentraler werden die beiden Knoten. Ihre Stellung ist jedoch nicht peripher und in beiden Fällen sehr ähnlich. Zusätzlich zu diesen Knoten büßen andere Knoten, die in den Graphen aus Abbildung 6.18 noch zentraler positioniert waren ebenfalls an Zentralität ein, wie z.B. „Marxism", „Communism" oder „Capitalism" im Falle Karl Marx und „John Lennon", „Paul McCartney" oder „London" im Falle von The Beatles.

United States und United Kingdom sind in Abbildung 6.19 die zentralsten Knoten. Beide Knoten haben im gesamten Schools-Wikipedia-Netzwerk einen sehr hohen Knotengrad. Je mehr Knoten in die Knotengemeinschaften mit aufgenommen werden, desto globaler wird die Betrachtungsweise der Struktur der Teilgraphen und desto zentraler werden auch die Knoten United States bzw. United Kingdom.

Eine ähnliche Veränderung der Struktur bei wachsender Knotengemeinschaft kann demnach festgestellt werden.

6.2.3 Biologie

Analog zur Suche nach Knoten der Personenkategorie werden in diesem Abschnitt Knoten gesucht, die der Kategorie Biologie („Biology") angehören. Die Knoten der Biologiekategorie bestehen zu einem großen Teil aus Artikeln über Tiere, Pflanzen, etc. und deren biologische Klassen. Homo Sapiens z.b. gehört zur Klasse der Mammalia (Säugetiere), zum Unterstamm Vertebrata (Wirbeltiere), zum Stamm der Chordata (Chordatiere), zur Abteilung der Animalia (Tiere) und zur Domäne der Eukariota (Eukarioten). In den meisten Fällen bestehen Kanten zwischen den Knoten der Lebewesen und den Knoten der biologischen Klassen, denen diese angehören. Die biologische Taxonomie wird also z.t. durch die Knoten der Biologiekategorie im Schools-Wikipedia-Netzwerk abgebildet. Da allerdings noch sehr viel mehr zusätzliche Kanten zwischen diesen und zu anderen Knoten bestehen, bildet der induzierte Teilgraph der biologischen Knoten keine echte Taxonomie im Sinne einer strikten Baumstruktur. Die Taxonomie in Schools-Wikipedia ist sozusagen ungenau bzw. verrauscht. Das Ziel dieses Versuchs ist es zu zeigen, dass mithilfe der Aktivierungs- und Signaturähnlichkeit verrauschte Taxonomien entdeckt bzw. unterschiedlich duchsucht werden können.

Über- bzw. untergeordnete Knoten eines Knotens innerhalb einer solchen Taxonomie haben eine überlappende indirekte Nachbarschaft. Die untergeordneten Knoten eines Knotens sind auch seinem übergeordneten Knoten untergeordnet. Diese Knoten haben demnach eine höhere Aktivierungsähnlichkeit als Knoten, die sich in unterschiedlichen Ästen der Taxonomie befinden. Eine höhere Signaturähnlichkeit haben dagegen Knoten, die sich auf einer ähnlichen Hierarchiestufe befinden, falls die Taxonomie einigermaßen balanciert ist. Wie weit diese bzw.

6.2. SCHOOLS-WIKIPEDIA

deren Äste in der Taxonomie auseinanderliegen ist dabei egal. Eine Sortierung der Knoten nach deren Aktivierungsähnlichkeit bezüglich eines Anfrageknotens favorisiert demnach der Anfrage über- oder untergeordnete Knoten. Es ist eine eher vertikale Durchsuchung der Taxonomie möglich. Eine Sortierung nach der Signaturähnlichkeit favorisiert Knoten mit einer ähnlichen hierarchischen Stellung. Es ist eine eher horizontale Durchsuchung der Taxonomie möglich.

Dieser Unterschied zeigt sich z.b., indem die Knoten der Biologiekategorie nach beiden Ähnlichkeiten bezüglich der Anfrage, der biologischen Klasse „Mammal" sortiert werden. Die ähnlichsten 9 Knoten aufgrund beider Ähnlichkeiten sind in Tabelle 6.5 aufgelistet (ohne Mammal selbst). Weiter zeigt sich, dass fast alle der ähnlichsten Knoten aufgrund der Aktivie-

Mammal		
Rang	Signaturähnlichkeit	Aktivierungsähnlichkeit
2.	Plant	Animal
3.	Bacteria	Chordate
4.	Evolution	Biological classification
5.	Nutrition	Reptile
6.	Biology	Vertebrate
7.	Dinosaur	Carnivore
8.	Reptile	Bird
8.	Fungus	Fauna of Australia
10.	Fauna of Australia	Herbivory

Tabelle 6.5: Die 9 ähnlichsten Knoten zu „Mammal" aus der Biologiekategorie; *links* bezüglich der Signaturähnlichkeit; *rechts* bezüglich der Aktivierungsähnlichkeit (ohne Mammal).

rungsähnlichkeit vertikal geordnet werden können: „Biological classification" → „Chordate" → „Vertebrate" → „Animal" → „Mammal", „Bird" → „Carnivore", „Herbivory". Da alle Knoten der Artikel über biologische Klassen eine Kante zum Knoten „Biological classification" haben, kann dieser Knoten als Wurzel der (verrauschten) Taxonomie betrachtet werden. Die ähnlichsten Knoten aufgrund der Signaturähnlichkeit können zum Teil eher horizontal angeordnet werden: „Plant" - „Bacteria" - „Fungus" - „Mammal" - „Reptile" - „Dinosaur". Da manche Bereiche der Taxonomie in Schools-Wikipedia größer sind als andere, z.B. der Bereich der Säugetiere als der der Pflanzen oder Bakterien, stimmen die Hierarchiestufen nicht unbedingt überein. Pflanzen, Bakterien und Pilze befinden sich in der biologischen Taxonomie auf der selben Stufe, Säugetiere jedoch auf einer tieferen, wie auch Reptilien oder Dinosaurier. Die Tendenz ist jedoch trotzdem ersichtlich.

Weiter wurden die Knotengemeinschaften bestehend aus 30 Knoten zu Mammal, zu sehen in Abbildung 6.20a und des dazu strukturell ähnlichsten (Signaturähnlichkeit) Knotens der

Biologiekategorie „Plant", zu sehen in Abbildung 6.20b extrahiert und dargestellt. Die Knoten

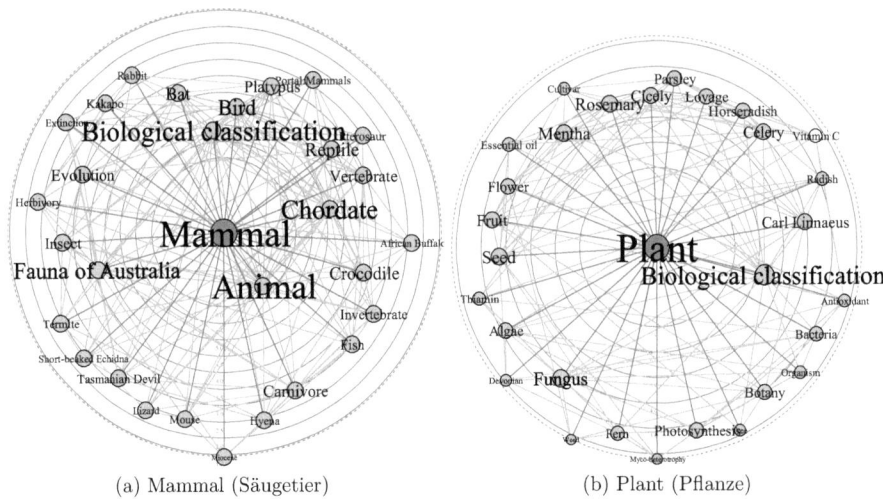

(a) Mammal (Säugetier) (b) Plant (Pflanze)

Abbildung 6.20: Die Knotengemeinschaften von „Mammal" und „Plant" bestehend aus den induzierten Teilgraphen der jeweils 30 ähnlichsten Knoten aufgrund der Aktivierungsähnlichkeit.

sind durch Kreise illustriert, deren Größe und Labelschriftgröße proportional zum Knotengrad sind. Die extrahierten Teilgraphen sind mittels eines Zentralitätslayouts auf Basis der Eigenvektorzentralität visualisiert. Alle Knoten der Knotengemeinschaft von Mammal sind dessen direkte Nachbarn. Der einzige Knoten in der Knotengemeinschaft von Plant, der nicht mit Plant verbunden ist, ist „Vitamin C" (weiß eingefärbt). Es ist nicht überraschend, dass beide Knoten innerhalb ihrer Knotengemeinschaft die zentralste Rolle spielen, da beide eine Oberkategorie in der Biologiedomäne repräsentieren.

6.3 DrugBank

DrugBank[5] [52] ist eine öffentlich zugängliche Datenbank, in welcher detaillierte Informationen über Medikamente und deren Targets (Substanzen, an welchen Wirkstoffe binden können), wie z.B. Wirkstoffe, deren chemische Strukturen, Dosierungen, betroffene Organismen, Proteinsequenzen etc. gespeichert sind. Insgesamt existieren mehr als 6000 Datensätze (DrugCards)

---
[5]http://www.drugbank.ca/

6.3. DRUGBANK

bestehend aus über 1500 zugelassenen und über 5000 experimentellen Medikamenten. Jeder Datensatz besteht dabei aus mehr als 150 Datenfeldern, wobei manche Felder aus Namen wie z.B. „Categories" oder „TargetName", manche aus Chiffren wie z.B. „ATC_Codes" und andere aus Text bestehen wie z.B. „Description" oder „Indication".

Zur Erstellung des Graphen wurde die DrugBank Datenbank Version 3.0 vom 17. 11. 2010 verwendet. Zum einen wurden die Felder „Name", „Categories" und „TargetName" verwendet, welche die Namen der Medikamente, der entsprechenden Medikamentenkategorien und die der Targets, an welchen die Medikamente binden, beinhalten. Für jeden unterschiedlichen Medikamenten-, Kategorie- und Targetnamen wurde ein Knoten im Netzwerk erzeugt und die Medikamentknoten mit Kategorie- und Targetknoten durch Kanten verbunden, deren Namen im selben Datensatz auftreten. Zum anderen wurden die Texte der Textfelder „Indication", „Pharmacology", „MachanismOfAction", „Toxicity", „Biotransformation", „Description" nach auftretenden Protein- und Medikamentennamen durchsucht, wozu ABNER[79] (a biomedical named entity recognizer) und eine Liste mit Medikamentennamen verwendet wurden. Für jedes gefundene Protein und Medikament wurde wiederum ein Knoten im Netzwerk erzeugt, sofern dieser nicht bereits vorhanden war. Die Medikamentknoten bezüglich des „Name" Feldes wurden mit den Knoten der Protein- und Medikamentennamen aus den Textfeldern durch Kanten verbunden, falls diese im selben Datensatz auftreten.

Der resultierende Graph ist schlicht, ungerichtet und besteht aus 23 verbundenen Komponenten, wobei 21 der Komponenten aus nur wenigen Knoten bestehen und entfernt wurden. Einige Grundeigenschaften des resultierenden Graphen sind in Tabelle 6.6 aufgelistet. Die Kno-

DrugBank Grapheigenschaften	
Anzahl der Knoten n	5808
Anzahl der Kanten m	16247
Minimaler Knotengrad	1
Maximaler Knotengrad	159
Durchschnittlicher Knotengrad	5.6
Konvergenzrate $r = \frac{|\lambda_2|}{|\lambda_1|}$	$\frac{23.4}{24.3} = 0.96$
Durchmesser	13

Tabelle 6.6: Grundeigenschaften des Graphen basierend auf einem Teil der DrugBank Datenbank.

tengradverteilung des DrugBank Graphen ist in Abbildung 6.21 mit logarithmierter y- und x-Achse illustriert. Es ist zu sehen, dass fast die Hälfte der Knoten (2676) einen Knotengrad von eins haben. Der maximale und durchschnittliche Knotengrad im DrugBank-Netzwerk ist deutlich geringer als im Schools-Wikipedia-Netzwerk. Dies wirkt sich auf den Durchmesser und die Konvergenzrate aus, wie in Tabelle 6.6 erkennbar. Der Durchmesser ist mehr als doppelt so groß und die Konvergenzrate fast doppelt so groß.

Das Netzwerk unterscheidet sich strukturell und inhaltlich deutlich vom Schools-Wikipedia-Netzwerk, weshalb es für die Experimente ausgewählt wurde. Ein Nachteil ist allerdings, dass sich Ergebnisse ohne Fachwissen aus den Bereichen Chemie, Biologie und Medizin inhaltlich nur schwer deuten lassen, worauf aus diesem Grund in der Beschreibung der Ergebnisse auch größtenteils verzichtet wird.

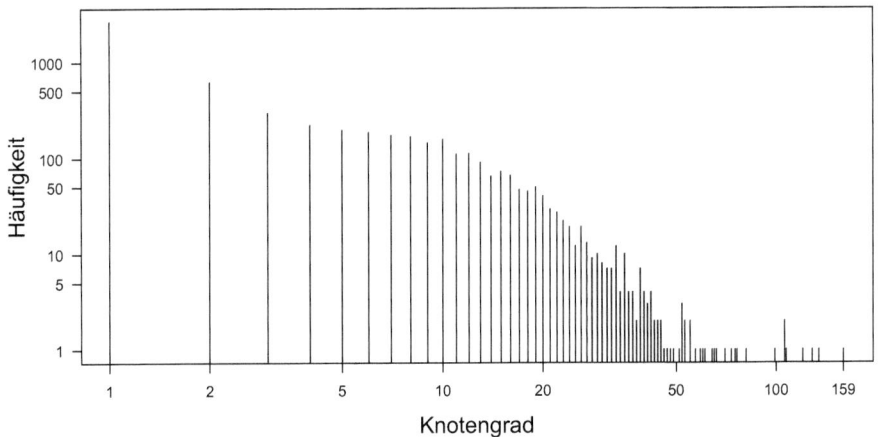

Abbildung 6.21: Knotengradverteilung des DrugBank Graphen mit logarithmierter y- und x-Achse.

Wegen des großen Durchmessers und der kleinen Konvergenzrate konvergieren die Aktivierungsausbreitungsprozesse deutlich langsamer als im Schools-Wikipedia-Netzwerk. Um etwa die gleiche maximale Differenz der Signaturähnlichkeiten zweier Knoten zu erreichen, wurden die Aktivierungsausbreitungsprozesse nach der 101. Iteration abgebrochen. Der größte Wert der Normen der Geschwindigkeitsvektoren liegt hier bei 0.005, woraus sich eine maximale Differenz von 0.00031 ergibt. Zur Berechnung der finalen Aktivierungs- und Signaturvektoren wurden die ersten 100 Iterationen verwendet. Die Aktivierungsvektoren wurden nach jeder Iteration mit der euklidischen Norm normiert. Für die Bestimmung der finalen akkumulierten Aktivierungsvektoren wurde auch hier ein Dämpfungsfaktor von $\alpha = 0.3$ verwendet, um den Einfluss längerer Wege zu vermindern und so das eher lokale Umfeld der Knoten zu vergleichen.

6.3. DRUGBANK

6.3.1 Verfahrensweise

Die Verfahrensweise der Durchsuchung des DrugBank-Netzwerks ist ähnlich zu der des Schools-Wikipedia-Netzwerks. Zu bestimmten Anfrageknoten werden strukturell ähnliche Knoten anhand der Signaturähnlichkeit gesucht. Um die strukturellen Ähnlichkeiten deutlich zu machen, werden Teilgraphen um die entsprechenden Knoten extrahiert und visualisiert. Da im DrugBank-Netzwerk wesentlich weniger Kanten existieren sowie der durchschnittliche Knotengrad kleiner und der Durchmesser größer ist als im Schools-Wikipedia-Netzwerk, lässt sich für viele Knoten die 1- und 2-Nachbarschaft, aufgrund der geringeren Anzahl an Knoten und Kanten, sinnvoll visualisieren. Anstatt der Extraktion eines dichten umgebenden Teilgraphen um einen bestimmten Knoten, wie in den Schools-Wikipedia-Experimenten, werden in den DrugBank-Experimenten die 1- und 2-Nachbarschaften extrahiert und visualisiert.

Bezüglich der Visualisierung steht diesmal jedoch nicht die Wichtigkeit oder Zentralität der Knoten im Vordergrund, sondern die Distanzen der Knoten zueinander und die strukturellen Gemeinsamkeiten und Unterschiede, die dadurch zum Ausdruck kommen. Um die Distanzen der Knoten im Graphen darzustellen wird ein Layout verwendet, welches auf multidimensionaler Skalierung (MDS) und Stress Minimierung basiert [20]. Durch MDS basierte Layoutverfahren werden Knoten in einem 2-dimensionalen Raum so platziert, dass deren (skalierte) Distanzen in diesem Raum möglichst denen des original Raums entsprechen.

6.3.2 Vitamine

Das Ziel des ersten Versuchs ist es erneut strukturelle Gemeinsamkeit von Knoten mit hoher Signaturähnlichkeit zu zeigen. Diesmal jedoch unter Verwendung eines MDS basierten Layouts, um die Distanzen der Knoten untereinander in den Vordergrund zu stellen anstatt ihrer Zentralitätswerte. Die erste Anfrage besteht aus dem Vitamine-Knoten „vitamins", welcher aus dem „Categories" Datenfeld stammt. Abbildung 6.22 zeigt den Knoten mit dem induzierten Teilgraphen dessen 1- und 2-Nachbarschaft, dargestellt durch das MDS basierte Layoutverfahren. Die Knoten sind durch Kreise dargestellt, wobei deren Größe proportional zum Knotengrad ist. Die Labelschriftgröße ist jedoch aus Platzgründen für alle Knoten gleich. Der Knoten vitamins in der Mitte der Abbildung ist dunkelgrau, dessen direkten Nachbarn hellgrau und alle anderen Knoten weiß eingefärbt.

Alle direkten Nachbarn von vitamins sind Vitamine oder Vitaminanaloge, was für „vitamin a", „vitamin e" und „vitamin c" offensichtlich ist. Menadion („menadione") wird auch Vitamin K_3 genannt und Phytonadion („phytonadione") Vitamin K_1. Beide Wirkstoffe gehören

KAPITEL 6. EXPERIMENTE

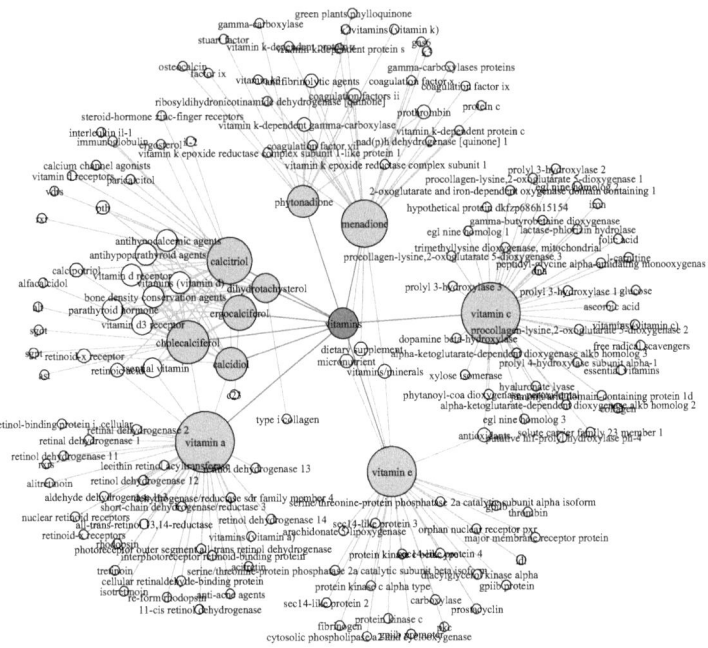

Abbildung 6.22: Der induzierte Teilgraph der 1- und 2-Nachbarschaft des Knotens „vitamins".

zur Gruppe der K-Vitamine. Diese Gemeinsamkeit drückt sich in einer zum Teil überlappenden Nachbarschaft der Knoten aus, wie z.b. „vitamin -dependent gamma-carboxylase" oder „vitamin k-dependent protein c". Cholecalciferol, Calcitriol, Calcidiol, Dihydrotachysterol und Ergocalciferol gehören alle zur Gruppe der D-Vitamine. Wie auch bei den K-Vitaminen drückt sich diese Gemeinsamkeit durch eine partielle Überlappung der direkten Nachbarschaft aus.

Die Struktur des Teilgraphen ist sehr prägnant. Der Anfrageknoten vitamins hat dabei nicht den höchsten Knotengrad, sondern dessen direkter Nachbarknoten „vitamin c". Ebenso ist vitamins nicht der Zentralste, gemessen anhand der Eigenvektorzentralität, sondern „cholecalciferol". Die meisten der direkten Nachbarn von vitamins haben, dadurch dass sie zu vielen Blättern verbunden sind, einen höheren Knotengrad als dieser. Nur wenige der indirekten Nachbarn von vitamins sind keine Blätter.

Der ähnlichste Knoten zu vitamins im gesamten Netzwerk, aufgrund der Signaturähnlichkeit ist „cyclosporin", das durch die Unterdrückung des Enzyms Calcineurin die Immunabwehr

6.3. DRUGBANK

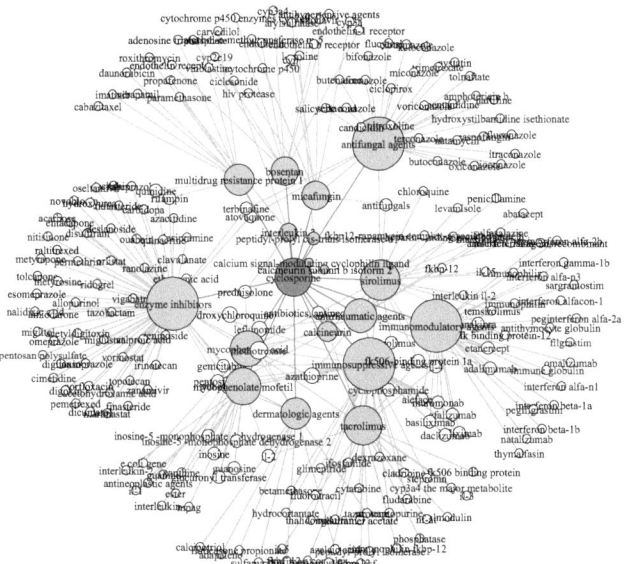

Abbildung 6.23: Der induzierte Teilgraph der 1- und 2-Nachbarschaft des Knotens „cyclosporin".

unterdrückt und oft in der Transplantationsmedizin eingesetzt wird, um Abstoßungsreaktionen zu vermeiden. Der entsprechende Knoten sowie dessen 1- und 2-Nachbarschaft ist in Abbildung 6.23 ebenfalls unter Verwendung des MDS basierten Layouts dargestellt. Der Knoten cyclosporin ist durch einen dunkelgrauen Kreis hervorgehoben, dessen direkte Nachbarschaft durch hellgraue Kreise und alle anderen Knoten durch weiße. Die Größe ist proportional zum Knotengrad.

Vergleicht man die Abbildung mit Abbildung 6.22 fällt sofort die strukturelle Ähnlichkeit der beiden Graphen auf. Weder ist der Anfrageknoten cyclosporin der mit dem höchsten Knotengrad noch der Zentralste, gemessen anhand der Eigenvektorzentralität, sondern einer seiner direkten Nachbarn „enzyme inhibitors". Auch hier haben einige der direkten Nachbarn von cyclosporin einen höheren Knotengrad aus dem Grund, da sie zu vielen Blättern verbunden sind. Des Weiteren sind nur sehr wenige der indirekten Nachbarn keine Blätter.

Der ähnlichste Knoten zu vitamins, der ebenfalls aus dem Datenfeld Categories stammt, aufgrund der Signaturähnlichkeit ist „tubulin modulators". Aus allen Knoten ist dieser der 31. ähnlichste zu vitamins. Tubuline sind Proteine, die nur in Zellen von Eukaryoten und nicht in Bakterien vorkommen. Tubulin Modulatoren sind Agenten, die mit Tubulinproteinen intera-

KAPITEL 6. EXPERIMENTE

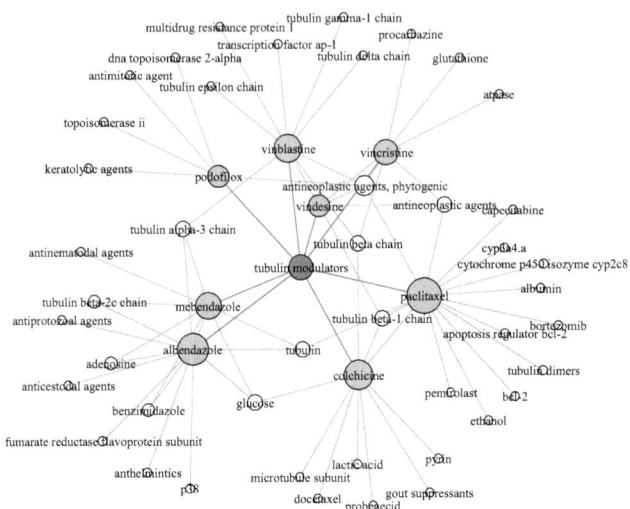

Abbildung 6.24: Der induzierte Teilgraph der 1- und 2-Nachbarschaft des Knotens „tubulin modulators".

gieren, um Polymerisation (chemische Reaktion bei der Monomere zu Polymeren reagieren) zu unterdrücken oder zu fördern.

Abbildung 6.24 zeigt den induzierten Teilgraphen der 1- und 2-Nachbarschaft des Knotens. Der Knoten tubulin modulators ist durch einen dunkelgrauen Kreis dargestellt, dessen direkte Nachbarschaft durch hellgraue und alle anderen Knoten durch weiße. Die Größe ist dabei erneut proportional zum Knotengrad. Zur Darstellung wurde ein MDS basiertes Layout verwendet.

Eine ähnliche Struktur des Teilgraphen zu denen der Knoten vitamins und cyclosporin ist deutlich erkennbar. Der Anfrageknoten tubulin modulators hat weder den höchsten Eigenvektorzentralitätswert noch den höchsten Knotengrad, sondern dessen direkter Nachbarknoten „paclitaxel". Die meisten der direkten Nachbarn von tubulin modulators haben einen höheren Knotengrad, da sie zu allen Blättern verbunden sind. Nur wenige der indirekten Nachbarn des Anfrageknotens haben einen Knotengrad höher als 1.

Die Knotenanzahl des Teilgraphen ist mit 53 deutlich geringer ist als die des vitamins Teilgraphen mit 154 oder des cyclosporin Teilgraphen mit 236 Knoten. Die Signaturähnlichkeit hängt unter anderem, wie in Abschnitt 6.1.2 gezeigt, von der Dichte der direkten und indirekten Nachbarschaft zweier Knoten ab. Da die Dichte ein relativer Wert ist, abhängig von der Knotenanzahl und der dadurch festgelegten maximalen Anzahl an Kanten zwischen diesen, kann diese in Graphen bzw. Teilgraphen ähnlich sein trotz einer unterschiedlichen Anzahl an Knoten. Dadurch kann auch die Signaturähnlichkeit von Knoten hoch sein unabhängig von der Knotenanzahl in deren direkter und indirekter Nachbarschaft. Strukturelle Ähnlichkeiten von Knoten und deren Nachbarschaft konnten demnach auch im DrugBank-Netzwerk exemplarisch unter Verwendung eines MDS basierten Layoutverfahren gezeigt werden.

6.3.3 Dopamine

Im zweiten Versuch sollen strukturelle Unterschiede von Knoten mit geringer Signaturähnlichkeit gezeigt werden, erneut unter Verwendung des MDS basierten Layoutverfahrens. Zum einen wird dazu die Nachbarschaft des Knotens „dopamine agents" dargestellt, was der unähnlichste Knoten zu vitamins ist, dessen Teilgraph in Abbildung 6.22 illustriert ist. Zum anderen wird die Nachbarschaft des ähnlichsten Knoten zu dopamine agents, „phenylalanine-4-hydroxylase" dargestellt, um die strukturelle Unähnlichkeit zu vitamins zu bestätigen.

Dopamin ist ein Neurotransmitter im zentralen Nervensystem, der sowohl in Wirbeltieren als auch in wirbellosen Tieren auftritt und unter anderem mit neurobiologischen Aspekten von Psychosen und anderen psychischen Störungen in Verbindung steht. Dopaminagenten sind Wirkstoffe, die Auswirkungen auf Dopaminrezeptoren oder auf den Lebenszyklus von Dopamin haben.

Der Knoten dopamine agents sowie dessen 1- und 2-Nachbarschaft sind in Abbildung 6.25 illustriert. Wie auch im vitamins Graphen wurde das MDS basierte Layout verwendet. Die Knoten sind durch Kreise dargestellt, deren Größe proportional zum Knotengrad ist. Der Knoten dopamine agents ist dunkelgrau eingefärbt, dessen direkte Nachbarn hellgrau und alle anderen Knoten weiß.

Der strukturelle Hauptunterschied zur Nachbarschaft von vitamins (Abbildung 6.22) ist deutlich erkennbar. Die Blätter sind nicht in etwa gleichmäßig verteilt über die meisten direkten Nachbarn wie im vitamins Teilgraph, sondern zum größten Teil mit dem Knoten „dopamine" verbunden, der aus diesem Grund auch den höchsten Knotengrad besitzt. Ein weiterer Unterschied ist die verhältnismäßige Anzahl der indirekten Nachbarn mit einem Knotengrad von größer als 1. Diese ist im dopamine agents Teilgraph höher als bei vitamins.

Der ähnlichste Knoten aufgrund der Signaturähnlichkeit zu dopamine agents ist phenylalanine-4-hydroxylase, ein Enzym, das die Hydroxilierung von Phenylalanin zur Produktion von Tyrosin katalysiert. Der Knoten inklusive der 1- und 2-Nachbarschaft ist in Abbildung 6.26 zu sehen.

KAPITEL 6. EXPERIMENTE

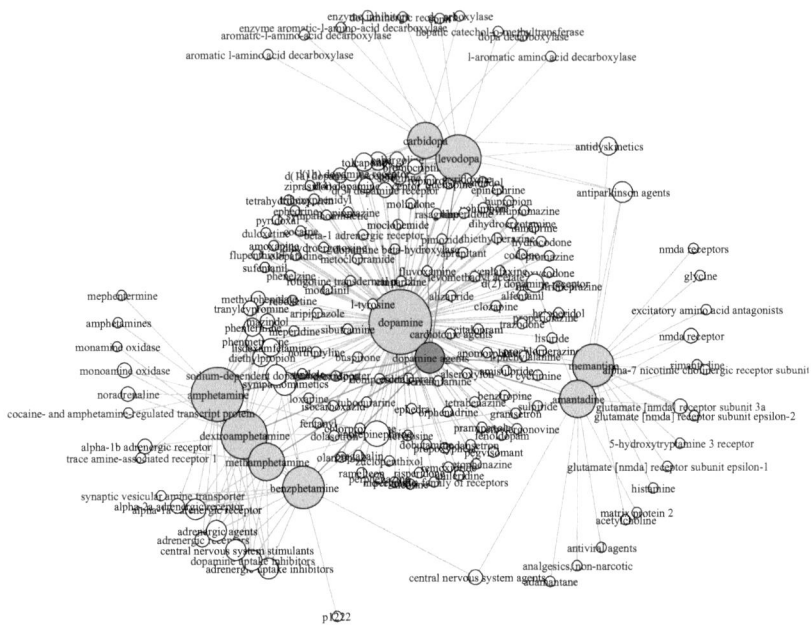

Abbildung 6.25: Der Knoten „dopamine agents" zusammen mit dem induzierten Teilgraphen dessen 1- und 2-Nachbarschaft.

Knoten sind durch Kreise dargestellt, deren Größe proportional zum Knotengrad ist. Der Knoten phenylalanine-4-hydroxylase ist dunkelgrau eingefärbt, dessen direkte Nachbarn hellgrau und alle anderen Knoten weiß. Zur Platzierung der Knoten wurde erneut das MDS basierte Layoutverfahren verwendet.

Auch hier fällt gleich die strukturelle Unähnlichkeit zu vitamins bzw. die strukturelle Ähnlichkeit zu dopamine agents auf. Der größte Unterschied der Teilgraphen von vitamins und dopamine agents, die ungleiche Verteilung der Blätter, zeigt sich auch hier. Die meisten der Blätter sind zum Knoten norepinephrine verbunden. Dieser Unterschied ist zugleich eine der größten Gemeinsamkeiten zu dopamine agents.

Strukturelle Unterschiede können also ebenso wie strukturelle Gemeinsamkeiten im DrugBank-Netzwerk mittels der Signaturähnlichkeit gefunden und durch das MDS basierte Layoutverfahren dargestellt werden.

6.4. ZUSAMMENFASSUNG

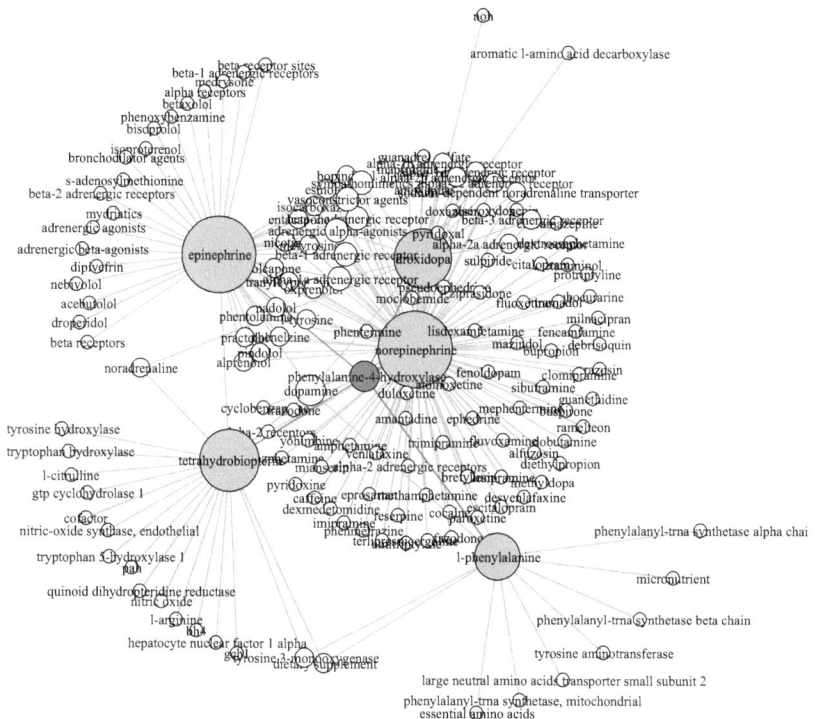

Abbildung 6.26: Der Knoten „phenylalanine-4-hydroxylase" zusammen mit dem induzierten Teilgraphen dessen 1- und 2-Nachbarschaft.

6.4 Zusammenfassung

Es konnte empirisch anhand von künstlich erzeugten Netzwerken gezeigt werden, dass zum einen die Aktivierungsähnlichkeit von der Überlappung der direkten und indirekten Nachbarschaft von Knoten abhängt und zum anderen, dass die Signaturähnlichkeit von der Dichte und Knotengradverteilung der direkten und indirekten Nachbarschaften von Knoten abhängt.

Nimmt die Anzahl der Kanten zwischen zwei gleich dichten Teilgraphen zu, so nimmt auch die durchschnittliche Aktivierungsähnlichkeit zwischen Knotenpaaren zu, bei welchen ein Knoten aus dem einen und der andere Knoten aus dem anderen Teilgraph stammt. Analog nimmt die durchschnittliche Aktivierungsähnlichkeit der Knotenpaare ab, wenn die Anzahl der Kanten sinkt. Die Kantenanzahl wirkt sich direkt auf die Überlappung der indirekten und zu ei-

KAPITEL 6. EXPERIMENTE

nem gewissen Teil auch der direkten Nachbarschaft der entsprechenden Knotenpaare aus, was wiederum durch die Aktivierungsähnlichkeiten reflektiert wird. Die Annahme, dass die durchschnittliche Aktivierungsähnlichkeit von Knoten in Teilgraphen sinkt bzw. steigt, wenn die Anzahl der Kanten zwischen diesen ab- bzw. zunimmt, konnte somit bestätigt werden.

Verändert sich hingegen die Dichte oder die Knotengradverteilung der Teilgraphen bei gleich bleibender Kantenanzahl zwischen diesen, so wirkt sich dies auf die Signaturähnlichkeiten der Knoten aus. Ist die Dichte bzw. Knotengradverteilung in zwei Teilgraphen gleich oder ähnlich, so ist die durchschnittliche Signaturähnlichkeit zwischen Knotenpaaren, bei welchen ein Knoten aus dem einen und der andere Knoten aus dem anderen Teilgraph stammt, deutlich höher als bei unterschiedlichen Dichten bzw. Knotengradverteilungen. Die Annahme, dass die Signaturähnlichkeit zwischen Knoten aus Teilgraphen mit ähnlicherer Dichte bzw. Knotengradverteilung größer ist als die zwischen Knoten aus Teilgraphen mit unterschiedlicherer Dichte bzw. Knotengradverteilung, konnte ebenfalls bestätigt werden.

Zusätzlich wurden das Schools-Wikipedia- und das DrugBank-Netzwerk, bestehend aus Daten aus der realen Welt, mithilfe beider Knotenähnlichkeiten durchsucht. In Schools-Wikipedia wurden zu bestimmten Anfrageknoten anhand der Signaturähnlichkeit strukturell ähnliche Knoten gesucht und deren Knotengemeinschaften visualisiert und verglichen. Aufgrund des hohen durchschnittlichen Knotengrades und des kleinen Durchmessers konnten die 1- und 2-Nachbarschaften der Knoten nicht sinnvoll visualisiert werden, weshalb dichte umgebende Teilgraphen mittels der Aktivierungsähnlichkeit extrahiert wurden. Es konnte exemplarisch durch die Verwendung von Zentralitätslayouts gezeigt werden, dass Knoten mit hoher Signaturähnlichkeit einen ähnlichen Status in ihren Knotengemeinschaften innehaben. Außerdem sind die Strukturen der Knotengemeinschaften dieser Knoten ebenfalls ähnlich im Vergleich zu unähnlichen Knoten. Weiter wurde gezeigt, dass Knoten unterschiedlicher Kategorien (Politiker bzw. Astronomen und Physiker) je nach Vernetzungsstrukturen zum einen mit der Signatur- und zum anderen mit der Aktivierungsähnlichkeit besser gefunden werden können. Dadurch ist es möglich, Rückschlüsse auf die Vernetzung der entsprechenden Knoten zuzulassen. Des Weiteren konnte die im Schools-Wikipedia-Netzwerk eingebettete verrauschte biologische Taxonomie durch die Signaturähnlichkeit horizontal und durch die Aktivierungsähnlichkeit vertikal durchsucht werden.

Wegen des geringeren durchschnittlichen Knotengrades und des größeren Durchmessers können die 1- und 2-Nachbarschaften der meisten Knoten des DrugBank-Netzwerks sinnvoll visualisiert werden, weshalb Knoten mit hoher bzw. niedriger Signaturähnlichkeit anhand dieser verglichen wurden. Die extrahierten Teilgraphen wurden dabei mittels eines MDS basierten Layouts

6.4. ZUSAMMENFASSUNG

visualisiert, um die Distanzen der Knoten so gut wie möglich zu erhalten und dadurch andere strukturelle Eigenschaften zum Ausdruck zu bringen, als die, die durch Zentralitätslayouts dargestellt werden können. Es konnten auch im DrugBank-Netzwerk strukturelle Gemeinsamkeiten von Knoten mit hoher Signaturähnlichkeit und deren Nachbarschaften sowie strukturelle Unterschiede zwischen Knoten und deren Nachbarschaften, bezüglich der Knotengradverteilung und Dichte gezeigt werden.

Kapitel 7

Fazit und Ausblick

In dieser Arbeit wurde das Verfahren der unbeschränkten linearen Aktivierungsausbreitung zur Suche in Netzwerken untersucht, erweitert und angewandt. Anfänglich wurde ein Modell definiert und bestehende Aktivierungsausbreitungsverfahren durch dieses beschrieben und verglichen. Die dabei untersuchten Verfahren unterscheiden sich, besonders im IR, häufig durch bestimmte Normierungen der Aktivierungsvektoren, z.B. um die gesamte Aktivierung im Netzwerk konstant zu halten sowie durch den Einsatz von nichtlinearen Aktivierungsfunktionen, z.B. bei Hopfield-Netzen. Des Weiteren werden oft unterschiedliche heuristische Beschränkungen eingesetzt, um gewisse Nachteile, wie z.B. die Ausbreitung der Aktivierung über das gesamte Netzwerk, zu überwinden.

Weiter wurde die unbeschränkte lineare Aktivierungsausbreitung formell analysiert, wodurch ein wesentlicher Nachteil dargelegt werden konnte. Die unbeschränkte lineare Aktivierungsausbreitung konvergiert, unter bestimmten Bedingungen, unabhängig von der Anfrage gegen den dominanten Eigenvektor der Adjazenzmatrix des unterliegenden Graphen und ist somit anfrageunabhängig. Dieses Verhalten ist für eine anfragebasierte Suche in Netzwerken offensichtlich unerwünscht. Zur Vermeidung der Anfrageunabhängigkeit wurde ein Verfahren vorgestellt, welches auf der Akkumulation der einzelnen Aktivierungsvektoren basiert. Außerdem wurde die Konvergenzgeschwindigkeit bestimmt sowie der Zusammenhang zu Irrfahrten auf Graphen beschrieben, welche durch eine geeignete Aktivierungsfunktion mittels unbeschränkter linearer Aktivierungsausbreitung berechnet werden können.

Der wesentliche Beitrag dieser Arbeit ist die Ableitung von Knotenähnlichkeiten in Netzwerken aus Aktivierungsausbreitungsprozessen. Knoten können anhand der Art und Weise, wie sich die Aktivierung - gestartet bei den jeweiligen Knoten - ausbreitet, verglichen werden. Es wurden zwei Arten von Ähnlichkeiten definiert, die Aktivierungsähnlichkeit und die Signaturähnlichkeit. Um die Eigenschaften der Ähnlichkeiten besser verstehen und einordnen zu können wurden diese als Relaxierungen von bestimmten Äquivalenzrelationen betrachtet. Dazu wurden zuerst Knotenäquivalenzen und deren Merkmale erläutert sowie deren Verbände beschrieben, in welche jene eingeordnet werden können.

Die Aktivierungsähnlichkeit ist eine Relaxierung der maximalen strukturellen Äquivalenz (MSE). Damit zwei Knoten eine hohe Aktivierungsähnlichkeit haben, müssen deren direkte und indirekte Nachbarschaften identisch sein bzw. möglichst stark überlappen. D.h. sie können sich demnach nicht weit entfernt voneinander im Graph befinden. Eine Sortierung der Ergebnisknoten nach deren Aktivierungsähnlichkeit zu einem Anfrageknoten favorisiert die Knoten, welche eine ähnliche relative Verbundenheit zu allen anderen Knoten des Graphen haben. Diese Ähnlichkeit eignet sich z.b. zur Extraktion dichter Teilgraphen um bestimmte Knoten bzw. deren Knotengemeinschaften.

Die Signaturähnlichkeit ist eine neue Methode, Knoten in einem Graphen zu vergleichen. Sie ist eine Relaxierung der maximalen Orbit-Äquivalenz (MOE). Es konnte gezeigt werden, dass zwei automorph äquivalente Knoten eine Signaturähnlichkeit von eins haben. Somit haben alle Knoten einer Bahn eines Graphen eine Signaturähnlichkeit von eins. Knoten müssen sich also nicht zwangsläufig nah zusammen im Graphen befinden um ähnlich zu sein, wodurch sich neue Möglichkeiten zur Durchsuchung von Netzwerken eröffnen. Diese Ähnlichkeit eignet sich z.b. zum Finden von Knoten mit strukturell ähnlichen Nachbarschaften.

Wie sich beide Ähnlichkeiten von Knoten innerhalb von Graphen verändern, wenn sich das Modell des Graphen ändert mit dem dieser erzeugt wurde, wird anhand von künstlichen Netzwerken gezeigt. Nimmt die Anzahl der Kanten zwischen zwei dichten Teilgraphen ab, nimmt auch die durchschnittliche Aktivierungsähnlichkeit der Teilgraphen übergreifenden Knotenpaare ab. Umgekehrt steigt die durchschnittliche Aktivierungsähnlichkeit der Knotenpaare, wenn die Anzahl der Kanten steigt. Dies zeigt die Auswirkungen der Veränderungen der indirekten und z.T. direkten Nachbarschaft auf die Ähnlichkeiten. Wird die Dichte oder die Knotengradverteilung der Teilgraphen verändert bei gleich bleibender Kantenanzahl zwischen diesen, ändert sich die durchschnittliche Signaturähnlichkeit der Teilgraphen übergreifenden Knotenpaare. Damit zwei Knoten eine hohe Signaturähnlichkeit haben, müssen sie sich also in einem ähnlich dichten Bereich des Graphen befinden mit ähnlicher Knotengradverteilung.

Des Weiteren wurden das Schools-Wikipedia-Netzwerk und das DrugBank-Netzwerk, beide bestehend aus Daten aus der realen Welt unter Verwendung beider Knotenähnlichkeiten, durchsucht. Zum einen wurde gezeigt, dass Knoten mit hoher Signaturähnlichkeit eine ähnliche Stellung bzw. einen ähnlichen Status in ihrer Knotengemeinschaft haben. Dazu wurden dichte umgebende Teilgraphen der Knoten anhand der Aktivierungsähnlichkeit extrahiert und diese durch Zentralitätslayouts dargestellt und verglichen. Zum anderen wurden die 1- und 2-Nachbarschaften von Knoten mit hoher Signaturähnlichkeit durch ein MDS basiertes Layout dargestellt und verglichen. Neben Knoten mit hoher wurden auch Knoten mit geringer Signaturähnlichkeit, deren Knotengemeinschaften und 1- und 2-Nachbarschaften verglichen, um strukturelle Unterschiede deutlich zu machen. Außerdem konnte gezeigt werden, dass im Schools-Wikipedia-Netzwerk Knoten bestimmter Kategorien besser durch die Aktivierungs- bzw. Signaturähnlichkeit gefunden werden können, wodurch Rückschlüsse auf die Vernetzungsstruktur dieser Knoten gemacht werden können.

Als Ausblick kann angeführt werden, dass die Berechnung der maximalen Anzahl an Iterationen auf Basis des Durchmessers des unterliegenden Graphen anstatt auf Basis der Konvergenzrate, für welche die Bestimmung der beiden absolut größten Eigenwerte erforderlich ist, beschleunigt werden kann. Der Durchmesser eines Graphen steht in Zusammenhang mit den Eigenwerten der entsprechenden Adjazenzmatrix (siehe z.B. [24]).

Haben Knoten in gleichen Regionen ähnliche semantische Bedeutung bzw. einen ähnlichen semantischen Kontext und liegt der Fokus einer Suche nach strukturell ähnlichen Knoten auf z.B. semantischer Varianz oder Verschiedenheit kann es sinnvoll sein, Distanzen zwischen Knoten in die Suche mit einzubeziehen. Um bei der Durchsuchung eines Graphen strukturell ähnliche Knoten zu favorisieren, die sich weit entfernt voneinander befinden, können die Signaturähnlichkeiten durch die Distanzen oder invertierte Aktivierungsähnlichkeiten der entsprechenden Knoten kontrastiert werden.

Oft wissen Experten und Analytiker aus unterschiedlichen Bereichen nicht genau nach was zu suchen ist bzw. in welchen Kontext. Die Anwendung von klassischen Information Retrieval Systemen, basierend auf präzisen Anfragen ist dann oft nicht ausreichend. Methoden, die unbekannte, interessante und potenziell relevante Informationseinheiten bezüglich bestimmter Themen vorschlagen, können dabei helfen die Suche zu konkretisieren, neue Ideen auszulösen oder kreatives Denken zu unterstützen. Diese Informationseinheiten werden in [54, 32] domänenübergreifende Assoziationen bzw. Bisoziationen genannt, wobei eine Art von Bisoziationen auf der strukturellen Ähnlichkeit von Teilgraphen um Knoten in bisoziativen Netzwerken [11] basiert. Zum Auffinden solcher Bisoziationen ist denkbar, mittels der Signaturähnlichkeit strukturell ähnliche Knoten zu identifizieren.

Literaturverzeichnis

[1] Anderson, J. R.: *Language, memory, and thought*. Lawrence Erlbaum, Hillsdale, NJ, 1976.

[2] Anderson, J. R.: *The Architecture of Cognition*. Harvard University Press, Cambridge, Mass., 1983.

[3] Anderson, J. R.: *A spreading activation theory of memory*. Journal of Verbal Learning and Verbal Behavior, 22(3):261–95, 1983.

[4] Anderson, J. R. und P. L. Pirolli: *Spread of Activation*. Journal of Experimental Psychology: Learning, Memory, and Cognition, 10(4):791–798, 1984.

[5] Aswath, D., S. T. Ahmed, J. D'cunha und H. Davulcu: *Boosting Item Keyword Search with Spreading Activation*. Web Intelligence, S. 704–707, 2005.

[6] Balota, D. A. und S. T. Paul: *Summation of Activation: Evidence From Multiple Primes That Converge and Diverge Within Semantic Memory*. Journal of Experimental Psychology: Learning, Memory, and Cognition, 22:827–845, 1996.

[7] Belew, R. K.: *A connectionist approach to conceptual information retrieval*. In: *Proceedings of the 1st international conference on Artificial intelligence and law*, S. 116–126, New York, USA, 1987. ACM Press.

[8] Belew, R. K.: *Adaptive information retrieval: using a connectionist representation to retrieve and learn about documents*. In: *SIGIR '89: Proceedings of the 12th annual international ACM SIGIR conference on Research and development in information retrieval*, S. 11–20, New York, USA, 1989. ACM Press.

[9] Berger, H., M. Dittenbach und D. Merkl: *An adaptive information retrieval system based on associative networks*. In: *Proceedings of the first Asian-Pacific conference on Conceptual modelling-Volume 31*, S. 27–36. Australian Computer Society, Inc. Darlinghurst, Australia, 2004.

LITERATURVERZEICHNIS

[10] Berthold, M. R., U. Brandes, T. Kötter, M. Mader, U. Nagel und K. Thiel: *Pure Spreading Activation is Pointless*. In: *Proceedings of the CIKM the 18th Conference on Information and Knowledge Management*, S. 1915–1919, 2009.

[11] Berthold, M. R., F. Dill, T. Kötter und K. Thiel: *Supporting Creativity: Towards Associative Discovery of New Insights*. In: *Proceedings of PAKDD*, Osaka, Japan, 2008.

[12] Berthold, M. R. und D. J. Hand (Hrsg.): *Intelligent Data Analysis: An Introduction*. Springer, 2003.

[13] Bonacich, P.: *Factoring and Weighting Approaches to Status Scores and Clique Identification*. Journal of Mathematical Sociology, 2:113–120, 1972.

[14] Bonacich, P. und P. Lloyd: *Eigenvector-like measures of centrality for asymmetric relations*. Social Networks, 23(3):191 – 201, 2001.

[15] Borgatti, S. P. und M. G. Everett: *The class of all regular equivalences: Algebraic structure and computation*. Social Networks, 11(2):65–88, 1989.

[16] Brandes, U. und T. Erlebach (Hrsg.): *Network Analysis: Methodological Foundations*. Springer, 2005.

[17] Brandes, U., P. Kenis und J. Raab: *Explanation Through Network Visualization*. Methodology: European Journal of Research Methods for the Behavioral and Social Sciences, 2(1):16–23, 2006.

[18] Brandes, U., P. Kenis, J. Raab, V. Schneider und D. Wagner: *Explorations into the visualization of policy networks*. Journal of Theoretical Politics, 11(1):75–106, 1999.

[19] Brandes, U. und J. Lerner: *Structural Similarity: Spectral Methods for Relaxed Blockmodeling*. Journal of Classification, 27:279–306, 2010.

[20] Brandes, U. und C. Pich: *An Experimental Study on Distance-Based Graph Drawing*. In: *Proceedings of Graph Drawing 2008*, Bd. 5417, S. 218–229. Springer, 2009.

[21] Breiger, R. L., S. A. Boorman und P. Arabie: *An algorithm for clustering relational data with applications to social network analysis and comparison with multidimensional scaling*. Journal of Mathematical Psychology, 12(3):328 – 383, 1975.

[22] Brin, S. und L. Page: *The Anatomy of a Large-Scale Hypertextual Web Search Engine*. Computer Networks and ISDN Systems, 30(1–7):107–117, 1998.

[23] Chen, H. H. und T. Ng: *An algorithmic approach to concept exploration in a large knowledge network (automatic thesaurus consultation): symbolic branch-and-bound search vs. connectionist Hopfield net activation*. Journal of the American Society for Information Science, 46(5):348–369, 1995.

[24] Chung, F. R. K.: *Spectral Graph Theory*, Kap. Diameters and Eigenvalues. American Mathematical Society, 1997.

[25] Cohen, P. R. und R. Kjeldsen: *Information retrieval by constrained spreading activation in semantic networks*. Information Processing and Management: an International Journal, 23(4):255–268, 1987.

[26] Collins, A. M. und E. F. Loftus: *A spreading-activation theory of semantic processing*. Psychological Review, 82(6):407–428, 1975.

[27] Crestani, F.: *Application of Spreading Activation Techniques in InformationRetrieval*. Artificial Intelligence Review, 11(6):453–482, 1997.

[28] Crestani, F. und P. L. Lee: *Searching the web by constrained spreading activation*. Information processing and Management, 36(4):585–605, 2000.

[29] Cunningham, S. J., G. Holmes, J. Littin, R. Beale und I. H. Witten: *Applying connectionist models to information retrieval*. Brain-like computing and intelligent information systems, S. 435–457, 1997.

[30] Cvetkovic, D. M., M. Doob und H. Sachs: *Spectra of Graphs: Theory and Applications*. Johann Ambrosius Barth, 3. Aufl., 1995.

[31] Dongen, S. M. van: *Graph Clustering by Flow Simulation*. Dissertation, University of Utrecht, Utrecht, The Netherlands, 2000.

[32] Dubitzky, W., T. Kötter, O. Schmidt und M. R. Berthold: *Bisociative Knowledge Discovery*, Kap. Towards creative information exploration based on Koestler's concept of bisociation. Springer, 2011 (in Vorbereitung).

[33] Erdös, P. und A. Rényi: *On random graphs I*. Publicationes Mathematicae Debrecen, 6:290–297, 1959.

[34] Everett, M. G. und S. P. Borgatti: *Role colouring a graph*. Mathemathical Social Sciences, 21:183–188, 1991.

LITERATURVERZEICHNIS

[35] Everett, M. G. und S. P. Borgatti: *Regular equivalence: General theory*. Journal of Mathematical Sociology, 19(1):29–52, 1994.

[36] Ferrar, W. L.: *Finite Matrices*. Exford University Press, 1951.

[37] Freeman, L. C.: *Visualizing social networks*. Journal of Social Structure, 1(1), 2000.

[38] Godsil, C. und G. Royle: *Algebraic Graph Theory*. Graduate Texts in Mathematics. Springer, 2001.

[39] Goles, E., F. Fogelman und D. Pellegrin: *Decreasing energy functions as a tool for studying threshold networks*. Discrete Applied Mathematics, 12:261–277, 1986.

[40] Golub, G. H. und C. F. van Loan: *Matrix Computations*. Johns Hopkins University Press, 3. Aufl., 1996.

[41] Harel, D. und Y. Koren: *On Clustering Using Random Walks*. In: *Proceedings of the 21st Conference on Foundations of Software Technology and Theoretical Computer Science*, FST TCS '01, S. 18–41, London, UK, 2001. Springer.

[42] Haykin, S.: *Neural Networks A Comprehensive Foundation*. Prentice Hall, Upper Saddle River, New Jersey, 1994.

[43] Hebb, D. O.: *The organization of behavior*. Wiley, 1949.

[44] Hopfield, J. J.: *Neural networks and physical systems with emergent collective computational abilities*. Proceedings of the National Academy of Sciences of the USA, 79:2554–2558, 1982.

[45] Hopfield, J. J.: *Neurons with graded response have collective computational properties like those of two-state neurons*. Proceedings of the National Academy of Sciences of the USA, 81(10):3088–3092, 1984.

[46] Hsu, M. H., M. F. Tsai und H. H. Chen: *Query Expansion with ConceptNet and WordNet: An Intrinsic Comparison*. In: *AIRS*, S. 1–13, 2006.

[47] Jaccard, P.: *Étude comparative de la distribution florale dans une portion des Alpes et des Jura*. Bulletin de la Société Vaudoise des Sciences Naturells, 37:547–579, 1901.

[48] Jeh, G. und J. Widom: *SimRank: A Measure of Structural-Context Similarity*. In: *Proceedings of the 8th ACM SIGKDD international conference on Knowledge discovery and data mining*, KDD '02, S. 538–543, New York, NY, USA, 2002. ACM.

LITERATURVERZEICHNIS

[49] Joliffe, I. T.: *Principal Component Analysis*. Springer, 2. Aufl., 2002.

[50] Katz, L.: *A new status index derived from sociometric analysis*. Psychometrika, 18(1):39–43, 1953.

[51] Kleinberg, J. M.: *Authoritative sources in a hyperlinked environment*. Journal of the ACM, 46(5):604–632, 1999.

[52] Knox, C., V. Law, T. Jewison, P. Liu, S. Ly, A. Frolkis, A. Pon, K. Banco, C. Mak, V. Neveu, Y. Djoumbou, R. Eisner, A. C. Guo, D. S. Wishart und B. Settles: *DrugBank 3.0: a comprehensive resource for 'Omics' research on drugs*. Nucleic Acids Research, 38:1–7, 2010.

[53] Kosinov, S., S. Marchand-Maillet und I. Kozintsev: *Dual diffusion model of spreading activation for content-based image retrieval*. In: *MIR '06: Proceedings of the 8th ACM international workshop on Multimedia information retrieval*, S. 43–50, New York, NY, USA, 2006. ACM.

[54] Kötter, T., K. Thiel und M. R. Berthold: *Domain Bridging Associations Support Creativity*. In: *Proceedings of the International Conference on Computational Creativity*, S. 200–204, 2010.

[55] Kwong, C. P. und Z. B. Xu: *Global Convergence and Asymptotic Stability of Asymmetric Hopfield Neural Networks*. Journal of Mathematical Analysis and Applications, 191:405–427, 1995.

[56] Leicht, E. A., P. Holme und M. E. J. Newman: *Vertex similarity in networks*. Physical Review E, 73(2):026120, 2006.

[57] Lerner, J.: *Structural Similarity of Vertices in Networks*. Dissertation, Universität Konstanz, Universitätsstr. 10, 78457 Konstanz, 2007.

[58] Li, C., J. Han, G. He, X. Jin, Y. Sun, Y. Yu und T. Wu: *Fast computation of SimRank for Static and Dynamic Information Networks*. In: *Proceedings of the 13th EDBT international conference on Extending Database Technology*, S. 465–476, 2010.

[59] Liu, W., A. Weichselbraun, A. Scharl und E. Chang: *Semi-Automatic Ontology Extension Using Spreading Activation*. Journal of Universal Knowledge Management, S. 50–58, 2005.

LITERATURVERZEICHNIS

[60] Lorrain, F. und H. C. White: *Structural equivalence of individuals in social networks.* Journal of Mathematical Sociology, 1(1):49–80, 1971.

[61] Lovász, L.: *Random walks on graphs: A survey.* Combinatorics, Paul Erdos is Eighty, 2(1):353–397, 1993.

[62] Luxburg, U.: *A tutorial on spectral clustering.* Statistics and Computing, 17:395–416, 2007.

[63] Meyer, D. E. und R. W. Schvaneveldt: *Facilitation in recognizing pairs of words: Evidence of a dependence between retrieval operations.* Journal of Experimental Psychology, 90(2):227–234, 1971.

[64] Namara, T. P. M. und V. A. Diwadkar: *The Context of Memory Retrieval.* Journal of Memory and Language, 35:877–892, 1996.

[65] Neely, J. H.: *Semantic priming effects in visual word recognition: A selective review of current findings and theories.* In: Besner, D. und G. W. Humphreys (Hrsg.): *Basic processes in reading: Visual word recognition*, S. 265–335. Lawrence Erlbaum Associates, Hillsdale, 1991.

[66] Northway, M. L.: *A Method for Depitcting Social relationships Obtained by Sociometric Testing.* Sociometry, 3(2):144–150, 1940.

[67] Pons, P. und M. Latapy: *Computing Communities in Large Networks Using Random Walks.* Journal of Graph Algorithms and Applications, 10(2):191–218, 2006.

[68] Quillian, M. R.: *A Revised Design for an Understanding Machine.* Mechanical Translation, 7:17–29, 1962.

[69] Quillian, M. R.: *Word Concepts: A Theory And Simulation of Some Basic Semantic Capabilities.* Computers in Behavioral Science, 12:410–430, 1967.

[70] Quillian, M. R.: *Semantic memory.* In: Minsky, M. (Hrsg.): *Semantic Information Processing*, S. 227–270. The MIT Press, Cambrindge, MA, USA, 1968.

[71] Quillian, M. R.: *The teachable language comprehender: a simulation program and theory of language.* Commuications of the ACM, 12:459–476, 1969.

[72] Roediger, H. L., D. A. Balota und J. M. Watson: *Spreading activation and arousal of false memories*, Kap. 6, S. 95–115. American Psychological Association (APA), Washington, DC, 2001.

LITERATURVERZEICHNIS

[73] Rojas, P.: *Neural Networks - A Systematic Introduction*. Springer, Berlin, 1996.

[74] Rumelhart, D. E. und J. L. McClelland: *Parallel Distributed Processing: Explorations in the Microstructure of Cognition*. MIT Press, 1986.

[75] Saad, Y.: *Iterative Methods for Sparse Linear Systems*. Society for Industrial and Applied Mathematics, Philadelphia, PA, USA, 2. Aufl., 2003.

[76] Sailer, L. D.: *Structural equivalence: Meaning and definition, computation and application*. Social Networks, 1:73–90, 1978.

[77] Salton, G.: *Automatic Information Organization and Retrieval*. McGraw Hill, 1968.

[78] Salton, G. und C. Buckley: *On the Use of Spreading Activation Methods in Automatic Information Retrieval*. Techn. Ber., Dept. Computer Science, Cornell Univ., Ithaca, NY, 1988.

[79] Settles, B.: *ABNER: An open source tool for automatically tagging genes, proteins, and other entity names in text*. Bioinformatics, 21(14):3191–3192, 2005.

[80] Simonsen, I., K. A. Eriksen, S. Maslov und K. Sneppen: *Diffusion on complex networks: a way to probe their large-scale topological structures*. Physics A: Statistical Mechanics and its Applications.

[81] Sun, J., M. Ovsjanikov und L. Guibas: *A concise and provably informative multi-scale signature based on heat diffusion*. In: *Proceedings of the Symposium on Geometry Processing*, SGP '09, S. 1383–1392. Eurographics Association, 2009.

[82] Thiel, K. und M. R. Berthold: *Node Similarities from Spreading Activation*. In: *Proceedings of ICDM the 10th Conference on Data Mining*, Australia, Sydney, 2010.

[83] Tsatsaronis, G., M. Vazirgiannis und I. Androutsopoulos: *Word Sense Disambiguation with Spreading Activation Networks Generated from Thesauri*. In: Veloso, M. M. (Hrsg.): *IJCAI*, 2007.

[84] Viger, F. und M. Latapy: *Efficient and Simple Generation of Random Simple Connected Graphs with Prescribed Degree Sequence*. In: *COCOON*, S. 440–449. Springer, 2005.

[85] Watkins, D. S.: *Fundamentals of matrix computations*. John Wiley and Sons, New York, 2. Aufl., 2002.

[86] Watkins, D. S.: *The Matrix Eigenvalue Problem: GR and Krylov Subspace Methods*. Society for Industrial and Applied Mathematics, Philadelphia, PA, USA, 1. Aufl., 2007.

[87] White, D. R. und K. P. Reitz: *Graph and semigroup homomorphisms on networks of relations*. Social Networks, 5:193–234, 1983.

[88] Yen, L., D. Vanvyve, F. Wouters, F. Fouss, M. Verleysen und M. Saerens: *Clustering using a random walk based distance measure*. In: *Proceedings of the 13th Symposium on Artificial Neural Networks (ESANN)*, S. 317–324, 2005.

[89] Zager, L. A. und G. C. Verghese: *Graph similarity scoring and matching*. Applied Mathematics Letters, 21(1):86–94, 2008.

[90] Zhou, Y., H. Cheng und J. X. Yu: *Graph Clustering Based on Structural/Attribute Similarities*. Proceedings of the VLDB Endowment, 2:718–729, August 2009.

i want morebooks!

Buy your books fast and straightforward online - at one of world's fastest growing online book stores! Environmentally sound due to Print-on-Demand technologies.

Buy your books online at
www.get-morebooks.com

Kaufen Sie Ihre Bücher schnell und unkompliziert online – auf einer der am schnellsten wachsenden Buchhandelsplattformen weltweit! Dank Print-On-Demand umwelt- und ressourcenschonend produziert.

Bücher schneller online kaufen
www.morebooks.de

VDM Verlagsservicegesellschaft mbH
Heinrich-Böcking-Str. 6-8   Telefon: +49 681 3720 174   info@vdm-vsg.de
D - 66121 Saarbrücken   Telefax: +49 681 3720 1749   www.vdm-vsg.de

Printed by Books on Demand GmbH, Norderstedt / Germany